행정학
실무
워크북

김철우

The Public Administration __Workbook

박영사

저자서문

　행정학은 사회과학의 이론을 현실에 적용시키는 응용 사회과학이다. 이는 실습을 통해 학습할 수 있는 기회가 있다는 것을 의미하며, 이것이 새로운 지식과 이해를 획득할 수 있는 효과적이고도 매력적인 방법임을 뜻한다.

　이 책은 실제로 학생들이 행정분야의 기본 도구들을 실제로 사용해 봄으로써 행정이 무엇인지를 배울 수 있게 구성되어 있다. 물론 학생들은 행정학의 이론서들을 읽으며 조직, 업무흐름, 예산제도 및 행정법에 대한 지적인 이해를 더할 수 있다. 그러나 그들은 실제 전문가들이 현장에서 사용하는 분석과 업무를 경험해 봄으로써 학습 경험을 즐기고 학습한 것을 유지할 가능성이 훨씬 더 높다.

　실습으로 학습하는 것은 그 실습의 맥락(context)이 제공될 때 가장 이상적이다. 학생들은 사회과학과 적용되는 이론을 알아야 한다. 이러한 맥락을 제공하기 위해 관련 개념과 연구에 대한 간결한 논의가 각 장의 실습문제 앞에 소개된다. 어떤 교수자는 표준 행정학 교과서와 본 행정학 실무 워크북(The Public Administration Workbook)을 병행해서 사용할 수 있다. 또 다른 교수자는 실습과제를 학생들과 함께 작업하는 귀납적인 방법으로 수업을 진행할 수도 있다. 이 목적을 위해 사용할 수 있도록 각 실습과제 마지막에 토론 질문이 제공된다.

　교수자에게 최대한의 유연성을 제공하기 위해, 이 책의 실습과제는 학생들이 소그룹으로 수업 내 활동과제를 수행하거나, 개별적으로 수업 외 활동과제를 수행할 수 있게 설계되었다. 본 행정학 실무 워크북은 점점 더 늘어나고 있는 온라인 코스에도 이상적이다. 수업 내 노력과 역할극이 필요한 실습과제로는 민간위탁 관리(실습과제 7), 행정법(실습과제 8), 재난관리(실습과제 9) 및 단체교섭(실습과제 15)이 있다. 또한 교수자는 수업 외 활동으로

몇 개의 과제를 할당하고, 그 외 과제는 학생들을 소그룹으로 나누어 수업
내 활동으로 사용할 수 있다. 학생들은 소그룹 활동을 하며 타협과 협조의
섬세한 기술을 배우게 될 것이며, 이는 현실적인 방법이자 탁월한 행정 실
무에 필수 조건이다. 결국 행정가와 분석가들이 하는 일 중 상당 부분이 팀
과 위원회에서 수행된다. 더해서, 집단사고(groupthink)에 대한 경향과 이를
피하는 방법을 논의할 수 있는 기회가 된다. 각 교수자의 선호도와 여러 제
약상황을 고려하여, 워크북에 맞게 개정된 교수자 매뉴얼은 다양한 수업과
정의 요구에 맞게 실습과제를 활용 및 변경하는 가능성에 대한 여러 아이디
어와 의견을 제공할 것이다.

행정학 실무 워크북의 이전 판을 사용한 교수자들은 다음과 같은 변경
사항에 유의해야 한다:

• 이번 개정판은 미국 이외 지역의 행정가, 학생 및 강사가 쉽게 사용할 수
있도록 언어 및 예제에서 보다 포괄적이다. 여전히 미국적 맥락에서의
행정학에 강조점이 있지만, 미국 이외의 맥락에서의 유사성을 다수 포함
하고 있다.
• 행정보고서(The administrative memo) 작성법 실습과제가 제외되었다. 대신
실질적인 문제에 보다 더 초점을 맞추도록 노력하였다.
• 직무분류 및 보상에 대한 과제가 추가되었다. 이제 학생들은 내부 공평
성의 기반을 제공하는 양적직무평가 및 순위에 대해 배울 수 있다. 새로
운 실습과제는 또한 특정 직업에 대한 시장시세(market rates) 파악을 위
해 임금조사를 수행하기 위한 핵심사항을 포함한다.
• 결과기반 예산제도(outcome-based budgeting)는 이제 영기준 예산제도
(zero-based budgeting)의 초기 버전보다는 우선 순위를 찾는 데 초점을
맞춘다.
• 본문 전체에 자료를 업데이트하고 가장 최근 학술 문헌들을 인용했다.
물론 행정학의 고전들도 추천문헌에 포함하였다.

이 책의 초판부터 5판까지 사용한 사람들은 Mark W. Huddleston에게 감사할 것이다. Mark는 처음 Workbook에 대한 아이디어를 내놓았으며 그리하여 4판까지 저술하였다. Mark는 현재 뉴햄프셔 대학(University of New Hampshire)의 학장이다. 이해할 수 있듯이, 그는 저자로서의 역할에서 단계적으로 사라졌다. 우리는 그에게 행정학 교수법에 기여한 공로에 빚을 졌으며 행정가로서 성공한 것을 축하한다.

제7판에 대한 귀중한 의견을 제공하고 8판을 만드는 데 제안을 해 준 아래 동료들에게 대단히 감사드린다: Paula Holoviak, Kutztown University (USA); Jun Wang, University of Illinois, Springfield(USA); Alejandro Rodriguez, University of Texas, Arlington(USA); and George Beam, University of Illinois at Chicago(USA).

Dennis L. Dresang

역자서문

    행정학 실무 워크북(The Public Administration Workbook)은 행정학에서 학습한 지식을 현장에서 실무적으로 활용할 수 있도록 제작된 교재이다. 교육혁신의 바람이 거센 요즘, 대학가에도 더 이상 교수의 일방향이며 지식전달 위주의 수업방식은 학부수업에서조차 한계에 직면한 지 오래다. 학생참여, 더 나아가 학생주도 수업방식이 요구되는 시점에 본 원저를 접한 역자는 매우 흥미로웠고 본 교재를 사용한 수업에서도 효과와 호응은 예상보다 훨씬 높았다.

    다만 원저가 미국행정을 바탕으로 영어로 집필된 교재이기에, 국어로 정확한 해석과 맥락을 담아 지식을 전달할 수 없는 한계에 대해서 고민이 있었던 차였다. 또한 비슷한 유형의 행정학 교재를 한국에서 찾기는 쉽지 않았다. 그래서 학생들의 보다 효과적인 학습을 위해 행정학 실무 워크북을 번역하기로 결심을 하였다.

    다년간 학과에서 맡고 있는 원어강의 수업의 주교재로 사용해 왔기에, 원저의 내용에 대한 번역작업에 막연한 자신감을 가지고 시작하였다. 물론 번역에 착수한 지 얼마 되지 않아 후회가 밀려왔다. 내가 충분히 알고 있다고 생각한 용어의 의미나 표현들을 문장으로 다듬고 국어로 전환하는 과정은 결코 기대했던 것만큼 매끄럽고 수월하지 않았다.

    행정학이라는 학문의 특수성으로 인하여 국가와 사회의 맥락을 모르면 이해가 매우 제한적이 될 수밖에 없다. 한 예로 '8장 규제관리: 행정법'의 경우, 서로 다른 법체계가 가져다주는 차이를 줄이는 데 많은 노력을 쏟아야 했다. 미국행정의 맥락을 최대한 살리면서, 한국행정에 적용하는 이해도를 높이는 데 주안점을 두었다. 저자는 딱딱한 학문적 표현만이 아닌 구어적인, 그리고 비유나 은유도 많이 사용하였기에, 각주(역자주)를 활용하여 추가 설명을 더하였다.

저자가 서문에서 밝혔듯이 본 교재는 다양한 쓰임새가 존재한다. 저학년의 경우, 행정학 개론을 문제중심학습(PBL) 교수법으로 접근할 때 활용할 수 있겠다. 고학년의 경우, 그동안 배운 이론적 토대를 바탕으로 실무적 적용을 해 보는 캡스톤 디자인(capstone design) 수업의 교재로도 사용 가능하다. 실습과제는 수업시간 내에 마치는 활동, 수업시간 외 추가로 확장하는 활동이 가능하기에 학생들의 눈높이와 교수자의 기대에 따라 선택적으로 적용할 수 있을 것이다.

책이 완성되기까지 많은 분들의 도움이 있었다. 초벌번역에 도움을 준 가천대 행정학과의 권예윤, 김영신, 신용승 학생, 책이 번역되는 데 모든 행정적 절차와 편집을 도와주신 박영사 송병민 과장님, 박송이 편집자님에게 감사의 마음을 전한다. 또한 제가 하는 모든 일에 격려와 조언을 아끼지 않으시는 선후배 동료교수님들, 마지막으로 부모님, 아내와 아들에게 이 자리를 빌려 진심으로 감사를 드린다.

2019년 8월 연구년을 보내는 남가주대학(USC) 교정에서,
김철우

차례

저자서문   i

역자서문   iv

이 책의 소개   1

PART 1 의사결정 및 정책분석   5

EXERCISE 1 합리적 의사결정   11

EXERCISE 2 정책평가   33

EXERCISE 3 조직설계하기   45

EXERCISE 4 행정윤리   61

PART 2 공공관리   81

EXERCISE 5 운영관리: 총체적 품질관리 기법   85

EXERCISE 6 프로젝트 관리: 임계경로법   121

EXERCISE 7 민간위탁 관리: 민영화   139

EXERCISE 8 규제관리: 행정법   159

EXERCISE 9 재난관리: 도상훈련   181

PART 3 인적자원관리   195

EXERCISE 10 직무분석 및 직무기술서   201

EXERCISE 11 성과평가   219

EXERCISE 12 직무분류 및 보상   233

EXERCISE 13 승계계획   251

EXERCISE 14 모집 및 선발   263

EXERCISE 15 단체교섭   273

PART 4 예산관리   309

EXERCISE 16 품목별 예산제도   315

EXERCISE 17 성과주의 및 프로그램 예산제도   335

EXERCISE 18 결과기반 예산제도   357

색인   381

이 책의 소개

행정학 실무 워크북 살펴보기

　　행정학을 재미있게 배울 수 있도록 하는 한 가지 이유는 소매를 걷어 붙이고 수업시간에 실제로 무언가를 해 볼 수 있다는 것이다. 그렇지 않으면 모호한 개념과 불가해한 전문용어의 단순한 모음이지만, (자, 보시라!) 관리자의 책상 뒤로 넘어가서 공공관리의 주요 기법에 익숙해지기 시작하면 이러한 개념과 전문용어가 접근 가능해지고 더 나아가 흥미로워진다.

　　이 책의 실습과제는 전문가용 키트가방에서 가장 중요한 18가지 기술을 소개한다. 제1부에서는 모든 공무원의 핵심 활동인 의사결정과정에 대한 4가지 실습을 포함한다. 실습 1에서는 다양한 옵션의 비용-효과성을 테스트하고 합리적인 의사결정을 보다 가능하게 만들 수 있는 몇 가지 기술을 소개한다. 실습 2는 이를 바탕으로 정책평가의 문제를 제기한다: 실습 1에서 선택한 정책이 효과가 있는가? 실습 3은 정책을 효율적이고 효과적으로 구현할 수 있도록 조직을 설계할 때 선택할 수 있는 사항을 다루며, 실습 4는 결정을 내리고 서비스를 제공할 때 윤리적으로 행동하는 방법을 고민한다.

　　관리를 충분히 이해하려면 행정업무 범위의 차이점과 유사점을 이해하는 것이 중요하다. 제2부는 다양한 관리상의 어려움에 대한 설명과 공무원의 도구 키트에서 기술 및 기법을 개발할 수 있는 기회를 제공한다. 실습 5는 운영관리, 일상적으로 제공되는 서비스 또는 생산품, 즉 공공 또는 민간 부문 운영을 생각할 때 일반적으로 생각해 내는 조직활동의 종류에 중점을 둔다. 실습 6의 주제인 프로젝트는 시작과 끝이 뚜렷하기에 일상적인 작업과는 관리적 필요가 다르다. 정부에서는 민간 및 비영리 단체와 서비스, 프로젝트 및 컨설팅 계약이 증가하고 있다. 이러한 단체들과의 민간위탁 관리 (contract management)가 실습 7의 주제이다. 실습 8의 초점인 행정법은 주로 규칙을 만들고 시행하는 것에 관한 것이다. 범죄, 테러리즘, 자연재해 또는 사고로 인해 비상사태가 발생하는 데에 즉각적이고 특별한(ad hoc) 조직이 대응할 것을 요구한다. 실습 9에서는 재난상황을 시뮬레이션 해 본다.

제3부는 인사행정에 대한 6가지 실습을 포함한다. 직무분석을 수행하는 방법을 배우고 인사관리의 기초가 되는 직무기술서를 작성하는 것부터 시작한다. 그런 다음 성과평가제도를 설계하고 조직의 다양한 직무에 대한 급여설정 방법을 결정한다. 실습 13에서는 자신의 경력에 대한 경쟁력 확보를 위해 자신만의 승계계획을 수립할 수 있으며 실습 14에서는 관점을 달리하여 조직의 공석을 채우기 위해 다른 사람을 채용하는 과정을 밟는다. 마지막으로, 실습 15에서는 노사분쟁의 중심에서 소방관 노조와 새로운 계약조건을 가지고 협상해 본다.

제4부는 공공분야의 예산제도를 소개한다. '새롭게 통합된 카운티 도서관 체계'라는 같은 조직을 기반으로 한 3가지 연속된 실습을 통해 품목별 예산제도, 성과주의 예산제도, 프로그램 예산제도 및 결과기반 예산제도라는 4가지 주요 예산 형식을 살펴볼 수 있다. 먼저 도서관 시스템의 기본 품목예산을 집계하고 단계적으로 예산을 나머지 형식으로 변환하게 될 것이다.

행정학의 이론과 기법

물론 기법만으로는 훈련을 하지 못한다. 언제, 왜, 어떻게 사용하는지를 알기 위해서는 각 기술의 이면에 있는 이론을 이해하는 것이 중요하다. 사실, 이러한 실습과제를 하고 이러한 기법을 배우는 주된 이유는 이론을 배우기 위한 것이다. 결국 기법은 이론보다 비슷하거나 심지어는 더 빠른 (믿거나 말거나) 빈도로 출현한다. 그리고 두 정부의 관할권에서 똑같은 방법으로 사용되는 똑같은 기법을 거의 찾아볼 수 없을 것이다. 그러나 기술의 기본 예제에 대한 경험이 있고 기술을 생성하는 이론을 알고 있다면, 당신은 앞서 나가게 된다. 거의 모든 행정실에 들어가서 몇 가지 범주를 활용해 행정직 동료가 수행 중인 업무를 즉시 파악할 수 있다.

그렇다면 이러한 기법들을 도대체 왜 배우는가? 이유는 단순하다. 이 기법들은 이론 자체에 유용하며 심지어 재미있는 주요리(entrée)를 제공한다. 결과기반 예산제도를 책으로 읽는 것보다 직접 작성해 보는 것이 훨씬 재미있다. 더욱이, 이렇게 학습할 때 예산편성에 관해서는 훨씬 더 많이 기억할 것이다. 그리고 이것은 매우 중요하다.

행정이론과 행정기법을 연결하는 데 도움이 되도록 각 실습은 간단한 이론적 소개로 시작된다. 이 이론들을 주의 깊게 읽어야 한다. 여기에는 실습을 완료하는 방법에 대한 중요한 힌트가 포함되어 있으며 기법이 중요한 이유와 그것이 행정분야에 어떻게 뿌리박고 있는지 설명한다.

하나 이상의 주제에 대해 관심이 높아져 그 주제에 대해 더 알고 싶은 이들을 위해 각 실습 뒤에 짧은 문헌정보를 제공하였다. 이를 통해 제공하는 추가 도서목록이 유용할 것이다.

마지막으로 강의실 밖에서도 거의 모든 실습과제를 혼자 스스로 할 수 있다. 실제로, 실습과제 중 네 개만이 그룹활동을 필요로 한다. 그럼에도 불구하고 교수자가 허용한다면, 소그룹으로 과제를 수행하는 게 더 적절하다. 왜냐하면 그렇게 할 때, 더 많은 것을 배우고 재미있게 할 수 있을 뿐만 아니라 행정가는 전형적으로 팀과 위원회에서 일하는 것이 더 현실적이기 때문이다!

PART 1

의사결정 및 정책분석

EXERCISE 1   합리적 의사결정
EXERCISE 2   정책평가
EXERCISE 3   조직설계하기
EXERCISE 4   행정윤리

행정가와 정책과정

입헌 민주주의에 대한 고전적 관점은 관료주의와 행정에 관해서 많이 말할 필요가 없다. 우리는 의회 및 기타 입법기관이 시민의 바람에 따라 법률을 제정하고, 법원의 감시하에 대통령, 주지사, 시장 및 기타 행정부가 법률을 집행하는 것이라고 알고 있다. 공무원은 보이지 않는 곳에서, 집행부의 직접적인 통제를 받으며 제정법의 기술적 세부사항을 집행한다고 알려져 있다. 즉 선출직 공직자가 정책을 만들고, 행정가는 단순히 집행한다.

이것은 미국이나 다른 나라의 정치와 행정 사이의 실제 관계에 대한 정확한 설명이 아니다. 이 같은 설명은 정부의 집행과정에서 공무원의 역할을 심각하게 과소 평가한다. 행정가는 단순히 집행만 하지 않으며, 정책을 만든다. 실제로 행정결정에 영향을 받지 않는 삶의 영역은 거의 없다. 고속도로의 안전과 석유시추의 규제부터 사회보장수급 및 학생 학자금 대출의 처리에 이르기까지 공공행정가는 우리 모두에게 중대한 영향을 미치는 선택을 한다.

행정가가 스스로 선택하고 행동하는 자유를 설명하기 위해 사용하는 용어가 행정재량(administrative discretion)이다. 공무원이 그러한 재량권을 행사하게 된 계기는 무엇인가? 결국 미국 헌법 및 다른 국가의 동급 문서에는 그러한 역할이 명시되어 있지 않다. 주된 이유는 현대정부의 복잡성이다. 입법자들과 다른 선출직 공직자들이 일반 공무원들에게 공공정책에 관한 많은 질문에 대해 정확하고 상세한 지침을 제시하는 것은 더이상 가능하지 않으며 바람직하지도 않다. 그들에게 그러한 의향이 있다고 하더라도, 그렇게 할 수 있는 시간도 없고 전문성도 없다. 결과적으로 그들은 공무원에게 의존한다. 입법부는 여전히 공공정책의 거시적인 목표(예: "항공 운송은 가능한 한 안전해야 함")를 설정하려고 시도하지만, 종종 관련 전문성을 지닌 공무원에게 정책에 의미를 부여하는 규칙을 작성하게 한다(예: "항공사는 불연재로 만들어진 좌석과 카펫만 설치해야 함").

정책결정이 스스로 집행되는 일은 거의 없다. 공무원이 실제로 발 벗고 나서야 결정 효과가 나타난다. 그들은 유독성 폐기물 더미를 확인 및 정화하고, 토양보호프로젝트를 계획하고, 직무훈련계획을 관리하고, 정찰항공기를 조종해야 한다. 명확한 목표와 권한의 공식 대표단이 없더라도 공무원은 상당한 재량권을 행사하지 않고 이러한 일을 할 수 없다. 법령이 얼마나 상세하든 관계없다. 아무리 두꺼운 규정집이라도 모든 우발상황을 예측하고 모든 행정조치를 프로그램화할 수는 없다.

공무원은 기존 법률을 구현할 때 재량권을 행사할 뿐만 아니라 새로운 법률 및 정책개발에도 핵심적인 역할을 한다. 관료제는 정부의 눈과 귀이다. 정부의 주의를 필요로 하는 문제를 먼저 인지하는 것은 종종 관료제이다. 문제를 정의하고 의사결정에 대한 정보를 구조화하는 공무원은 결정 자체에 미묘하지만 강력한 영향을 미친다. 예를 들어 경찰이 특정 위치에서 과속 딱지를 과도하게 발행한다면, 교통부 소속 공무원은 상사에게 이를 알리고 문제를 제기할 수 있다. 문제가 있다고 판단되면 법률집행(속도위반단속지역), 안전(정지신호등, 과속방지턱, 로터리 또는 교통량 감소를 위한 도로재설계)이나 교통흐름(속도 제한이 너무 낮음)으로 정의할 수 있다. 개방된 사회에서 정치인들이 언론, 이익집단, 개별 시민들과 같은 여러 정보원을 가지고 있음에도 불구하고 행정가는 전략적 위치를 차지한다.

이 분석의 요지는 매우 간단하다. 공무원은 미국정부의 핵심 행위자이다. 직/간접적으로, 공식적/비공식적으로, 그들은 공공정책의 성격과 방향을 근본적으로 형성하는 결정을 내리고 조치를 취한다. 행정학의 본질은 문제 해결이다. 이는 우리가, 행정학을 배우는 학생으로서 행정정책수립 및 집행의 과정에 세심한 주의를 기울여야 함을 의미한다. 공무원은 의사결정이 이상적으로 질서정연하고 합리적인 방법으로 진행되도록 하는 기법을 사용한다. 제I부의 실습에서는 이러한 기법 중 일부를 소개한다.

추가 참고문헌

정책분석을 위한 훌륭한 텍스트와 참고문헌은 David L. Weimer와 Aidan R. Vining의 *정책분석: 개념과 실제, 5판*(Policy Analysis: Concepts and Practice, 5th ed.) (Upper Saddle River, NJ: Prentice—Hall, 2010).

정치과정에서 공무원의 역할에 대한 유용한 개요는 Emmette S. Redford의 *행정국가에서의 민주주의*(Democracy in the Administrative State) (New York: Oxford University Press, 1969); Kenneth J. Meier와 Lawrence O'Toole의 *민주국가에서의 관료주의: 거버넌스의 관점에서*(Bureaucracy in a Democratic State: A Governance Perspective) (Baltimore: Johns Hopkins University Press, 2006); 그리고 John Kingdon의 *의제, 대안과 공공정책, 2판*(Agendas, Alternatives, and Public Policies, 2nd ed.) (New York: Longman, 2002) 등을 보라.

행정력의 뿌리와 함의에 대한 고전적 분석은, Norton E. Long의 "권력과 행정(Power and Administration)", Public Administration Review 9(Autumn 1949), pp. 8~27을 보라.

Mark H. Moore의 *공공가치 창출하기*(Creating Public Value) (Cambridge, MA: Harvard University Press, 1995)는 사례연구를 통해 행정의 재량과 행정가가 정책결정에서 할 수 있는 역할에 대해 논의하고 있다. Paul A. Sabatier는 *정책과정이론, 2판*(Theories of the Policy Process, 2nd ed.) (Boulder, CO: Westview Press, 2007)에서 정책수립에 대한 폭넓은 이론적 개요를 제시한다.

EXERCISE 1
합리적 의사결정

합리성이란 무엇인가?

우리 모두는 우리가 합리적으로 생각하고 행동한다고 믿고 싶어한다. 만약 누군가가 우리에게 그렇지 않다고 말한다면 몹시 언짢아 할 것이다. 그런데 합리적이라는 것의 의미가 정확히 무엇인가? 일상적 담론에서 우리는 그 용어를 상당히 느슨하게 사용하고 있다. 누군가 합리적이라 함은 대개 그가 사리에 맞고, 논리적이고, 정상적으로 행동한다는 것을 의미한다. 우리는 이상하고 비정상적인 행동에 '비합리적'이라는 딱지를 붙이는데, 이는 사람의 관점에 따라 달라질 수 있다. 즉 콘서트 티켓에 25만원을 지불하는 것부터, 금성에서 온 생명체에 의해 쫓기는 풍부한 공상까지 모든 것이 포함될 수 있다.

행정학도에게 합리성은 더 엄밀한 의미를 지닌다. 우리는 추구하는 목적과 거기에 도달하는 데 사용된 수단이 체계적으로 연관되어 있다면 결정이 합리적이라고 말한다. 더 구체적으로 합리적 결정은 특정 목표를 달성하기 위한 최선의 대안을 선택하는 것이다.

이 주제에 대한 고전적인 논의는 행정에서 합리적인 의사결정을 7단계 과정으로 처리한다.[1]

1. 목표 또는 문제를 정의하라.
2. 가능한 해법을 찾아라.
3. 대체 해법을 평가하라.

4. 최상의 안을 선택하라.

5. 선택된 안을 발표하라.

6. 결정된 안을 실행하라.

7. 그 결과를 평가하라.

당신은 행정적 합리성의 정의가 일반적인 합리성의 정의보다 훨씬 정확하거나 객관적이라는 것에 대해 반대할 수 있다. 결국 특정 상황에서 어떤 대안이 가장 좋다고 말할 수 있나? 우리가 가지고 있는 가치에 크게 좌우되지 않는가?

이 반대에는 상당한 장점이 있다. 대안의 가치에 대한 견적은 개인마다 또는 기관마다 다를 수 있다. 우리는 우리의 목표가 무엇인지, 문제를 어떻게 정의해야 하는지 모를 때가 많으며, 어떤 대안이 우리가 원하는 결과를 가져다줄지 알지 못한다. 더욱이 행정적인 맥락에서 이 정의를 적용하려면 많은 사람이 서로 다른 목표에 다른 가치들을 적용하면서 집합적으로 결정이 이루어진다는 사실을 파악해야 한다.

때때로 집단의사결정의 어려운 점은 그룹의 구성원들이 저마다 다양한 견해를 고수할 때 공통된 견해를 찾는 것이다. 일반적으로 합리적인 집단의사결정에 장애가 되는 것은 좋은 결정을 내리는 것보다 합의에 도달하는 것을 강조하는 경향이다. 집단사고(groupthink)라고 불리는 이러한 경향은 다른 사람들과 잘 지내려고 하거나 우리보다 더 많은 권위나 전문성을 가진 자들에게 결정을 맡기려는 바람에 기반한다.[2] 집단사고는 신빙성 있는 경고가 있었음에도 불구하고 잘못된 결정이 내려졌던 1941년 미국 진주만과, 2001년 세계무역센터와 미 국방부 펜타곤에 가해진 예기치 못한 공격의 사례들을 통해 꾸준히 발견되어 왔다.[3]

전적으로 합리적인 결정을 하는 것은 불가능할 수도 있지만, 상대적으로 또는 의도적으로 합리적 결정을 내리는 것은 가능하며 필요하다. 실제로, 합리적인 *결정*이 아니라 합리적 *결정을 내리는 과정*에 대해 이야기하는 것이 유용할 수 있다. 우리가 목표를 명확히 하고 순위를 매기고 대안을 찾고 평가할 때, 결과에 항상 만족하지 못할 수도 있다. 그러나 목표, 대체전략 또는 결과에 관심을 기울이지 않고 맹목적으로나 본능적으로 진행했을 때보다 더 잘할 수 있는 기회가 높을 것이다.

우리는 본능적으로 합리적인 의사결정과정을 추구하지 않는다. 공포심, 또는 (규칙, 법 등) 준수에 대한 압박감과 시간제약 때문에 손쉬운 방법을 사용하거나, 일어날 수 있는 모든 결과를 예측하지 않고 결론에 도달한다. 허버트 사이먼(Herbert Simon)은 자신의 고전 에세이에서 이러한 현상을 "최소만족(satisficing)"이라고 부른다. 가장 큰 이점과 최저비용으로 다양한 대안을 신중하게 분석하는 대신, 만족스러운 해결책을 찾자마자 결정과정을 멈추는 것을 뜻한다.[4] 심리학자들은 개인, 소그룹 및 조직으로서 이러한 함정을 피할 수 있는 기법을 개발했다. 합리적인 의사결정의 다양한 기법 리스트는 사실상 무한하다. 여기에는 시뮬레이션과 게임이론, 운용과학(OR), 시스템분석, 선형프로그래밍, 의사결정나무 및 미시경제학자가 남긴 수많은 기법이 포함된다. 각 기법은 구별된 특색을 지니고 있으며 제한된 적용만 가능하지만, 의사결정자의 선택과 그 결과에 대한 인식을 확대하려는 공통된 목적을 갖고 있다.

비용편익 및 비용효과성분석

비용편익분석(Cost-benefit analysis)은 합리적인 의사결정의 일반적인 기법 중 하나이다. 그것은 공공기금의 특정 투자가 가치가 있는지 결정하는 것을 목표로 한다. 이름에서 알 수 있듯이 비용편익분석을 위해서는 의사결정자가 제안된 프로그램의 총 비용과 편익을 비교해야 한다. 가능하다면, 이익과 편익 모두에 대한 명백하고 정량화된 척도가 사용되어야 한다. 프로그램의 이익대비 편익의 비율이 좋을 경우, 즉 투자가 수익이 있다면 프로그램은 정당화된다.

비용편익분석은 1930년대 수자원관리 프로그램에서 연방정부에 의해 널리 사용되었다. 미국 육군 공병대와 개척국(Bureau of Reclamation)은 시립 수자원, 관개 및 홍수조절 프로젝트를 구축할 위치와 방법을 결정할 때 변형된 형태의 이 기법을 사용했다. 도시는 종종 새로운 시립 주차 시설이나 컨벤션센터 건설과 같은 주요 자본투자를 고려할 때 비용편익분석을 사용한다.

비용효과성분석(Cost-effectiveness analysis)은 시스템 분석의 결과물이다. 비용효과성분석은 이익을 가정하고 대안의 체계적인 비교 및 평가에 초점을 맞춘다. 비용효과성분석가에 대한 질문은, x라는 목표에 대안 a, b, c(또는 이들의 조합) 중 최소비용으로 작업을 수행할 대안은 무엇인가이다. 비용효과성분석은, 편익은 당연시되지만 엄밀한 측정의 대상이 아닌 사회복지 또는 국방과 같은 정책분야에서 종종 사용된다. 이는 이러한 편익에 대한 문제를 가능한 한 최저비용으로 해결하는 쪽으로 주의를 환기시킨다.

그러나 각 대안에 의해 부여된 상대적인 이점은 정확하게 정량화할 수 없더라도 완전히 무시할 수는 없다. 예를 들어, 한 주(州)의 농무부 또는 공중보건부는 일부 카운티에서 조류독감을 제거하려는 목표를 설정할 수 있다. 이는 세 가지 주요 대안, (1) 영향을 받는 지역에 대한 총 수출입 격리, (2) 제한된 검역 및 살처분 프로그램, (3) 대상지역 내의 모든 가금류의 살처분 등으로 비용을 산정해 볼 수 있다(그림 1.1).

그러면 이제 가장 저렴한 대안(모든 것을 고려할 때 대안 2)을 선택해야 하는가? 꼭 그런 것은 아니다. 대안 3은 비용이 더 많이 들지만 그만큼 성공 확률을 더 높이는 추가적인 이점을 제공한다. 대안 1은 대안 3보다 저렴하지만 편익이 덜할 수 있다. 하지만 누가 알 수 있나? 주 농무부가 비용효과성분석을 사용하는 이유 중 하나는 이익을 정확하게 계량화할 수 없기 때문이다. 이 예제의 핵심은 가장 세심한 분석에서도 결과와 수단 또는 목적과 프로그램 전략이 완전히 분리될 수 없다는 것이다. 결코 결과를 확신할 수 없고 편익을 계산하기가 어렵기에 우리는 대안을 위해 우리의 목적을 조금 벗어나게 된다. 이것이 시스템 분석의 본질이다.

1.	**격리**	
	소득손실	$2,300,000
	세금손실	460,000
	행정비용	500,000
	총비용	$3,260,000
2.	**제한된 검역**	
	소득손실	$600,000
	세금손실	90,000
	행정비용	1,500,000
	총비용	$2,190,000
3.	**도살처분**	
	소득손실	$2,300,000
	세금손실	460,000
	행정비용	3,000,000
	총비용	$5,760,000

그림 1.1 조류 인플루엔자 치료의 비용효과성: 3가지 대안

결과와 수단은 최적의 균형을 찾으면서 지속적인 변화의 상태에 있다. 이는 허리케인 카트리나가 2005년 뉴올리언즈를 황폐화시켰을 때 극적으로 눈에 띄게 나타났다. 황폐화의 주요인은 특정 지역으로의 범람을 막기 위해 비용효과성분석에 상당부분 기반하여 제방을 태풍 범주 3 수준의 영향에 견딜 수 있도록 설계했으나, 카트리나는 범주가 5(가장 높은) 수준의 폭풍이었다는 것에 있었다. 이러한 결정은 거의 발생하지 않는 범주 5 수준의 폭풍을 대비하는 데 소요되는 매우 높은 비용을 피하기 위한 것이었다. 허리케인 카트리나의 여파로 재건 방법에 대한 논의에는 당연히 대안뿐만 아니라 목적을 다시 검토하는 일도 포함되었다.

이는 합리적으로 결정을 내리기 위해 노력하는 행정기관에게 어떤 결과를 남기는가? 확실한 답은 없다. 그러나 비용효과성 및 유사한 분석을 수행하는 행위는 공무원이 자신의 목적을 생각하고 대안을 명확히 하는 데 도움이 될 것이다.

추가 참고문헌

행정의사결정에 관한 고전적 이론적 논의는 David Braybrooke와 Charles E. Lindblom, 결정의 전략(A Strategy of Decision) (London: Collier-Macmillan, 1963); Charles E. Lindblom, "'혼란스러움'의 과학(The Science of 'Muddling Through')", Public Administration Review 19(Spring 1959), PP. 48~62; 그리고 Herbert A. Simon의 행정행태론, 3판(Administrative Behavior, 3rd ed.) (New York: Free Press, 1976).

의사결정기법에 대한 좋은 소개와 조사는 Richard D. Bingham과 Marcus E. Ethridge가 편집한, 공공정책과 행정에서의 결정 내리기: 방법과 적용(Reaching Decisions in Public Policy and Administration: Methods and Applications) (New York: Longman, 1982). Walkend Walker의 공공의사결정에 대한 정책분석접근법(The Policy Analysis Approach to Public Decision-Making) (Santa Monica, CA: Rand, 1994) 또한 이 소재에 대한 유용한 소개를 제공한다. Deborah Stone의 정책 패러독스: 정치적 의사결정의 기술(Policy Paradox: The Art of Political Decision Making) (New York: W.W. Norton, 2001)은 몇 가지 주의 사항을 제공한다.

비용편익분석에 관한 많은 기술적 저서들도 있다. 가장 접근하기 쉬운 것은 Anthony Boardman, David Greenberg, Aidan Vining, David Weimer의 비용편입분석: 개념과 실습, 4판(Cost-Benefit Analysis: Concepts and Practice, 4th ed.) (New York: Pearson, 2010), Harry Campbell과 Richard P.C. Brown의 비용편익분석: 스프레드 시트를 사용한 재정 및 경제적 평가(Benefit-Cost Analysis: Financial and Economic Appraisal Using Spreadsheets) (New York: Cambridge University Press, 2005). R. Shep Melnick의 비용편익분석의 정치 (The Politics of Benefit-Cost Analysis) (Washington, DC: Brookings Institution, 1991) 또한 흥미롭다.

• 실습문제 개요

당신은 국토교통부(SDOT) 소속 지역교통계획부서의 시니어정책분석가인 J. 라루이다. 주요 책임 중 하나는 주 내의 지역사회와 협력하여 교통요구사항을 평가하고 적절한 조치를 취할 수 있도록 돕는 것이다. 당신의 의제 중 가장 중요한 것은 이스트 월링포드의 교통혼잡 문제이다. 급속도로 성장하여 45,000명의 인구가 살고 있는 이스트 월링포드는 만성적 교통혼잡으로 어려움을 겪고 있다. 이에 시정담당자가 당신에게 도움을 요청했다. 이 실습문제에서 당신이 맡은 업무는 최고 비용효과성 분석가로서 이스트 월링포드의 교통상황을 분석하여 네 가지 주요 대안인 북쪽우회도로, 남쪽우회도로, 도로확대 또는 버스 및 주차장체계 중 하나를 결정하는 데에 지원하는 일이다.

지시사항

1단계

이스트 월링포드가 양식 1에서 제공한 지도를 연구하고 지역사회의 물리적 구조를 숙지하라.

2단계

당신의 조수인 M. 우반이 준비한 '예비문제분석' 보고서(양식 2)를 읽으라. 그것은 일정한 정치적 제약에 대한 논의를 포함하여 이스트 월링포드의 교통문제에 대한 중요한 정보를 제공한다. 당신이 원하면 보고서의 날짜를 현재 연도로 바꿀 수 있다.

3단계

각 대안의 기본 건설비용/매입 및 유지비용/운영비용을 계산하여 양식 3, '건설 및 유지 보수 비용 워크시트'를 작성하라. 계산의 기초로 양식 4, '비용명세서'에 제공된 정보를 사용하라. 이 비용은 주(州)의 비용을 나타낸다. 이 분석을 위해 다른 상하급 정부에서 부담해야 하는 추가 비용은 무시된다.

4단계

양식 5인 '환경 및 사회적 비용 워크시트'를 작성하라. 각 대안에 대해 0에서 100까지의 비용수치를 지정해야 한다. 수치는 각 전략의 상대 비용에 대한 추정치를 나타낸다. 환경 및 사회적 비용에 가격표를 붙이는 것은 불가능하지만 네 가지 대안의 장점과 단점을 비교할 때 이러한 비용을 포함할 수 있으며, 포함시켜야 한다. 이스트 월링포드에서의 상황에 대한 당신의 해석에 근거하여 상대적 비용을 합리적으로 추정하라. 양식 5의 지시사항에 나와 있듯이, 각 대안에서 취할 수 있는 환경오염(대기 및 수질오염, 소음공해, 야생생물 서식지 파괴 등)을 고려해야 한다. 사회적 비용에는 전위(dislocation)* 및 안전문제가 포함된다. 당신의 주된 관심사는 이스트 월링포드이지만 주의 분석가로서 무분별한 도시확산(urban sprawl)과 농지보존에 대한 영향과 같은 일반적인 문제도 고려해야 한다.

5단계

양식 6인 '분석 워크시트 I'를 완성하라. 이 양식을 사용하면 양식 3과 양식 5의 비용 계산을 결합할 수 있다. '건설 및 유지관리비용 워크시트'(양식 3)의 비용을 호환가능한 조건 100점 척도로 하여 양식 3의 각 대안에 대한 합계를 10,000으로 나누면 쉽게 수행할 수 있다. 또한 양식 6의 각 비용에 대한 가중치를 결정해야 한다. 자세한 내용은 양식 6의 지침을 참조하라.

6단계

양식 7인 '분석 워크시트 II'를 완성하라. 우반의 보고서를 다시 참조하고, 개략적인 대안을 따라 평균 소요시간을 줄이는 분당비용을 계산하라. 예를 들어, 우반은 북쪽우회도로가 이동시간을 30분에서 10분으로 단축할 것이라고 추정한다. 이미 이 고속도로 건설비용을 계산했으므로 비용을 절약된 시간(20분)으로 나누라. 이러한 계산을 통해 비용−편익비율의 집합을 제공할 수 있으며 이를 통해 어떤 대안을 추천할지 결정할 수 있다.

---

* 전위(轉位) 또는 탈구(脫臼)라고 번역되며, 제도, 절차, 삶의 방식 등이 정상적으로 지속되기에 크게 방해나 제한을 받는 상황을 의미한다. (역자주)

7단계

양식 7에서 계산한 비용편익비율과 관련 있는 기타 정보를 기반으로 대안을 선택하라. SDOT의 지역교통계획부서 책임자인 당신의 상관에게 양식 8을 사용한 간략한 보고서를 작성하여 선택을 설명하고 정당화하라.

8단계

양식 9의 질문에 답하라.

양식 1

이스트 월링포드 지도

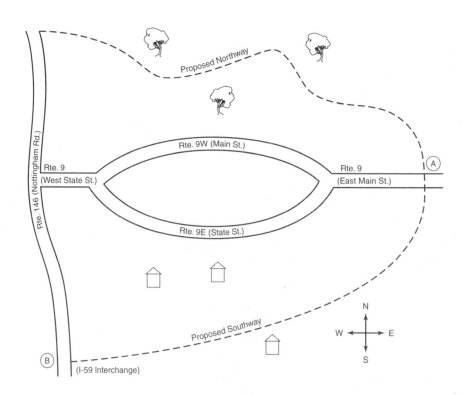

양식 2

20〇〇년 〇〇월 〇〇일

수신자: J. 라루
시니어정책분석가
지역사회 교통기획

발송자: M. 우반
주니어정책분석가
지역사회 교통기획

답변: 예비문제분석
이스트 월링포드

이스트 월링포드의 교통문제에 대한 예비분석 요청 건을 위해 지난주에 이스트 월링포드에서 3일을 보냈습니다. 당시 저는 시 공무원과 지역사회 지도자들을 인터뷰하고 교통흐름연구를 진행했습니다. 시에서는 이 조사에서 확인된 네 가지 대체 제안에 대한 대중의 반응을 파악하기 위해 공개 청문회를 개최했습니다. 제 연구 결과는 다음과 같이 요약할 수 있습니다.

1. 이스트 월링포드에는 2개의 주 고속도로가 제공된다. 남북간 간선도로인 146번 도로(노팅햄 도로)는 도시의 서쪽을 통과한다. 동서간 간선도로인 9번 도로는 이스트 월링포드의 중심을 통과하여 서쪽 종점인 146번 도로에 연결된다. 중앙상업지구에서 9번 도로는 일방통행을 허용하기 위해 실제로 1.5마일로 나뉘어 있다. 9번 동부도로는 스테이트가로 알려져 있다. 9번 서부도로는 메인가로 알려져 있다.

2. 146번 도로의 중앙상업지구에서 남쪽으로 3마일 거리에 있는 59번 주간(Interstate)도로는 분기점(interchange)이다.

3. 146번 도로와 메인가(9번 서부도로) 및 스테이트가(9번 동부도로)는 교통체증이 심각하다. 사람들이 많이 몰리는 피크시간대(오전 7시 30분~오전 9시 30분, 오후 4시~오후 6시) 동안 평균통행시간은 비슷한 규모의 지역사회에 대한 주 평균보다 훨씬 낮다. 어느 방향으로든 A 지점과 B 지점 간 이동(지도 참조)에는 총 4.5마일에 평균 30분이 소요된다.

4. 시공무원은 이 회랑의 평균통행시간을 15분으로 줄이기 원한다. 이것이 합리적인 목표인 것처럼 보이지만 이 사례에 SDOT 표준적용은 절대적인 기준점이 아닌 하나의 목표물로 간주되어야 한다.

5. 물론 고속도로건설을 위해 필요한 연방고속도로 자금이 있지만, 공개 청문회에서 도시의 남쪽 주요 주거지역의 사람들은 4마일 길이의 '남쪽우회도로'(이스트 메인가에서 주간도로 분기점 근처의 노팅햄 도로 아래쪽) 건설을 반대했다(예상 소요시간: 6분).

6. 반면에, 이스트 월링포드 위쪽의 미개발 하천과 삼림지대를 보존하는 데 관심이 있는 지역 및 주환경단체는 5마일 길이의 '북쪽우회도로'(이스트 메인가에서 노팅햄 도로 아래쪽)의 건설에 대해 반대하고 있다(예상 소요시간: 10분).

7. 메인가와 스테이트가의 확대는 한 가지 대안으로 각광을 받았지만, 지역상인들은 이 프로젝트(총 3마일의 거리확대)가 단기적으로 장사에 지장을 초래할 것이고, 장기적으로 매장 앞 주차공간을 잃을 수도 있다고 하였다(예상 소요시간: 16분).

8. 버스서비스 증가와 함께 주변주차가 네 번째 가능성으로 논의되었지만 문제가 전적으로 완화될지는 확실하지 않다. 도시(주정부 보조로)의 도로 혼잡 정도를 최대한 허용수준(예상 소요시간: 20분)으로 완화하기 위해 새로운 버스 5개를 구입하고 1에이커 규모의 주차장 2개를 건설해야 한다고 생각한다.

양식 3

건설 및 유지 보수 비용 워크시트

대안	비용		
	건설/매입	유지/운영	합계
남쪽우회도로	$	$	$
북쪽우회도로	$	$	$
도로확장	$	$	$
주변주차	$	$	$

양식 4

비용명세서

연간 건설/매입비용*

주로 주거지역에 건설된 고속도로	$200,000/마일
주로 미개발지역에 건설된 고속도로	$100,000/마일
도로확장	$100,000/마일
주차장 공사	$20,000/에이커
버스매입	$70,000/버스

유지보수/운영비용

고속도로 정비	$10,000/마일/년
확장을 위한 추가 유지보수	$10,000/마일/년
주차장 정비	$1,000/에이커/년
버스 정비	$1,000/버스/년
버스운영	$30,000/버스/년

* 건설/구매 지출은 의미상으로 '일회성' 비용이지만, 이 수치는 투자자금을 조달하는 방식을 고려한 주정부의 연간비용을 나타낸다. 이를 통해 건설/구매 및 유지보수/운영 비용을 합산하고 연간비용을 비교할 수 있다. 또한, 분석을 단순화하기 위해 이러한 비용은 이미 감가상각비를 포함하는 것으로 표준화되었다. 따라서 고속도로보다 버스를 더 자주 교체해야 한다는 사실은 이미 이 비용구조에 반영되어 있다. 마지막으로 이 숫자는 주정부의 비용을 나타낸다. 다른 수준의 정부가 부담하는 추가비용은 이 실습문제에서 무시된다.

양식 5

환경 및 사회적 비용 워크시트

대안	비용	
	환경적	사회적
남쪽우회도로		
북쪽우회도로		
도로확장		
주변주차		

지침: 이스트 월링포드의 지도를 검토하라. 우반의 보고서를 다시 읽고 네 가지 대안의 상대적인 환경적 및 사회적 비용을 추정하고 필요하면 다른 자료도 활용하라. 각 유형의 비용(0＝낮은 비용, 100＝높은 비용)에 대해 각 대안에 0에서 100 사이의 숫자를 지정하라. 이 비용계산에 대한 '정답'은 없다. 그러나 이스트 월링포드의 상황을 반영하는 상대 비용을 가능한 한 정확하게 할당해야 한다. 가장 쉬운 방법(가장 정확한 방법은 아니지만)은 각 차원에서 서로에 대해 대안(1~4)의 순위를 매기는 것이다. 그리고 순위를 반영하는 비용수치를 할당하라.

양식 6

분석 워크시트 I

대안	가중 비용			
	경제적 (구성/취득&유지)(EC) 가중치 =	환경적(EN) 가중치 =	사회적(S) 가중치 =	총비용(TC)
남쪽우회도로				
북쪽우회도로				
도로확장				
주변주차				

지침: 이 양식을 사용하면 양식 3과 양식 5의 비용계산을 결합할 수 있다. 이 양식을 작성하려면, (1) 건설 및 유지 보수 비용을 100점 척도와 호환되는 숫자로 변환하고 (2) 이 표에 있는 세 가지 비용(EC, EN 및 S) 각각에 배정하라.

건설 및 유지 및 보수비용을 변환하려면 양식 3의 각 합계를 10,000으로 나누라. 변환을 하고 별도의 종이에 답을 적어 두라.

이제 이 표의 세 가지 비용 각각에 가중치를 지정해야 한다. 이를 위해 우선 경제적 요인, 환경적 요인 및 사회적 요인 사이의 상대적 중요도를 생각하라. 이 요인들이 똑같이 중요한가? 아니면 한 요인이 다른 두 요인보다 조금 더, 혹은 훨씬 더 중요한가? 당신의 답변은 당신 자신의(또는 당신의 조직의) 가치에 따라 달라질 것이다. 이것을 생각한 후에 평가를 반영하는 수치를 선택하라. 예를 들어 경제적 요소가 환경적 및 사회적 요인보다 두 배 더 중요하다고 생각하면 EC에 2의 가중치를 부여하고 EN 및 S에 각각 1의 가중치를 할당하라. 모두 똑같이 중요하다고 생각되면 각각 1의 가중치를 주라. 분수 사용도 가능하다. 예를 들어, EC에 1.5, EN에 1, S에 1.25 등으로 가중치를 줄 수 있다. 주어진 표에 결정한 가중치를 기록하라. 그런 다음 각 요소의 가중치에 양식 3과 양식 5의 각 대안에 대한 해당 요소의 비용을 곱한 후, 표에 결과를 입력하라. 마지막으로 각 행에 걸쳐 각 대안의 총비용 (TC)을 결정하라.

양식 7

분석 워크시트 II

대안	비용	
	통행시간단축(RTT)	효과성(TC/RTT)
남쪽우회도로		
북쪽우회도로		
도로확장		
주변주차		

지침: 총 비용(TC)(양식 6)을 통행시간단축(reduction in trip time: RTT)(우반의 보고서 양식 2)으로 나누어 각 대안의 효과성을 계산하라. 이 비용편익비율(TC/RTT)은 적절한 대안을 선택하는 데 사용된다. 다른 조건이 동일하다면, 거리(마일)당 비용이 낮은 대체 대안이 더 좋다.

양식 8

20○○년 ○○월 ○○일

수신자: 시정담당자
          이스트 월링포드

참조: 지역사회 교통기획국장
          주 교통부

발송자: J. 라루
          주 교통부

답변: 교통정체 해결책 제안(안)

양식 9

질문

1. 이스트 윌링포드의 교통문제에 대한 당신의 결정이 합리적인가? 또는 최소한 합리적인 방법으로 이루어졌는가? 그렇게 생각하는 이유는 무엇인가?

2. 이는 거부된 대안이 비논리적이거나 비합리적인 것임을 의미하는가? 자세히 설명해 보라.

3. 합리적인 의사결정에서 분석가의 가치와 '객관적인' 데이터의 관계는 무엇인가? 이런 종류의 선택을 할 때 자신의 편향을 완전히 배제할 수 있는가? 이상적으로 공공분야 프로젝트의 비용효과성분석을 위해 가중치를 설정해야 하는 사람은 누구인가?

4. 이스트 윌링포드의 모든 이해관계자 그룹을 만족시킬 만한 대안이 없다는 사실이 이 사례에서 제시되었지만, 이것이 과제의 인위적 결과물이라고 생각하는가? 즉, 더 많은 시간을 갖고 더 많은 정보에 접근할 수 있다면 이 문제에 대한 '최적'의 해결책을 찾을 수 있다고 생각하는가? 일반적으로 공공정책에 대한 대부분의 갈등은 오해와 정보부족에서 비롯된다. 그렇다면 합리적인 분석이 수용가능한 해결책을 제공할 수 있는가?

주

1 Irving L. Janis와 Leon Mann의 *의사결정, 갈등, 선택, 헌신에 대한 심리학적 분석* (Decision Making. A Psychological Analysis of Conflict, Choice and Commitment) (New York: Free Press, 1977);과 Herbert A. Simon의 *행정행태론: 행정조직에서의 의사결정절차 연구, 3판*(Administrative Behavior: A Study of Decision−Making Processes in Administrative Organization, 3rd ed.) (New York: Free Press, 1976).

2 Irving Janis, *집단사고, 2판*(Groupthink, 2nd ed.) (Boston: Houghton Mifflin, 1983).

3 Janis(1983)와 *미국에 대한 테러 공격관련 국가위원회 보고서*(Report of the National Commission on Terrorist Attacks Upon the United States) (Washington, DC: Government Printing Office, 2005) and www.9−−11commission.gov/report/index.htm.

4 Herbert A. Simon, "경제학과 행동과학에서 의사결정이론(Theories of Decision −Making in Economics and Behavioral Science)", *The American Economic Review* 49, 3 (June 1959), pp. 253~283.

EXERCISE 2
정책평가

정책평가의 중요성

공적업무에 대한 대부분의 시각에서는, 법안이 승인되거나, 규정이 공포되거나, 집행명령이 서명되는 등의 결정이 내려지면 정책과정은 끝난다고 본다. 정책집행의 복잡성에 더 익숙한 사람들은 정책과정이 진행되는 것에 만족하기 전에 여러 가지 행정문제가 없어지기까지는 회의적인 시각을 가지고 기다리는 경향이 있다.

공공정책은 그 자체로 결과물이 아니며, 결국 결과를 위한 수단이다. 정책은 적어도 이론적으로 목표를 달성하거나 문제를 해결하기 위해 고안되었다. 일단 정책이 수립되면 공공행정가와 선출직 공직자는 항상 "정책이 성취한 것은 무엇인가? 우리가 제시한 목표에 도달하였는가? 고안된 정책을 통해 문제가 개선되었는가?" 등의 질문을 스스로에게 던져야 한다.

이와 같은 질문들은 정책평가의 핵심이며, 이는 공식적으로 "달성하고자 하는 목표의 관점에서 현재 진행 중인 정책의 영향에 대한 객관적이고, 체계적이고, 경험적인 조사"라고 정의할 수 있다.[1] 정책평가는 우리의 정책이 작동이 되었는지 여부를 알 수 있게 해준다는 매우 소박한 이유로 중요하다. 공공정책의 효과를 측정하기 위한 노력이 없으면 우리는 어둠 속에서 다트를 던지는 것만이 아니라 심지어 다트판을 맞췄는지도 알지 못한다.[2] 일에 착수하기에 앞서 어디에 목표를 두고 있는지 계획을 명확히 세우는 것이 최선이다.

이론으로서의 정책

정책평가의 문제점(및 중요성)을 이해하는 데 유용한 방법은 정책을 이론으로 생각하거나 이론에서 파생된 가설로 생각하는 것이다. 우리가 공공정책을 수립할 때 우리는 어떤 의미에서 가설을 세우는 것이다. 우리가 취하는 행동은 구체적이고 측정 가능한 효과가 있다고 가정한다. 즉, "만약 x를 실행하라, 그러면 y가 발생한다" 또는 "만약 유죄판결을 받은 범죄자가 장기간 교도소에 투옥되면, 범죄율이 감소한다." 이는 실험실에 적용되는 논리와 같다. 즉, "만약 우리가 이 금속을 화씨 550도까지 가열하면, 수소가스가 방출될 것이다."

이 비유가 논리적으로 들리지만 경험적으로는 어려울 수 있다. 실험실에서는 작업 조건을 아주 정밀하게 제어할 수 있다. 찾고 있는 가스(그리고 다른 가스는 없음)가 실제로 방출되었는지 확인할 수 있다. 또는 다른 요인들이 가스의 존재에 책임이 없다는 것을 확인하기 위한 조치를 취할 수도 있다(예: 연구 조교가 실수로 수소통을 개방하지 않았음).

이를 공공정책으로 진행하는 것은 쉽지 않다. 우리의 정책이 명확하고 모호하지 않더라도(가설의 첫 머리인 '만약'), 현실세계에서 어떤 변화가 일어나고 있는지(가설의 결과 '그러면' 부분)를 아는 것은 종종 어렵다. 우리는 일반적으로 사회적 영향을 측정하는 데 어려움을 겪을 뿐만 아니라, 정책이 무엇을 생산하는지 거의 확신할 수 없다.

이 점을 설명하기 위해 주에서 큰 도시들에 일련의 '기업유치지구(enterprise zones)'를 지정하여 도시 재개발을 촉진하기로 결정했다고 가정해보라. 입법부가 통과되었으며 주지사는 모든 주 및 지방 재산세를 3년 동안 해당 구역 내에 있는 사업체에 면제하는 법안에 서명했다. 이와 관련하여 이론은 이런 종류의 세금공제가 없으면 이루어지지 않았을 지역에 투자를 장려한다는 것이다. 즉, "우리가 기업에 세금 인센티브를 준다면 재개발이 필요한 분야에 투자할 것이다."

일 년 정도 지나면 주지사는 당신에게 이 정책의 효과성을 평가하도록 요청한다. 어떻게 평가해야 하는가? 실험실 모델은 별로 도움이 되지 않는다. 실험실의 과학자가 이용할 수 있는 정밀한 도구와 엄격한 통제가 부족하다. 물론 소득, 고용, 공실률, 총매출 등을 전후 비교할 수 있다. 그러나 그러한 자료를 구할 수 있는가? 그러한 자료는 얼마나 신뢰할 수 있는가? 어쨌든, 당신은 무엇을 측정해야 하는가? 입법부는 "재개발"에 관해 언급했다. 이것은 당시에는 충분히 명확해 보였지만 정확히 무엇을 의미하는가? 어떤 종류의 경제활동도 재개발의 대상이 되는가? 총수입뿐만 아니라 소득 분배도 중요한가? 만약 당신이 그동안의 논쟁과 위원회보고서를 다시 읽어 보면서 입법안의 의도를 재구성하려고 시도한다면, 재개발에 대한 정의를 한 가지 이상 발견하게 될지도 모른다. 즉, 정책이 무엇이고 그것이 무엇을 성취하기를 의도했는지 완전한 합의가 되지 않은 것을 발견하게 될 것이다.

더욱이 이러한 예비 문제를 해결하고 어떤 정의에 의하든 재개발이 실제로 기업유치지구 내에서 이루어졌다고 판단하더라도, 어떤 추론을 할 것인가? 조세감면정책이 효과가 있었다고 결론짓는 것은 시기상조일 것이다. 결국, 다른 요인들(일반 경제상황, 은행대출정책, 금리, 에너지비용 및 가용성, 사회적 태도 및 기업유치지구 밖의 사업활동에 의한 파급력 등)이 단독 또는 결합으로 효과를 냈을 가능성도 있지 않은가? 어쩌면 법은 아무 관련이 없을 수도 있다. 실제로, 재개발은 법과 상관없이 일어났을 수 있고, 더 많은 재개발도 그와 상관없이 일어났을 수 있다. 아마 그럴 가능성이 낮지만 존재할 수 있으며, 그것을 아는 것이 중요하다. 만약 법이 그러한 결과를 만들어 냈다고 가정한다면, 기업유치지구의 지지자들은 미래에 유사한 정책집행을 정당화하기 위해 이 '성공사례'를 적극 활용할 것이다. 이 이론이 잘못되었다면 가시적인 성과는 없는 불필요한 사회적 비용만을 가져다줄 것이다. 그러나 그러한 인과관계의 추론을 어떻게 확신할 수 있는가? 사회라는 세상은 실험실과 같지 않다. 정책이 집행되는 동안에 그 외의 모든 것들이 멈춰 있지 않는다. 변수는 다양하고, 상수는 적다.

위에 제시된 어느 것도 정책평가가 불가능하다는 의미는 아니다. 정책은 평가할 수 있고 평가되어야 한다. 요점은 평가가 복잡하다는 것이다. 우수한 평가연구는 평가자에게 특수한 민감성을 요구한다. 정책목표를 확인하고 명확히 하고, 적절한 판단기준을 도출하고, 타당하고 신뢰할 수 있는 자료를 수집하고, 정확한(그리고 적절한 자격요건을 갖춘) 추론을 도출하는 데 세심한 주의를 기울여야 한다.

평가절차

좋건 나쁘건, 모든 상황에 적용되는 특정 정책평가기법이란 없다. 정책은 이론과 같기 때문에 이론적 가설을 검증할 수 있는 모든 방법론과 기술을 정책평가에 반영할 수 있다. 통제된 사회실험(social experiment), 역사적 또는 비교 자료를 사용한 통계분석, 수학적 모델, 시민과 정책입안자와의 면담, 정성평가 등이 수행될 수 있다. 어떤 방법론이나 일련의 방법론을 사용해야 하는지는 상황과 평가자가 자신의 업무를 수행하는 데 주어진 시간에 따라 달라진다.

결국, 철저한 정책평가의 방법을 배우는 것은 정통한 연구 방법을 배우는 것과 같다. 그 비결은 올바른 방법으로 올바른 질문을 하는 합리적인 연구설계를 구성하는 데 있다.

하지만 합리적인 연구설계 구성은 무엇을 의미하는가? 앞선 논의에서 우리는 몇 가지 단계를 추출할 수 있다:

1. 평가할 정책을 명확히 해야 한다. 이는 정책의 목표 또는 의도와 정책수단을 이해하는 것을 의미한다. 정책이 성취해야 할 것은 무엇이었는가? 그것이 정확하게 어떻게 이루어졌는가? 이 정책을 이론으로 취급하고 그것을 검증할 수 있는 가설을 이끌어 낸다. '만약(if), 그러면(then)' 형식을 사용하여 행동과 결과 사이의 가설적인 관계를 상기시키라.

2. 타당한 척도를 고안하라. 측정할 수 있는 방법으로 정책 목표와 도구를 다시 분명하게 언급하라. 대부분의 정책은 지원을 유도하고 반대를 최소화하기 위해 직접적으로 측정할 수 없는 매우 일반적인 용어로만 목표를 언급하고 있음을 기억하라. '도시 재개발'과 같은 광범위한 목표를 점유율, 고용 및 소득과 같은 측정 가능한 변수로 변환해야 한다. 그렇게 하는 과정에서 측정치가 타당한지, 즉 측정치가 원래 의도한 것을 측정하는지 확인하라.

3. 실증자료를 수집하라. 정책 가설의 각 변수에 대한 각각의 척도에 대해 가장 신뢰할 수 있는 자료를 수집하라. 이것은 정부통계를 조사하거나 인터뷰 또는 기타 현장조사수행을 의미할 수 있다. 정책이 처음 구현되고 프로젝트 또는 프로그램 시작시 자료('기준자료'라고 함)가 수집될 때

그로 인해 사전·사후 비교가 가능할 때 평가하는 것이 이상적이다.

4. 자료를 분석하라. 독립변수(정책)와 종속변수(결과) 간에 인과 관계가 있는 것으로 보이는가? 즉, 후자의 변경이 전자의 변경과 관련이 있는가?

5. 경쟁 이론을 고려하라. 이것은 실제로 4단계의 일부이지만 중요한 점은 특별한 강조가 필요하다. 자료를 분석할 때 관찰된 변화가 다른 원인에 의한 것인지 여부를 고려하라. 위에서 우리가 본 재개발이 세금 인센티브나 그 외 다른 것의 기능인가? 이 질문에 답하기 위해 개념적으로 1단계부터 다시 시작하고 설명된 모든 절차를 수행하는 것이 필요하다. 정책이 효과가 있다고 말하기 전에 가능한 한 모든 대체 설명을 거부할 수 있는 준비가 되어 있어야 한다. 이렇게 하는 것이 항상 쉽지만은 않다. 이는 특정 변수를 통제(또는 일정하게 유지)하면서 다른 변수의 검토를 요구한다. 실험적 조건이 없기에, 비교 연구(예: 기업유치지구로 지정되지 않은 유사한 이웃지역을 검토하고 그 지역들의 성과가 어떤지를 봄)를 하거나 정책을 다른 영향으로부터 분리하는 시도를 해야 할 것이다.

6. 의도치 않은 결과가 있는지 보라. 하나의 목표를 겨냥하는 정책일지라도 뜻하지 않게 다른 목표를 맞힐 수 있다. 도시의 기업유치지구는 경제활동을 자극할 수도 그렇지 않을 수도 있다. 또한 빈곤층을 대체하거나 노숙자 문제에 기여하거나 그렇지 않을 수도 있다. 기업이 사업하는 영역을 변경하여 새로운 빈곤층을 만들 수도 있고, 예상을 뛰어넘을 정도로 주정부 및 지방정부의 수입을 줄일 수도 있다. 건실한 정책평가는 의도한 결과만이 아닌 의도하지 않은 결과도 찾는다.

그러나 최종적인(그리고 절망적인) 질문이 제기되어야 한다. 일단 정책평가를 받으면 우리는 어떻게 해야 하는가? 정책평가는 정책입안자들에게 귀중한 피드백이 될 수 있고 또 그렇게 되어야 한다. 우리는 우리가 잘하고 있는 일과 잘못하고 있는 일을 알 수 있다. 그러나 피드백은 때때로 무시된다. 많은 사람들이 초기 결정이 내려지면 정책에 주의를 기울이지 않는다. 새로운 쟁점이나 문제가 주목을 받으면서 기존의 정책을 관료주의의 조용한 휴식공간으로 밀쳐 버린다. 다른 이들은 정책결과보다 정책자체에만 관심이 더 많기 때문에 평가연구의 결과는 무시한다. 예를 들어, 세금공제를 위해 로비하는 기업은 사회적 혜택이라는 장미빛 청사진으로 자신의 주장을 강조할 수 있다. 그러나 혜택보다는 세금공제가 중요하며, 일단 세금감면이 확보되면 체계적인 평가는 위협처럼 다가올 것이다.

　　정책과 정치가 불가분의 관계임을 우리는 상기해야 한다. 정책평가는 다른 행정절차처럼 가치중립적 활동이 아니다. 공공정책은 분석 목적으로 과학적 가설처럼 취급될 수 있지만 궁극적으로 다른 사회가치와 상충되는 특정 사회가치의 체계화(codification)를 나타낸다. 정부가 해야 할 일에 대해 사람들이 동의하지 않으면, 사람들은 정부가 그동안 이룩한 업적에도 동의하지 않을 것이다. 정책평가를 규정(frame)짓는 질문은, 어떤 질문은 질의하지 않는 선에서, 불가피하게 일부 가치는 반영하고 다른 가치는 무시하게 된다.

　　결과적으로 정책평가자에게 항상 열정적으로 쉽게 믿어주는 청중이 있지 않다는 사실은 놀라운 일이 아니다. 그럼에도 정책평가에 관심이 있는 사람들은 특정정책 분야에 정착된 사회적 합의가 종종 발생한다는 사실에 어느정도 위안을 받는다. 그렇게 되면 가치가 수렴됨에 따라 정책평가가 더욱 널리 받아들여진다. 더욱이 존경받는 정책평가학자는 다음과 같이 말했다.

> 의사결정자들은 단일조직이 아니다. … 시간이 지남에 따라 오래된 접근법의 실패에 대한 증거가 매년 쌓이고, 증가하는 자료가 새로운 개입방식을 제안하면, 이는 우려를 표하는 대중을 통해 스며들게 된다. 정치적 환경이 새로운 계획에 대한 탐색으로 옮겨지거나 갑작스러운 위기가 발생하고 효과적인 정책 메커니즘에 대한 출격이 있을 경우, 실증에 기반을 둔 지침을 사용할 수 있을 것이다.[3]

추가 참고문헌

매우 유용한 교재로 Carol H. Weiss의 *평가, 2판*(Evaluation, 2nd ed.)
(Upper Saddle River, NJ: Prentice–Hall, 1998); Eugene Bardach의 *정책분석의
실용적 지침서: 보다 효과적인 문제해결을 위한 여덟 가지 계획, 3판*(A
Practical Guide for Policy Analysis: The Eightfold Plan to More Effective Problem
Solving, 3rd ed.) (Washington, DC: Congressional Quarterly Press, 2008); Peter H.
Rossi, Mark W. Lipsey, and Howard E. Freeman의 *평가: 체계적 접근법, 7
판*(Evaluation: A Systematic Approach, 7th ed.) (Newbury Park, CA: Sage, 2003);
and David Royce, Bruce A. Thyer, and Deborah K. Padgett, *프로그램 평
가 개론, 5판*(Program Evaluation: An Introduction, 5th ed.) (Florence, KY: Brooks
Cole, 2009). Joseph Wholey, Harry Hatry와 Kathryn Newcomer가 편집한,
실용적 프로그램 평가 핸드북, 2판(The Handbook of Practical Program
Evaluation, 2nd ed.) (San Francisco: Jossey–Bass, 2004), 이 핸드북은 제목에서
알 수 있듯이 매우 실용적 관점에서 쓰였으며 평가연구 설계, 수행 및 활용
에 관한 25가지 에세이가 포함되어 있다.

온라인 자료

www.gao.gov 미국회계감사원(General Accountability Organization)은 미
국 의회에 정책 및 프로그램 평가를 제공한다. 이 초당적인 기관은 다양한
현안에 대한 견실하고 전문적인 보고서를 출판한다.

많은 미국의 주정부는 연방 미국회계회계원과 유사한 입법감사사무국
을 운영하고 있다.

www.ignet.gov   미국 감찰위원회(Council of the Inspectors General on
Integrity and Efficiency)는 연방기관의 모든 감찰관을 포함한다. 감찰관은 낭비,
사기 및 권력남용에 대한 프로그램 평가 및 분석을 제공하는 내부 감시인이
다. 위원회 웹사이트를 통해 감찰관의 보고서를 어렵지 않게 볼 수 있다.

• 실습문제 개요

이 실습에서는 실습문제 1에서 선택한 교통정책을 평가하는 전략을 수립한다. 정책의 의도를 생각하고 정책 성공 또는 실패에 대한 적절한 기준을 고안하며 자료를 수집하고 분석할 방법을 제안하라.

지시사항

1단계

실습문제 1, 특히 양식 1과 양식 2에 제시된 자료를 검토하고 이스트 월링포드의 상황을 개괄적으로 다시 숙지하라.

2단계

이스트 월링포드 및 주 공무원이 명시한 정책목표를 확인하라. 실습문제 1에서 권장하는 대안이 실제로 채택되었다는 가정하에, 정책자체를 간략하게 서술하라. 양식 10 '정책평가를 위한 설계'의 해당 공란에 정보를 기록하라.

3단계

이 정책목표를 얼마나 달성했는지 측정하는 방법에 대해 기술하라. 성과를 나타내는 지표는 무엇인가? 양식 10을 사용하여 의견을 기록하라.

4단계

3단계에서 설명한 지표를 바탕으로 필요한 자료를 수집하는 방법에 대해 논의하라. 상상력을 마음껏 발휘하라. 하지만 권고안 작성에 실현가능성과 비용을 반드시 고려해야 한다. 양식 10을 사용하여 의견을 기록하라.

5단계

정책목표의 전부 또는 일부가 충족되었다는 증거를 발견했다고 가정해 보라. 그러한 결과에 대해 타당할 것 같은 경쟁설명(당신이 추천한 정책 이외의 이유)에 대해 서술하고, 당신이 궁극적으로 어떤 설명을 받아들이며, 어떻게 착수할 것인지에 대해 기술하라. 양식 10을 사용하여 의견을 기록하라.

6단계

양식 11에 있는 질문에 답하라.

양식 10

정책평가를 위한 설계

채택된 정책:

정책목표:

정책 성공/실패 측정:

평가에 사용될 자료:

대안가설:

양식 11

질문

1. 실제로 이 실습을 위해 설계한 평가를 수행해야 한다고 가정해 보라. 수행하기 얼마나 어려운 일이라고 생각하는가? 주된 어려운 점은 무엇일까?

2. 이 정책의 어떠한 의도치 않은 결과를 찾아내는 것이 이 연구에서 중요하다고 생각하는가? 그것을 어떻게 시작할 것인가?

3. 연구결과에 얼마나 확신을 가지고 있는가? 이스트 월링포드 또는 주 교통부의 사람들은 얼마나 확신을 가지고 있을 것이라 생각하는가? 그 이유는 무엇인가?

주

1 David Nachmias의 공공정책평가: *접근법과 방법론*(Public Policy Evaluation: Approaches and Methods) (New York: St. Martin's, 1979), p. 4.

2 대부분의 시민뿐만 아니라 정책과정에 참여한 많은 사람들도 공공정책의 효과에 대해서는 최소한 여기에 함축되어 있는 만큼 크게 신경 쓰지 않는다는 것을 의미한다. 정책은 주로 상징의 집합으로 이해되어야 하며, 현재 상황에서 대중의 묵인을 유발할 수 있도록 전파되어야 한다고 주장 할 수 있다. 즉 근본적인 변화는 없으며, 변화하려는 의도는 없다. 이 논증을 상세히 설명하기 위해, Murray Edelman의 *정치의 상징적 활용*(The Symbolic Uses of Politics) (Urbana: University of Illinois Press, 1964)을 보라. 본 장의 목적을 위해서, 정책입안자는 정책에 명시된 효과를 달성하려는 의도가 있다고 가정한다.

3 Carol H. Weiss, "정치적 맥락에서 평가연구(Evaluation Research in the Political Context)", in Elmer L. Struening와 Marcia Guttentag가 편집한, *평가연구핸드북 I* (Handbook of Evaluation Research I) (Newbury Park, CA: Sage, 1975), p. 24.

EXERCISE 3
조직설계하기

조직설계 접근하기

　　예전에는 새로운 정부나 기업 조직의 구조를 설계하는 일이 간단했다.
즉 보고체계, 조직의 최고위층과 제일 낮은 직급 사이에 얼마나 많은 중간
계급의 직원이 있어야 하는지, 조직화를 과정(process), 장소, 또는 기능 중
심으로 해야 하는지 등에 동의가 힘든 부분이 있을 수 있지만, 조직의 기본
틀에 대해선 논쟁이 없었다. 최종 조직은 아래는 넓고 위는 좁은 피라미드
구조와 같았다. 피라미드 내부에는 조직의 계층 구조가 군대와 같은 지휘통
제(command and control)의 원칙을 반영하였다. 권위는 위에서부터 분명하고
변경 없이 내려왔다. 명령은 기관장에서 부서장, 중간 관리자, 일선 근로자
까지 지휘 계통을 따라 산에서 물이 흐르듯 내려왔다.

　　대부분 조직이 계층적 피라미드를 어느 정도 계속 사용하고 있지만, 조
직설계자는 선택할 수 있는 모형이 더 다양해졌다. 조직을 수립하고 관리하
는 이들의 목적과 의향에 따라, 일반적 피라미드 내 조직과 부서는 수직적
이거나 평평하거나 원형 등 어느 형태로든 나타날 수 있다. 마찬가지로 조
직을 구조화하는 권위 체계는 군대처럼 엄격하고 집권화되거나 해변가 파
티처럼 느슨하고 분산될 수 있다.

조직의 세 가지 모형

현대 행정조직 유형이 많지만, 대부분은 3가지 기본 조직 설계 중 하나에서 파생한 것이다. *관료주의, 매트릭스, 팀* 모형이 바로 그것이다. 이제 각 모형의 구조를 살펴보고 장단점을 논의하기로 하자.

관료주의 모형

*관료주의 모형*은 전통적인 피라미드 형태이다(그림 3.1). 대표적인 독일 정치사회학자 막스 웨버(Max Weber)에 따르면 관료주의는 근대성의 핵심인 이성적 사고를 가진 조직의 얼굴이다. 관료주의 조직은 계층적이고, 고도로 전문화되고, 분명한 규정과 절차로 운영되며, 탈사인적(impersonal)이다.[1]

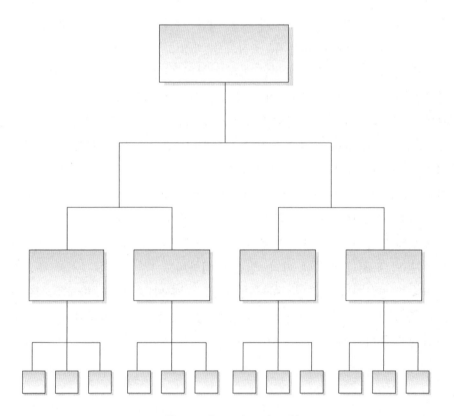

그림 3.1 관료주의 조직 모형

　　관료주의나 준관료주의 조직의 예시가 수세기에 걸쳐 알려져 있지만, 관료주의는 산업혁명과 조립라인 기술의 발달과 함께 18세기 말과 19세기 초에 진가를 발휘하게 되었다. 관료주의적으로 조직되고, 한 가지의 특정 작업을 담당한 각 작업자는 전통적인 수공업 방식의 생산보다 대규모 제조업에 훨씬 효과적인 것으로 나타났다. 예를 들어, 애덤 스미스(Adam Smith)는 핀 하나를 만드는 데 철사를 뽑아내고 곧게 펴고, 자르고 끝을 뾰족하게 다듬고 머리 부분을 가는 등 모든 작업을 담당하는 경우 "최대한 근면하게 일해도 하루에 핀 하나를 만들며 20개 이상은 만들 수 없다"고 하였다. 하지만 분명한 노동 분업과 기능 전문화가 이루어진 조립라인에서 일하는 경우 생산성은 급격히 상승한다. 10명의 사람이 "하루에 4만 8천 개 이상의 핀을 만들 수 있다."[2]

　　정부도 관료주의 조직을 유용하다고 생각하였다. 민간분야처럼 정부의 관료주의는 이전의 가벼운 형태의 조직보다 더 많은 닭 검사, 더 많은 수표 발행, 더 많은 서류 처리 등 상대적으로 높은 수준의 생산성을 보였다. 또한 관료주의는 부패, 차별, 연고주의 등 조직의 부정을 근절하는 데 강력한 도구임이 입증되었다. 적어도 원칙상 피부색, 연줄, 정치성향은 공식 규정에 따르고 공적인 관계를 중시하는 관료주의 조직에서 무관한 것이 되었다. 잘 운영되는 관료주의에서 구성원은 이미 정해진 규정을 따라 일을 하기에 조직운영에 대해서는 놀랄 것이 없다. 산출물에 대한 통제는 민주적 책임성을 간소화시킨다. 공공서비스에 불만인 시민들은 관료주의를 감독하는 선출직 공무원에게 책임을 직접적으로 묻는다.

　　하지만 이론상의 이점이 무엇이든 관료주의에는 실제에 있어 단점이 있다. *관료주의적*이라는 단어 자체가 일반적으로 부정적인 의미로 쓰이며 '형식주의(red tape)'라는 말과 같은 의미로 사용되고 있다. 대표적 사회학자 미셸 크로지어(Michel Crozier)는 관료주의를 조직의 역기능이라고도 정의하였다.[3] 공공이든 민간이든 관료주의는 본질적으로 반응이 없고, 규정에 구속되며, 지나치게 조심스럽고, 적응을 잘 하지 않으며, 생산성이 낮다고 한다. 관료는 목표가 아닌 절차에만 신경을 쓴다는 비난의 대명사가 되고 있다. 관료제하에 낮은 직급의 공무원은 특히 '비인간화'된다. 민원인이 사람이 아닌 숫자로 다루어진다.

일부 비판론자들은 관료주의의 문제가 *구조*에 약간 변화를 주거나 조직 *절차*를 변경하여 고칠 수 있다고 주장한다. 구조적 해법은 전반적으로 관료주의를 수평하게 만들고, 불필요한 감독을 줄일 수 있게 한다. 절차 관련 해법은 '인간 관계'에 초점을 맞추며 훈련이나 다른 형태의 조직 개발을 통해 사고 방식과 직장 내 상호작용 방식을 변화시키려 한다. 두 가지 접근법 모두 관료주의의 장점을 버리지 않고 주요 단점을 고치기 때문에 공공관리자의 관심을 끈다.

매트릭스 모형

*매트릭스 모형*은 전통적인 관료주의와 커다란 구조적 차이를 보인다. 초점은 의사결정규칙(decision rule)보다는 프로젝트에 있다. 매트릭스 조직에서 전문가는 행정업무를 위해 기능적 구조(전통적 관료주의와 상당히 유사함)로 배열된다. 하지만 조직이 달성하는 업무는 프로젝트를 따라 배열되며, 기능적 구조에 수평적으로 나타난다. *매트릭스*라는 용어는 교차하는 선으로 만들어지는 교차해칭(crosshatching)에서 유래했다.

그림 3.2가 이를 잘 설명하고 있다. 수직으로 움직이는 선은 각 구성원을 환경공학, 생물학, 인허가, 감사 등 기능적 영역에 연결하고 있다. 수평으로 움직이는 선은 각 구성원을 습지 보전, 농지 유출수 저감, 산림복원 등 특정한 프로젝트에 연결하고 있다. 각 구성원은 이론적으로 2가지 관리 구조에 응답해야 한다. 기능적 구조는 사실상 월급을 주고 행정 지속성을 제공하는 곳이라고 할 수 있다. 프로젝트 구조는 현재 구성원이 머물고 있는 곳이며, 매트릭스 조직에서는 언제나 구성원이 움직인다. 매일 일하는 일상에서는 프로젝트 관리 구조가 리더십과 조정기능을 제공한다.

매트릭스 조직이 정부에 널리 보급되어 있진 않지만 인기가 증가하고 있다. 매트릭스 조직은 조직 이론가 헨리 민츠버그(Henry Mintzberg)의 용어인 *애드호크라시*(adhocracy)의 대표적인 예이다.[4] 따라서 매트릭스 조직의 핵심 이점은 유연성과 유동성이다. 조직의 환경에서 문제가 생기고 사라짐에 따라 이에 맞추어 프로젝트 구조를 수립하고 해산할 수 있다. 매트릭스 조직은 실습 6처럼 전문가 그룹을 한 데 모아 잘 정의되고 시간이 제한된 프로젝트를 집중적으로 수행하는 데 적합하다. 이와 같은 상황에서 위계적 구조의 조직 내 개인들은 특정 기간이나 근무시간의 일정비율을 특정 프로젝트에 배정되도록 한다.

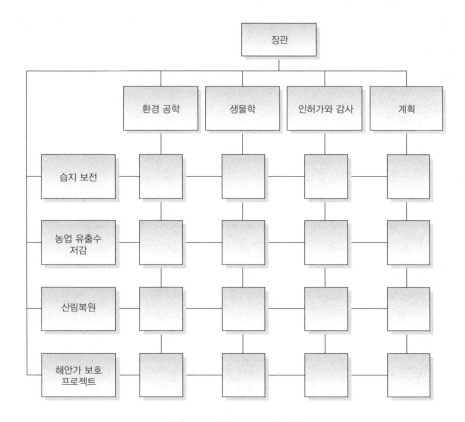

그림 3.2 매트릭스 조직 모형

매트릭스 조직의 개념은 20세기 후반 공기업과 민간기업에 일반적인 방식이 된 아웃소싱의 기초이다. 피라미드 관료주의 구조에 전문가를 통합시키기보다는 전문가를 특정 서비스에 대해 특정 기간 동안 계약한다. 이러한 모형에서 조직 A에 속한 전문가는 조직 B, C, D 등의 프로젝트 관리자 하에서 일하게 된다. 프로젝트 관리자는 반드시 여러 다양한 계약 업체나 기관의 전문가의 활동을 지휘하고 조정해야 한다.

매트릭스 조직의 주요한 단점은 주요한 장점이기도 한 이중화된 권한이다. 각 매트릭스 구성원은 기능적 감독자와 프로젝트 감독자 등 2명의 감독자에게 보고해야 한다. 누구도 두 명의 스승을 섬길 수 없다는 오래된 행정 격언을 어기는 셈이다. 매트릭스 조직의 일상에는 공유하는 자원에 대한 외교술, 타협, 협상이 꼭 필요하다. 이와 같은 특성이 두드러지지 않은 매트릭스 조직은 갈등으로 마비될 수 있다. 이와 같은 형태는 업무가 일상적이고 제품이나 서비스가 표준화되어 있고 조직체계(organizational setting)가 안정적인 경우 적합하지 않다.

팀 모형

세 번째 모형은 분권화를 강조해서 *수평 모형*이라는 이름으로 알려져 있는 조직에 대한 *팀 접근법*이다. 팀 접근법은 실습 5에서 다룰 총체적 품질관리(TQM)에 필수적이다. 일반적으로 팀 모형은 다양한 분야에서 모집되었지만 공통적인 *프로세스*에 중점을 두는 소규모의 통합된 그룹에 속한 사람들이 효과적으로 행정 서비스를 제공할 수 있다는 점에 착안하고 있다.

그림 3.3은 팀 모형 차트를 보여 준다. 이와 같은 예시에서 팀은 서로 다른 부서에서 모집되며 각각의 5개 팀은 부서 A, B, C에서 온 인원들로 구성된다. 팀을 하나의 부서나 하나의 부서 아래 단위(과, 계 등)에서 구성하는 것도 가능하다.

팀 모형의 장점을 설명하기 위해 당신이 일자리가 없는 싱글맘이라고 가정해 보자. 실업에서 탈출하기 위해 괜찮은 일자리를 찾는 중일 때 당신에게 필요한 조직 모두가 전문화된 별개의 조직이라면 당신은 다음과 같은 과정을 거쳐야 한다. 첫째, 노동부서를 방문하여 일자리 정보를 구한다. 둘째, 교육부서를 방문하여 일자리 교육 기회가 있는지 알아본다. 셋째, 보육과 기타 물류지원을 받을 수 있도록 사회복지부 산하의 여러 기관에 전화한다.

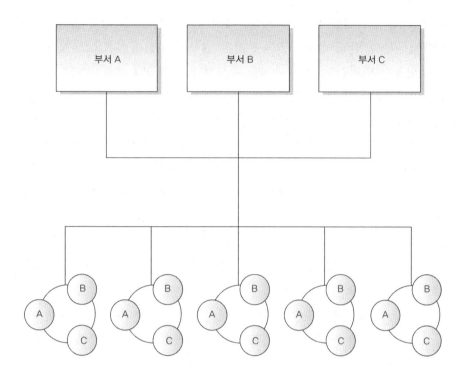

그림 3.3 팀 모형

당신 주에서 팀 모형을 활용하고 있다면 위의 과정이 더 간략할 것이다. 모든 관련 주립 부서의 인원으로 충당된 주립 일자리 센터에 찾아가면 된다. 상호 역할이 보완되는 전문가 팀에서 당신의 필요를 평가하고, 적합한 일자리 기회를 찾고, 훈련 프로그램을 설계하고, 당신이 일자리를 얻고 자립할 수 있도록 여러 사회복지 서비스 지원을 배정한다. 이러한 서비스가 없었더라면 도움이 필요한 개개인들과 인허가를 얻고 훈련 및 경제 지원 프로그램을 위해 여러 기관을 찾아 다녔을 사업체를 위해 많은 주와 지역사회에서 원스톱 접근법을 채택하고 있다.

팀과 매트릭스 모형은 여러 측면에서 비슷한 데, 특히 반관료주의라는 점에서 비슷하다. 하지만 여러 핵심적 차이를 주목해야 한다. 첫째, 팀 모형은 프로세스를 중심으로 조직되며, 매트릭스 모형은 프로젝트를 중심으로 조직된다. 팀은 일반적으로 지속적인 서비스 제공을 위해 구성되지만, 매트릭스 프로젝트는 일반적으로 특정한 기간에 달성해야 하는 미션이 있다. 둘째, 팀 모형에서 권한의 공식 라인은 여전히 기능을 한다. 위의 일자리 사례에서 노동부서 팀 구성원은 노동부서의 감독자에게 공식적으로 계속 보고한다. 팀장이 있더라도 보고 관계를 복잡하게 하는 프로젝트 관리자와 같은 이는 없다. 셋째, 앞서 살펴본 바와 같이 매트릭스 조직은 교차 기능적이다. 팀은 부서 간 교차할 수도 있고 안 할 수도 있다. 팀 모형의 핵심은 정부 고객의 필요를 파악하여 이와 같은 필요를 충족하는 행정 프로세스를 설계하는 것이다.

팀 기반 조직은 단순히 조직도에서 박스를 재조정하는 것 이상이 필요하다. 구성원이 새로운 역할을 이해하고 역량을 갖추고 다른 이들과 협업하도록 훈련에 많은 투자가 필요하다. 팀 기반 조직은 팀 구성원이 개개인과 문제를 대하고 논의하는 데 상당한 시간이 든다. 문제에 빠진 청년을 위한 최적의 방안을 고민하는 사회복지사들과 법집행 공무원들로 구성된 팀은 처벌, 경고, 치료, 지원 간의 균형이 맞는 행동 계획을 수립하기 위해 범죄의 상황, 범죄자의 이력, 피해 등을 검토해야 한다. 각 경우는 특수하며, 적절한 대응에는 관료주의의 표준 규정보다 시간과 노력이 더 든다.

어떠한 모형이 제일 적합한가?

매트릭스 모형이나 팀 기반 모형이 언제나 기존의 관료주의 형태보다 낫다고 결론을 내리고 싶을지 모른다. 서점의 인기 많은 경영 서적을 보면, 이와 같은 결론을 내린 책이 많음을 알게 될 것이다. 경영 이론은 유행을 쫓는 경향이 있다. 하지만 너무 서두를 필요는 없다. 비판을 받아도 관료주의를 제외해서는 안 된다. 실제로 많은 저명한 조직 이론가들은 '관료주의'가, "최고의 조직모형은 무엇인가?"라는 질문에 대한 답이 되는 경우가 여전히 많다고 주장한다.

서로 다른 조직 설계가 각기 다른 상황에 적합하다는 개념을 *상황적응이론*(contingency theory)이라 한다. 상황적응이론은 일부 상황의 경우 기존의 위계적 조직, 즉 '기계적' 조직*이 작동을 잘 한다고 한다. 다른 경우에는 수

---

* 공식적인 권한 계층이 존재, 집권화, 명령계통의 원칙이 적용되는 통제 중심의 조직 구조. (역자 주)

평적이고 '느슨하게 결합된' 조직, 즉 '유기적' 조직*이 더 잘 작동한다.

한 모형이 어떠한 때와 상황에 더 나은 것일까? 현재 여러 상황적응이론이 존재하며, 각 이론은 기술, 크기, 환경 등 서로 다른 요인을 강조하고 있기 때문에 확실히 일반화하기는 어렵다. 그렇기는 하지만 조직 설계를 고민할 때 생각해야 할 몇 가지는 다음과 같다.

- *환경적 안정성.* 전통적인 관료주의는 안정적인 환경(예: 정착인구의 비중이 높은 소도시의 세무부서)에 많이 적합하다. 매트릭스 조직은 불안정한 환경(예: 폭발적 인구 증가를 겪는 마을의 기획기관이나 변화를 도모하려고 프로젝트를 활용하는 농촌개발기관)에 적합하다. 팀은 두 가지 환경 모두에 사용할 수 있다.
- *통제.* 중앙화한 통제가 중요(예: 안전과 보안이 이슈이거나 부패를 피하고자 할 때)할 때 전통적인 관료주의가 최적의 선택이다. 즉각적인 선택이 필요(예: 의사-간호사-재활치료사-사회복지사 팀 및 노인 외래 환자를 위한 장기 요양 프로그램)할 때 팀 기반 조직은 최적의 선택이다. 고도로 전문화되었지만 프로젝트 간의 교차가 필요한 전반적인 통제가 필요(예: 교통과 통신 인프라를 개발하거나 현대화할 때)할 때에는 매트릭스 조직이 최적의 선택이다.
- *업무의 특성.* 유기적 구조, 즉 매트릭스나 팀 기반 구조는 일반적으로 고도로 훈련된 전문가(예: 연구자 및 교육자)에게 적합하다. 전통적 관료주의 구조는 *아마도* 일상적인 업무(회계 부서나 기록 관리 부서의 데이터 기입 직원)를 하는 구성원에게 더 친근하다.

공공, 비영리, 민영 등 대부분의 조직이 기본적인 관료주의 구조를 가지지만 그 구조 내에서 그리고 다른 기관과의 관계에서 프로젝트를 위한 매트릭스 배열과 고객을 위한 팀이 존재한다. 게다가 공공분야에서 조직 구조는 정치 및 정책 우선순위를 반영한다. 아동과 가족 이슈를 담당하는 기관

---

* 적은 규칙과 규정, 분권화, 광범위한 직무, 넓은 통솔 범위, 높은 팀워크를 특징으로 하는 조직구조. (역자 주)

을 사회복지부서에서 분리하는 재조직화는 아동 학대와 방치에 대한 사건의 공론화에 대한 대응일 수 있다. 공원, 레크리에이션, 경제 개발, 거리 등을 융합하는 팀을 만들 것이라는 시장의 발표는 근린재생(neighborhood revitalization)을 강조하는 의도일 것이다. 한마디로, 조직 설계는 기능적일 뿐만 아니라 상징적일 수 있다.

추가 참고문헌

도서 중 '쉽게 따라할 수 있는 5단계 관리법' 등의 제목과 같이 내용이 간략하고 응용적이며 조직이론의 특정 관점만을 주장하는 도서는 매우 많지만 딱히 유용하지는 않다. 조직론과 조직행태론의 개요를 균형 있게 제시한 도서를 참고하고자 한다면 다음이 있다. Jay M. Shafritz, J. Steven Ott와 Yong Suk Jang이 편집한, *조직이론고전, 7판*(Classics of Organization Theory, 7th ed.) (Belmont, CA: Wadsworth, 2010), Mary Jo Hatch와 Ann L. Cunliffe의 *조직 이론: 근대적, 상징적, 포스트모던적 관점*(Organization Theory: Modern, Symbolic, and Post−Modern Perspectives) (New York: Oxford University Press, 2006). 조직 설계를 더 중점적으로 다루는 도서에는 다음이 있다. Karen Hult과 Charles Walcott의 *공공조직 거버넌스: 정치, 구조, 제도적 설계*, Governing Public Organizations: Politics, Structure, and Institutional Design (Pacific Grove, CA: Brooks/Cove, 1990), Richard M. Burton과 Barge Obel의 *조직 설계: 단계별 접근법*, 3판(Organization Design: A Step−by−Step Approach, 3rd ed.) (Cambridge, UK: Cambridge University Press, 2015), Richard L. Daft의 *조직 이론과 설계*(Organization Theory and Design) (Boston: Cengage Learning, 2016).

온라인 자료

www.aspanet.org   미국행정학회는 공공행정가 전문 조직이며 공공분야의 조직과 관리에 대한 여러 이슈에 대한 분석과 논의를 보급한다.

• 실습문제 개요

본 실습문제는 조직 설계, 즉 조직 *재설계*라고 할 수 있다. 본문에서 다룬 모형들을 기반으로 공공기관인 경제개발부의 구조를 검토하고 어떻게 재구성할 수 있는지 권고안을 제시하라.

지시사항

1단계

양식 12의 배경 정보를 읽으라.

2단계

양식 13의 조직도를 검토하라.

3단계

사업 필요를 더 잘 충족하기 위해 경제개발부 구조를 재설계하라. 양식 14를 사용하여 재구성한 조직도를 작성하라. 구조와 관련하여 어떤 것이든 활용해도 된다. 하지만 기존 조직차트에 간략히 제시된 현재 미션은 반드시 수행되어야 한다.

4단계

양식 15의 질문에 답하라.

양식 12

경제개발부 배경

지난 20년간 경제개발부(DED)는 수출을 활성화하고 관광을 지원하고 신규 사업체를 유치하고 기존 업체의 성장을 돕는 등 정부의 선도적 조직의 역할을 하였다. 57명의 구성원이 기업개발, 인력개발, 관광 등 3가지 부서에 배치되어 있다. 국장, 부국장 3명, 특별보좌관 2명을 포함한 DED의 최고 지도부는 모두 정치적으로 선임된 인원들이다. 여당에서 일한 젊은 여성인 의사소통 특별보좌관을 제외한 이들 5명 중 4명은 이전에 기업 임원이었다. 다른 구성원들은 직업공무원이다.

최고 지도부의 민간분야 경험에도 불구하고, DED는 최근 몇 년간 기업들에 대응을 제대로 하지 못하고 있다고 비판을 받았다. 자금 지원을 원하는 청년 기업가, 기업 개발 기회, 고용 문제, 기타 이슈 등에 "바람 맞힌다"고 비판을 받은 것이다. 불필요한 서류 작성을 해야 하며, 다른 사람(결과적으로 똑같이 별 도움이 안 되는 사람)에게 연락하라는 식이었다.

첫 번째 임기 내에 이룬 주의 경제적 성장에 대해 자랑스럽게 생각하지만, 선출직 주지사는 재선 캠페인이 다가옴에 따라 상대 후보자가 그를 '반기업적'이라고 할 것이 우려가 된다. 따라서, 주지사는 DED 국장에게 조직을 재편하고 구조를 근본적으로 재설계하여 기업에 더 대응할 수 있도록 주문하였다.

양식 13

경제개발부 조직 차트

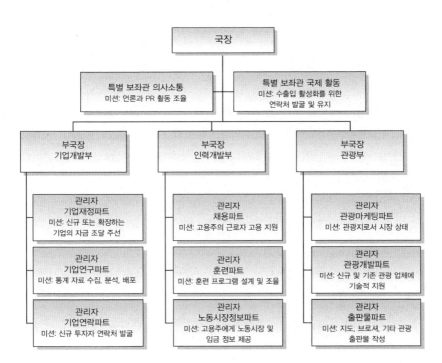

경제개발부

국장

특별 보좌관 의사소통
미션: 언론과 PR 활동 조율

특별 보좌관 국제 활동
미션: 수출입 활성화를 위한
연락처 발굴 및 유지

부국장
기업개발부

부국장
인력개발부

부국장
관광부

관리자
기업재정파트
미션: 신규 또는 확장하는
기업의 자금 조달 주선

관리자
채용파트
미션: 고용주의 근로자 고용 지원

관리자
관광마케팅파트
미션: 관광지로서 시장 상태

관리자
기업연구파트
미션: 통계 자료 수집, 분석, 배포

관리자
훈련파트
미션: 훈련 프로그램 설계 및 조율

관리자
관광개발파트
미션: 신규 및 기존 관광 업체에
기술적 지원

관리자
기업연락파트
미션: 신규 투자자 연락처 발굴

관리자
노동시장정보파트
미션: 고용주에게 노동시장 및
임금 정보 제공

관리자
출판물파트
미션: 지도, 브로셔, 기타 관광
출판물 작성

양식 14

재구성 조직 차트

양식 15

질문

1. 당신이 만든 양식 14의 조직 구조를 어떻게 설명할 것인가? 관료주의, 매트릭스, 팀 모형 또는 새로운 혼합 형태인가?

2. 이와 같은 구조를 설계한 이유는 무엇인가? DED의 효과성에 대해 어떠한 영향을 미칠 것이라 생각하는가? 선출직 주지사는 이에 대해 만족할 것 같은가?

3. 당신은 이와 같은 구조에서 일할 의향이 있는가? 그 이유는 무엇인가? 일반적으로 어떠한 유형의 조직이 제일 마음에 드는가?

4. 당신이 졸업 후 전문 직업을 구한다면 어떠한 유형의 조직 구조에서 일할 것이라 생각하는가?

주

1 Max Weber, "관료주의(Bureaucracy)" *Max Weber로부터: 사회학 에세이* ("Bureaucracy", in From Max Weber: Essays in Sociology), ed. and trans. H. H. Gerth and C. Wright Mills (London: Oxford University Press, 1946), reprinted in Jay M. Shafritz and Albert C. Hyde, eds., *공공행정 고전, 4판*(Classics of Public Administration, 4th ed.) (Fort Worth, TX: Harcourt Brace, 1997), pp. 37~43.

2 Adam Smith, 국부론(The Wealth of Nations) (1776), quoted in Jay M. Shafritz and J. Steven Ott, eds., *조직이론 고전, 2판*(Classics of Organization Theory, 2nd ed.) (Chicago: The Dorsey Press, 1987), pp. 30~31.

3 Michel Crozier, *관료주의 현상*(The Bureaucratic Phenomenon) (Chicago: University of Chicago Press, 1964).

4 Henry Mintzberg, *조직의 구조: 연구의 통합*(The Structuring of Organization: A Synthesis of Research) (Englewood Cliffs, NJ: Prentice Hall, 1979).

EXERCISE 4
행정윤리

윤리와 정부

　사례금, 뇌물, 선거운동 주요 기부자를 위한 수의계약, 회전문 현상, 비밀 회의, 거짓말, 잘못된 정보 등 요즘 신문 헤드라인에서 우리를 의기소침하게 만드는 이러한 말들은 전 세계 각국 정부들이 분명 부정, 부패, 공무원의 불법행위라는 전염병에 시달려 왔음을 시사한다. '○○사기사건'과 '○○게이트(대형 스캔들)'가 난무하는 가운데, 정부에 대한 국민의 신뢰와 믿음이 부족하다는 사실은 전혀 놀랍지 않다.

　뇌물과 대가를 주고받는 행위, 그리고 기타 불법행위는 그 특성상 은밀하게 이루어지기 때문에 어느 정도의 불신이 실제로 정당한 지를 알기는 어렵다. 의심할 여지없이 정부 내에서 비윤리적인 행위가 일어나고 있으며, 인간 본성을 기본적으로 변화시킬 수 없고 앞으로도 정부 내에서 언제나 이러한 행위가 발생할 것임에도 불구하고, 비윤리적 행위라는 이 명백한 전염병에는 많은 경우 로비스트, 계약자, 선출 공무원, 그리고 이들 선출 공무원의 정치 스태프 및 선출 공무원이 임명한 자들이 연관되어 왔다. 1990년대부터 미국정부의 여러 윤리문제들은 선거 자금과 관련이 되어 있다. 강력한 제도가 존재하지 않는 상황에서 정치, 경제적 상황이 변화한 경우 이는 여러 국가의 비양심적인 자들에게 좋은 기회가 되었다. 공공부문에서 일하는 수백만 명의 사람들은 상대적으로 거의 예외없이 정직하고 성실하게 맡은 바를 다한다. 그러나 비윤리적 행위가 소수의 정치인으로부터 비롯되든지, 일부 행정공무원으로부터 비롯되든지 간에, 이러한 행위는 다수의 삶과 명예에 영향을 미친다.

윤리란 무엇인가?

'윤리'라는 단어는 사람, 사회 혹은 문화의 특성이나 성향을 나타내는 그리스어 '에토스(ethos)'에서 비롯되었다. 현대 영어에서 윤리는, 적어도 우리와 관계된 맥락에서 본다면, 도덕적인 규칙을 의미한다. 어떤 행동이 윤리적이라고 하는 것은 그 행동이 도덕적으로 옹호 가능하다는 뜻이다. 일반적으로, 우리는 '타인의 목숨을 빼앗는 것은 잘못이다.'라든지 '절대 거짓말을 해서는 안 된다.'와 같은 일반적인 규범에 어떤 행동을 비추어 봄으로써 그 행동의 도덕성을 결정한다. 이런 규범 중 일부는 민법이나 형법으로 성문화되었고, 이 경우 사회의 모든 구성원은 법을 지켜야 한다. 어떤 윤리규범은 사회적 관행에 뿌리를 내리고 있어 이를 어길 경우 사회적 반감을 살 수 있지만 법적인 처벌을 받지는 않는다. 한편 또 다른 윤리규범은 특정한 사회적 그룹에게만 적용될 수도 있다. 예를 들어 어떤 종교적 전통이나 도덕적 전통에서는 미리 정한 방식이 아닌 방식으로 동물을 먹기 위해 도축하는 것은 비윤리적이라고 여길 수도 있고, 또 다른 그룹은 모든 육류 섭취를 거부할 수도 있다.

이렇게 특정 그룹에만 적용되던 윤리는 법률, 의학, 저널리즘 등 우리 사회에 확고히 자리잡은 전문적인 직업과 직종에서도 발달해 왔다. 예를 들어 법조윤리는 변호사들이 자신의 고객과 적대적인 소송절차에 연관된 자를 대리하는 것을 금하고 있다. 의료윤리는 의사가 시한부 환자에게 생명연장을 위한 약물 투여 결정을 하는 데 있어서 어떠한 지침을 제공한다. 직업윤리상 기자는 익명의 뉴스 제공자의 신분을 밝히는 것이 금지되어 있다. 이러한 경우, 제재의 내용이 무엇이든 우선 먼저 해당 업계에서 직업윤리 위반자에 대한 제재가 가해진다.

윤리와 법은 동일하지 않다는 점을 유의하라. 공법은 이론적으로만 따지자면 사회의 일반적인 도덕규범으로부터 만들어졌지만, 윤리에 관한 여러 문제는 법의 범위를 넘어서도 존재하며, 진보적이고 관용적인 정치조직 내에도 분명 그러한 문제가 존재할 것이다. 불행히도 어떤 것이 합법적이라면 그것은 결국 윤리적인 것이라는 꽤나 잘못된 결론을 내리기 쉽다. 이 실습문제 후반에 제시된 사례를 읽을 때 이 경고를 명심하기를 바란다.

행정윤리란 무엇인가?

고속도로 행정을 담당하는 한 공무원이 도로포장공사 계약을 맺는 대가로 일련번호로 추적이 되지 않는 소액권으로 십만 달러를 받는다면 대부분은 해당 공무원이 비윤리적으로 행동했다는 데에 동의할 것이다. 또한 어떤 기관의 임원이 자신의 친인척을 실질적으로 출근도 하지 않는 직책에 임명하여 월급을 지급하거나 자신의 여름 별장에 테라스를 새로 설치하기 위해 공공자금을 사용하거나 공직자로서 근무시간 중에 가업을 운영한다면 역시 우리는 이러한 행동이 비윤리적이라고 생각할 것이다. 이는 최소한 뇌물수수, 절도, 족벌주의와 연관된 사례들로, 비교적 판단하기 쉬운 사례들이다.

하지만 앞서 언급한 고속도로 행정담당 공무원이 매월 열리는 지역 고속도로 계약자 협회 만찬에서 무보수로 연설을 하기로 했고, 해당 협회가 그 공무원에게 교통비를 정산해 주고 치킨알라킹(Chicken a' la King)*을 대접하는 경우는 어떨까? 만약 어떤 계약의 주체인 회사임원들이 여당에 선거자금을 기부했다면 이 고속도로 행정담당 공무원은 이 계약자를 다르게 대해야 할 것인가? 만약 앞서 언급한 공공기관의 임원이 실질적인 업무에 친인척을 채용하고, 외국에서 방문한 환경부 공무원들을 자신의 여름 별장에 초대해 파티를 열어 음식을 대접하고자 공적 자금을 사용하고, 대부분 공적 업무에 사용하는 자신의 개인 핸드폰 대여 비용이 사무실 공금 계좌에서 지급되도록 하는 경우는? 이러한 사례는 이전 사례처럼 명확하지 않다. 확실히, 노골적인 뇌물수수나 비리가 연루된 것으로는 보이지 않는다. 이러한 행위의 정직성을 평가하려고 하면 아마도 "흠, 경우에 따라 다르지…"라는 말이 나올 것이다. 계약자로부터 무상으로 접대받는 식사에 대한 해당 기관의 규정은 어떤 내용인가? 그 친인척은 해당 직위에 대한 후보자들 중 가장 능력이 뛰어난 후보였는가? 파티는 공적인 일로 열렸는가? 개인적인 연락은 우연히, 어쩌다 한 번 발생하는가?

이러한 질문에 대해 답을 한다고 하더라도, 이러한 대답이 공직과 관련한 윤리적 딜레마에 대해 늘 명확한 해결책을 내놓을 수 있는 것은 아니다.

---

* 닭고기에 채소와 화이트 소스를 곁들인 영국풍의 요리. (역자주)

무엇이 윤리적인지를 아는 것이 항상 쉬운 일은 아니다. 윤리적이라는 것은 옳은 일을 한다는 것이다. 그런데 옳은 일이란 무엇인가? 법조계, 의료계, 그리고 다른 직업분야와 마찬가지로 공공행정 분야도 행정공무원들이 이러한 종류의 문제를 해결하는 데 도움이 될 수 있도록 윤리적 지침을 발전시켜 왔다. 이러한 지침 중 하나가 미국행정학회(ASPA)가 1981년(박스 참조)에 채택한 윤리강령이다. 예상할 수 있듯, 이 윤리강령의 규범은 법의 우위, 건전한 관리의 중요성, 이해의 충돌을 피해야 할 필요성 등을 강조한다. 이렇게 강조되는 내용은 이 직업의 전통적인 가치 및 공공행정의 가치 중립적인 도구로서의 직업 자체에 대한 역사적인 개념을 반영하고 있다.

하지만 ASPA의 윤리강령 역시 '정의', '형평(equity)', '양심', '도덕적 모호성'과 같은 개념을 특별히 언급하면서 공무원은 결국 국민을 위해 일하는 사람이라는 생각을 강조한다. 이는 윤리적인 공무원은 때로는 스스로 도덕적인 선택을 해야만 하고, 자신을 단순히 명령을 따르는 기술자로만 여겨서는 안 된다는 사실을 의미한다. 그리고 바로 여기에 공공행정에서 윤리와 관련된 논의의 기저가 되는 주요 갈등이 존재하는 것이다. 윤리적인 행위가 준법과 개인의 양심 둘 다를 전제로 한다면, 공무원은 자신이 어떤 행동을 해야 할지를 어떻게 알 수 있다는 말인가? 합법적인 권위가 있는 지위에 있는 사람의 명령을 따르기 위해 평등, 정의, 공공의 이익에 대한 자신의 합리적인 추정과 대치되는 행동을 해야 한다면 어떻게 해야 하는가? 어떻게 하면 공무원 개인이 선출 공무원의 요구사항을 자신의 직업적인 진실성과 꼼꼼하고 객관적인 분석내용에 비추어 따져볼 수 있을까? 자신이 속한 기관이 최근 대형공장에 배출허가를 내준 것이 지하수 오염에 미세하지만 상당한 영향을 미칠 것이며 그 결과 10년이나 20년 후에 암 발생률을 높일 것이라고 믿고 있는 환경 공무원은 윤리적으로 어떤 행동을 취해야 하는가? 고위 공직자들이 기밀정보 분석가들로부터 받은 정보와 대치되는 내용의 공식발표를 한다면, 이 정보를 제공한 기밀분석가들은 이에 대해 어떤 책임을 다해야 하는가?

때로 공무원들은 본인이 생각하기에 잘못된 행위에 가담하거나 그 행위를 보조해야 할지를 결정해야 하는 난관에 봉착한다. 또한 언론, 소셜 미디어 혹은 입법/의회 위원회에 타인의 비윤리적이거나 불법적인 행위를 밝히는 것이 이슈가 되는 사례들도 있다. 책임과 민주적 담화를 위해서는 정보가 필요하다. 그러나 사기, 비리, 낭비의 증거를 밝히는 사람들은 종종 스스로를 위험에 빠뜨리게 된다. 전달하는 메시지가 정확하더라도 메신저는 총에 맞을 수도 있는 것이다. 그리고 물론 그 메시지도 오해에서 비롯된 내용일 수 있고, 허위이거나 라이벌을 곤경에 빠뜨리기 위해 만들어진 내용일 수도 있다. 사기, 낭비, 남용의 증거를 책임감 있게 밝히기를 권장하기 위해 미 연방정부는 1989년 내부고발자 보호법(Whistleblower Protection Act of 1989)을 통과시켰다. 이와 비슷한 법안이 여러 다른 국가에도 있다. 잘못된 행동을 고발하기 위해 명령계통을 벗어난 사람은 고발내용이 조사되는 동안 해고, 강등 혹은 다른 방식의 징계로부터 보호받는다. 만약 고발내용이 근거 없는 것으로 밝혀지면 내부 고발자는 자신의 무책임한 행동에 대해 심각한 징계를 받을 수 있다. 짧게 말해, 내부고발은 가치 있게 여겨지는 일이고, 내부고발자는 최소한 부분적으로나마 보호받을 수 있지만 그래도 여기에는 위험이 따른다.

공공행정을 위한 윤리강령

미행정학회는 공공행정 학문, 절차, 기술을 발전시키기 위해 존재한다. 학회는 회원의 전문성을 개발하고 솔선수범을 통해 공직자의 도덕 규범에 대한 대중의 인식을 고양하는 것이 학회의 책임임을 단언하는 바이다. 이를 위해 우리 미행정학회 회원은 다음의 원칙을 지키기 위해 노력을 다하고자 한다.

1. 국민에 대한 봉사는 우리 자신에 대한 봉사보다 중요하다.
2. 국민에게 주권이 있으며 공직에 있는 자들은 국민을 위해 일한다.
3. 법은 공직자들의 모든 행위를 통제한다. 법이나 규정이 모호하거나, 주관적인 판단의 여지가 있거나, 바뀌어야 할 경우, 우리는 국민의 이익을 최우선으로 한다.
4. 효율적이고 효과적인 관리는 공공행정의 기본이다. 영향력의 올바르지 못한 사용, 사기, 낭비, 남용을 통한 체제 전복은 용인될 수 없다. 우리는 직원이 옳지 못한 행위에 대해 책임 있게 주의를 환기시키도록 권장하는 바이다.
5. 실적제도, 기회균등, 차별철폐 원칙은 지지되고, 시행되고, 권장된다.
6. 국민의 신뢰를 보호하는 것이 가장 중요하다. 이해충돌, 뇌물, 기증 혹은 공직을 사적인 이익보다 경시하는 부탁은 용인될 수 없다.

7. 국민을 섬기기 위해서는 정의, 용기, 정직, 형평, 역량, 그리고 연민 등의 자질에 특별히 민감해질 것이 요구된다. 우리는 이러한 자질을 높이 사며, 이 자질들을 고양시키기 위해 적극적으로 노력할 것이다.

8. 여러 행동 중 하나를 선택해야 하는 경우 양심이 매우 중요한 역할을 한다. 양심은 우리가 삶에서 발생하는 도덕적 모호함 및 가치의 우선순위를 검토해야 할 필요성을 고려할 수 있게 한다. 결과가 좋다고 해서 비도덕적인 방식이 정당화되지 않는다.

9. 공무원은 옳지 못한 행동을 방지하기만 하는 것이 아니라 적절한 시기에 최선을 다해 자신의 책임을 다함으로써 옳은 일을 추구한다.

출처: 국립 미국행정학회 위원회가 1981년 12월 6일 채택

윤리지침을 적용하기란 많은 경우 명확하고 확실하지 않다. 아래 예를 생각해 보자. 공무원이 자신이 내린 결정에 따라 상당한 혜택을 받을 수도 있는 개인이나 그룹으로부터 돈이나 선물을 받는 것이 비윤리적(그리고 불법적)이라는 점은 행정분야에서 널리 받아들여진 규범이다. 이 규범에 따르면 특정 행동들은 명백히 도를 넘어선 행동이라는 것이 확실하다. 어떤 공무원이 자신과 업무관계가 있는 계약자로부터 크리스마스 선물로 고급 커피 선물세트(추적이 불가한 소액권으로 된 십만 달러보다 훨씬 저렴한 가격의 커피)를 받았다면, 그 공무원은 이 규범을 위반한 것이 확실하다. 하지만 그렇다면 이 공무원이 업무상의 이유로 해당 계약자의 사업장을 찾아갔을 때 똑같은 고급 커피를 한두 잔 대접받을 수도 없다는 뜻일까? 그리고 만약 커피 한두 잔을 대접받는 것은 괜찮다면, 이는 해당 원칙과 관련하여 무엇을 의미하는 것일까? 커피 원두에 뜨거운 물이 첨가된다면, 혹은 받은 즉시 마셔 버린다면 고급 커피 선물을 받아도 괜찮다는 뜻일까? 아마도 그런 의미는 아닐 것이다. 이 규범이 진정으로 뜻하는 바는 공무원은 값비싼 선물을 받아서는 안 된다는 것이라고 주장할 수 있을 것이다. 4달러짜리 커피 한 잔 정도는 괜찮지만 그 커피를 끓일 수 있는 커피 원두 한 박스를 다 받는 것은 용인될 수 없다는 뜻이다. 그렇다면 '비싸다'의 기준은 얼마일까? 크리스마스 선물로 커피 원두가 든 4달러짜리 작은 팩을 받는 것은 정당할까? 그건 아닐 것이다. 아마도 커피 한 잔을 대접하는 것은 선물이라고 볼 것이 아니라 정

상적인 사회적 상호작용 과정에서 사람들이 일반적으로 예의를 차리는 행위로 봐야 한다고 주장함으로써 문제를 피해 갈 수 있다. 이러한 정중한 행위 정도는 괜찮다고 주장할 수 있는 것이다. 그러나 일반적인 예의의 한도는 어디까지인가? 어떤 계층에서는 리무진 서비스를 제공하거나 저녁 유흥을 접대하는 것도 예의에 해당된다. 만약 당신 입장에서 이러한 일들이 과하다고 생각한다면, 일반적인 예의에 대한 경계를 어느 선에 그을 것인가? 그리고 그 경계를 확실히 하는 것이 '비싸다'의 정의를 내리고자 했던 문제의 시작점으로 다시 돌아가는 일은 아닌가?

이러한 문제로 고민을 할 때, 공공분야에는 민간분야와는 다른 규범과 고려사항들이 있다는 점을 인정하는 것이 중요하다. 민간기업의 소유주가 자신의 친인척을 채용하는 것에는 분명 아무런 문제가 없다. 만약 채용된 친인척이 너무나 무능력해서 회사가 금전적 손해를 보게 된다면, 이는 불행한 일이지만 회사가 스스로 감수한 위험이다. 민간기업이 고객이나 계약자에게 술과 음식을 접대하는 것은 정당한 사업 활동이며 그 비용은 세금공제가 될 수도 있다.

반면에 공공분야에서는 정부의 활동 및 결정의 객관성과 청렴성에 대해 국민의 신임을 얻을 필요가 있다. 민주주의 사회의 공공분야 의사결정에 있어서는 국민이 의사결정을 위한 숙고과정에 참여할 수 있고 자신들이 선출한 대표자들의 행위를 감시할 수 있도록 그 과정이 공개되어야 한다. 공무원이 국민의 신임을 얻어야 한다는 점 때문에 아래의 일반원칙이 만들어졌는데, 이 원칙들은 ASPA 윤리강령의 몇몇 원칙을 강조하고 있다.

1. 개인적인 이익을 취하기 위해 공직을 이용해서는 안 된다.
2. 이해충돌이 있는 것으로 보이는 것은 이해충돌의 실체만큼이나 비윤리적이다.
3. 낭비, 사기, 남용이 발생하면 내부고발을 해야 할 책임이 있다.

이들은 중대한 원칙이며, 어떤 경우에는 공무원이 용기를 내어 행동할 것이 요구된다. 또한 이 원칙들은 선출직 공직자의 지시를 따라야 할 필요성에 견주어 균형이 이루어져야 하는 내용이고, 특정 상황에서는 모호하게 해석될 수밖에 없어 적용하기 어려울 때도 있다. 그러나 위험과 복잡성은 비윤리적 행동을 하거나 아무런 행동을 취하지 않는 것에 대한 변명이 될 수 없다.

추가 참고문헌

이 주제와 관련해 추가로 참고할 만한 도서 중 먼저 읽어 보기 좋은 것은 Stephen Bailey의 대표저서인 "윤리와 공직(Ethics and Public Service)", Public Administration Review 24(November－December 1964), pp. 72~89이다. Albert Hirschman은 *떠날 것인가 남을 것인가*(Exit, Voice and Loyalty) (Cambridge, MA: Harvard University Press, 1970)에서 윤리적 난관에 빠진 공무원이 대면하는 여러 가지 선택을 함축적으로 요약했다.

Guy B. Adams와 Danny L. Balfour는 *행정악마의 가면을 벗기며, 4판* (Unmasking Administrative Evil, 4th ed.) (London and New York: Routledge, 2014) 에서 윤리와 내부고발에 대해 논한다. 더 자세히 공부하고 싶으면 *C. Fred Alford의 내부고발자들: 파탄난 삶과 조직의 힘*(Whistleblowers: Broken Lives and Organizational Power) (Ithaca, NY: Cornell University Press, 2002)을 참고하라.

Terry L. Cooper는 행정윤리분야에서 흥미로운 연구를 많이 했다. *그의 저서 책임감 있는 공무원: 행정역할 윤리에 대한 접근, 6판*(The Responsible Administrator: An Approach to Ethics for the Administrative Role, 6th ed.) (San Francisco: Jossey－Bass, 2012)은 사람들이 어떻게 하면 조직환경에서 윤리적으로 지낼 수 있는지를 논한다. Michael S. Josephson의 *국민의 신임을 유지하기: 공직윤리 5대 원칙*(Preserving the Public Trust: Five Principles of Public Service Ethics) (Bloomington, IN: Unlimited Publishing, 2005)도 읽어 보면 유용할 것이다.

온라인 자료

www.ignet.gov   연방기관의 감사관들은 자신이 속한 조직 운영과 관련하여 발생하는 윤리적 우려사안들을 보고해야 할 책임이 있다.

www.aspanet.org   미행정학회에는 회원이 지켜야 할 윤리강령이 있다.

● 실습문제 개요

이 연습문제에서는 카운티* 기획부서의 한 직원이 직면하고 있는 윤리적 딜레마에 대한 사례연구를 읽게 될 것이다. 이 직원의 관점에서 상황을 분석하고 자신이 이러한 상황에 처해 있다면 어떻게 할 것인지를 간략하게 서술하는 것이 과제이다.

지시사항

1단계

양식 16에 소개된 사례 내용을 주의 깊게 읽어 본다.

2단계

양식 17에 있는 논의를 위한 질문에 답한다.

---

* 미국에서 카운티는 도시보다 큰 행정 단위로, 한국의 도 개념에 가깝다. (역자주)

양식 16

사례

배경

원댐 카운티는 매우 **빠른** 속도로 성장해 왔다. 취업률, 주택착공 건수, 인구증가 등 거의 모든 면에서 이 카운티는 몇 년간 눈부신 발전을 해 왔다. 원래 이곳 경제는 제조업에 기대어 왔지만 카운티 정부 공무원들은 새로운 서비스 산업을 유치하고자 노력하여 원댐 카운티를 주요 금융 및 보험 센터로 자리잡게 만드는 성공을 거두었다. 그 결과 사무직 종사자들이 대거 이곳으로 몰려들었고 따라서 이 지역 주택 및 상업 건물 건설경기가 호황을 이루게 되었다. 그래서 원댐 카운티에서 점점 줄어들고 있는 공터를 공급할 부담이 매우 크다. 5년 전에는 조용한 목초지와 사과 과수원 사이로 구불구불하게 나 있던 도로가 요즘에는 도로를 따라 즐비하게 늘어선 주택개발지역, 쇼핑센터, 회사 건물들을 오가는 차량들로 꽉 막혀 있다. 새로운 상수도 시설, 하수 시설, 그리고 기타 사회기반 시설 개선에 대한 수요뿐만 아니라 학교, 의료 시설, 안전보호 서비스에 대한 수요도 급증했다. 새로운 밀레니엄 시대에 깨어난 원댐 카운티 버전의 립 밴 윙클*이 있다면, 그는 자신의 인근 환경이 아마 달만큼이나 낯설다고 느낄 것이다.

이러한 발전을 이끌어 갈 책임을 지고 있는 주요 기관은 카운티 정부다. 카운티에는 각자 경계 내부에서 전통적인 도시 공공서비스를 책임지는 몇몇 작은 도시가 포함되어 있긴 하지만 원댐 카운티 거주자, 그리고 카운티의 토지 대부분은 이들 도시에 속하지 않은 지역에 있다. 따라서 카운티는 경찰 및 소방 서비스를 포함한 여러 기초 서비스를 제공하고 있다. 더구나 카운티 정부는 지역의 여러 업무기능을 행사하는 데, 교통, 도서관, 보건 및

---

* 미국 독립전쟁(1775년)이 일어나기 전 카츠킬 산맥(Catskill Mountains) 주변의 마을에 살던 게으른 남성 립 밴 윙클이 산에 올라가서 낯선 이를 만나 술을 얻어 마신 후 하룻밤 만에 20년이 흘렀다는 동화 같은 이야기다. (역자주)

사회 서비스, 토지사용 계획 등의 분야에서는 카운티가 도시를 대체하고 있다.

　원댐 카운티 정부는 강력한 행정책임자-의회 모델을 바탕으로 조직되어 있다. 카운티 행정책임자는 4년 임기로 카운티 전체에서 선출되는데, 이 책임자는 일상적인 행정업무, 주요 행정관리 임명, 그리고 연간예산 준비 등의 업무에 책임이 있다. 카운티의 입법부는 카운티 의회로, 의회 회원 7명은 지구별로 선출되고, 이 7명의 회원은 자신들 중 한 명을 의회장으로 선출한다. 카운티의 관청에 대한 모든 선거는 당파적으로 이루어지며 대부분의 경우 경쟁이 치열하다. 카운티의 등록 인구는 주요 정당 사이에 비슷하게 분포되어 있고 이 두 정당이 꽤 규칙적으로 번갈아 가며 행정 및 입법부를 지배해 왔다.

　놀랄 것 없이, 개발 문제는 카운티 정치에서 가장 중요한 부분이다. 건축업자와 은행가들의 이름과 얼굴이 여느 정치가들만큼이나 유명해지거나 악명이 높아지면, 이들이 있는 관할구역의 선출 공직자 후보자들은 도시 개발자들의 과도한 압박에 무너지지 않고 경제발전의 불씨를 계속해서 지펴 나갈 것임을 모호하게 암시하며 '책임 있는 성장'을 옹호하는 입장을 관례적으로 고수했다. 카운티의 유일한 신문인 원댐 저널은 사업계 및 정계에서 이야기가 돌고 있는 개발 계획과 향후 성사될 수도 있는 거래에 대한 기사를 정기적으로 내며 특별히 수상한 거래를 수차례 밝혀 왔다. 사실, 비리의 조짐은 언제나 원댐 카운티 개발과 관련된 정치판에서 멀지 않은 곳에서 발견되었는데, 여러 거래에 걸려 있는 수천만 달러의 돈을 생각하면 이는 별로 놀랄 만한 일이 아니다. 도시 개발자들과 계약자들은 선거자금의 주요 기부자들이다. 지난 15년간 세 명의 선출 공무원들이 개발자들에게 선거를 둘러싼 거래를 한 혐의로 그중 둘은 유죄판결을 받았다. 2년 전, 카운티 기획국 국장은 카운티에서 상당한 토지를 소유하고 있는 투자그룹으로부터 컨설팅 수수료를 받은 혐의 가운데 사임했다. 소문의 출처가 믿을 만하다면, 이 사례 말고도 고위 공직자들 중 카운티를 변모시켜 온 계약자, 건축업자, 부동산 재벌들과 바람직한 거리를 유지해 온 사람은 거의 없다.

이슈

지난 몇 년간 이 지역 개발업자들 사이에서 가장 관심 있는 사안은 블루스톤 골프장으로, 이는 카운티 정부가 소유하고 관리하는 시설이다. 약간 경사진 81만m² 넓이의 언덕에 위치한 블루스톤 골프장은 원댐 카운티 북동쪽 지역에 유일하게 남아 있는 녹색 공간으로, 지역주민들 사이에서는 볼보밸리라고 불린다. 동쪽으로는 원댐강과 인접해 있고 서쪽으로는 주요 주(州)고속도로와 인접해 있는 이 회랑지대는 그 중심에 골프 코스가 있으며, 개발자의 관점으로 봤을 때 놀라서 눈이 튀어나올 정도의 인적구성을 가지고 있다. 즉 골프코스 반경 3km 지역의 가구 중 절반은 연 수입이 28만 달러 이상이며, 평균적으로 한 가구가 전문직 종사자 1.8명과 어린이 1.1명으로 이루어져 있고, 최신 외제차 2.1대를 소유하고, 평균 3,440m² 넓이의 부지에 세워진 주택을 소유하고 있다. 게다가 25만 명이 골프장에서 차로 15분 거리에 살고 있다. 정작 개발자들이 계산기를 열심히 두드리게 만드는 사실은 누군가 말했듯이 "이 회랑지대의 상업적 잠재력이 아직 다 실현되지 않았다"는 점이다. 대략적으로 설명하자면, 이는 원댐 카운티 북동쪽에 사는 중상류층 주민들은 자신들의 돈을 쓰기 위해 먼 거리를 운전하고 다녀야 한다는 뜻이다. 이 회랑지대를 관통하는 주(州)고속도로인 원댐 파이크 양옆으로는 식료품점, 보험 대리점, 자동차 대리점, 척추지압원, 그리고 일상적인 갖가지 패스트푸드점, 머플러 샵, 주유소, 24시간 편의점들이 즐비하게 늘어서 있다. 그런데 이 지역의 유일한 쇼핑몰은 원댐 카운티 중심부에 있는 주간 고속도로에서 약간 벗어난 지역에 있어 볼보밸리에서 쇼핑몰까지는 자동차로 20~30분 정도 걸린다.

3년 전, 카운티 경제 개발국의 추천에 따라 카운티 의회는 개발자와 블루스톤 부지를 아직 구체적으로 결정되지 않은 다른 지역의 부지 및 역시 아직 결정되지 않은 액수의 돈과 교환하겠다는 원칙적인 계획을 승인했다. 이론적으로 양측 모두 이 교환거래로 인해 꽤 큰 이익을 볼 수 있다는 것이었다. 카운티는 즉시 상당한 액수의 돈을 받을 것이었고 카운티에 납부될 재산세 및 판매세는 결국 연간 75~100만 달러에 이를 것이었다. 더 좋은 시설을 갖춘 새로운 골프 코스를 건설하면 골프장 이용객들의 불만도 누그러질 것이라고 카운티 측에서는 생각했다. 개발자 입장에서는 쇼핑몰을 새로

건설할 수 있는 노른자위에 위치한 땅 81만m²를 받게 되는 것이었다. 새로운 쇼핑몰에는 대형 백화점, 식당, 부티크숍, 극장 등이 들어설 수 있다.

카운티 의회가 원칙적으로 이 교환에 합의한 이래, 황당할 정도로 다양한 제안들이 수면 위로 떠올랐다가 가라앉고 또 다시 떠오르곤 했다. 처음에는 대형 개발자 5개사가 카운티 행정부에 공식적인 사업 계획서를 제출했다. 제출된 사업계획서의 내용은 투기로 인해 토지 가격에 영향이 가지 않도록 관련자들을 보호하기 위해서, 그리고 일면 카운티가 최고의 계약을 할 수 있게끔 하기 위해서 이론상으로는 기밀이었지만, 제안서상의 적어도 대략적인 내용은 재빨리 언론사에 알려지게 되었다. 제안서에 대한 기밀이 새어 나갈 수 있는 기회는 많았다. 제안서는 카운티 행정책임자 및 그녀의 직속 부하직원, 기획국 이사 및 경제개발국 이사와 그들의 직속 부하직원, 의회의 모든 의원들에게 공개되었는데, 의회 의원들은 보안상 이유로 특별위원회에만 제안서가 공개되어야 한다는 제안에 반대했다. 어쨌든, 제안서의 내용이 대중에게 공개되는 것은 윈댐 카운티의 개발 정치를 좀 더 서커스처럼 만드는 효과를 가져왔다. 시민단체들이 이 문제에 대한 자신들의 입장을 고수하기 위해 민들레 홀씨처럼 여기저기에서 싹텄다. 블루스톤 골프협회는 자신들의 '역사적인 관계'를 보호하기 위해 전투적으로 로비활동을 벌였다. 카운티가 블루스톤 부지를 계속 소유하되 이 부지를 공원 및 자연보존지역으로 바꾸게끔 압력을 가하기 위해 윈댐 강 위원회가 조직되었다. 비상주택조치 연합은 윈댐 카운티에서 점점 늘어나고 있는 저소득층 및 노숙자들을 위해 모든 개발 계획에는 저가 주택 공급안이 포함되어야 한다고 주장했다. 자칭 '우려하는 밸리 북동부 주택 소유자들'이라는 모임은 이 지역의 특수한 사회적, 환경적 특성을 해치는 모든 개발 계획에 반대했다. 소상공인연합은 새로운 쇼핑몰이 자신들의 영업을 방해하고 런던, 뉴욕, 도쿄에 있는 거대 투자가들에게만 혜택을 주게 될 것임을 우려했다. 한편 주요기업 및 시민단체 대표들은 카운티로 몰려들어 여러 개발안으로 인해 생겨날 새로운 직장과 기타 경제적 혜택에 대해 장밋빛 전망을 내놓았다.

이러한 분위기에서 확고한 선택을 내리기란 좀처럼 쉽지 않았다. 카운티 관료들이 어떠한 합의에 도달할 듯 보일 때마다 정보가 새어 나가 지도 및 그림 도안과 함께 신문에 보도되었으며, 그러면 해당 사안에 이해관계가 있는 모든 사람들이 들고 일어났다. 누가 누구의 선거에 무엇을 기부했는지, 혹은 누구의 배우자나 인척이 어떤 개발자에 고용되어 일했는지에 대한 혐의가 계속 생겨날 수밖에 없었다. 이러한 무질서 상태가 판을 치고 있을 때 실제로 카운티 의회 의원 한 명이 한 블루스톤 개발 제안서가 아직 처리 중인 동안 개발자들 중 한 회사에 자신의 투표권을 '대여한' 혐의로 기소되었다. 문제의 이 투표권은 다른 부지의 구획변경건과 관련되어 있었고, 해당 개발자는 검찰수사에 협조하여 돈을 넘기는 회의에 스스로 도청장치를 착용하고 참여하기도 했지만, 이 사건은 블루스톤 개발사업 전체에 오점을 남겼다.

3년간의 혼란과 망설임 끝에, 카운티 행정책임자와 의회는 6개월 전, 이 모든 일에 마침표를 찍을 수 있으리라고 생각한 절차에 협의했다. 결의안 252에 따라, 최종 입찰서가 10월 1일까지 카운티 행정부에 제출되어야 한다. 카운티 행정책임자, 기획국 및 개발국 이사들, 의회 대표 등 소수의 카운티 공직자들로 이루어진 소규모 팀은 제안서를 검토하고, 자신들의 고위급 간부들과만 상의한 후, 변경 사항을 개발자들과 협의하여 제안서 하나를 11월 1일까지 의회 전체에 추천하게 된다. 그러면 의회는 2개월간 공개청문회를 열고 해당 제안에 대한 찬반투표를 하는 것이다.

문제

당신은 기획 분석가로 6년간 일해 온 카운티 기획국 직원의 시점에서 오랫동안 이어져 온 이 논란을 봐 왔다. 카운티 기획국의 운영부서 둘 중 하나인 기획분석부 부장이 당신의 직속 상관이다. 전문직원 8명으로 구성된 당신의 부서는 카운티의 장기(20년) 토지사용 및 교통 계획, 중기(5년) 자본개발 계획, 연간 카운티 개요(인구 추세의 스냅샷), 기타 특별 기획 프로젝트의 개발 및 운영을 책임진다. 이 부서보다 조금 규모가 작은 또 다른 부서인 기획서비스부는 일상적인 토지 구획설정 및 평가를 담당한다.

당신이 책임지고 있는 업무로 미루어 보아, 블루스톤 개발 이슈만을 담당해 온 것은 아니지만, 이 이슈의 이런저런 면모를 보여 주는 일들을 지난 몇 년간 지속적으로 처리해 왔다. 그 결과 당신은 이 부지에 대한 여러 계획에 대해 카운티 누구보다 잘 알고 있다. 그리고 전문적 직업훈련과 여태까지의 경험을 바탕으로 당신은 여러 계획안의 비용 및 결과를 평가할 수 있는 자질을 충분히 갖추고 있다. 전반적으로 당신은 블루스톤을 둘러싼 이 모든 일에 지친 상태다. 당신은 블루스톤 부지교환 계획이 성사되면 정말로 공공을 위한 이익이 발생할 거라는 사실을 알고 있지만, 이제 카운티에서 개발이 완전히 통제 불능상태로 진행되고 있는 것은 아닌지 의문을 품기 시작했다. 녹지를 조성하기로 계획한 부지가 정기적으로 구획변경 계획에 의해 줄어들어 가는 것을 보면, 때로는 20개년 계획을 금방 썼다 지울 수 있는 매직스크린판 장난감에 써도 되겠다는 생각이 들기도 한다. 절차가 더욱 질서정연하다면, 그리고 사람들이 잠시 멈춰 자신들이 무얼 하고 있는지 생각해 보고 더욱 이성적인 결정을 한다면, 카운티 개발사업이 이렇게까지 나쁘게 돌아가지는 않을 것이라고 생각한다. 이는 학교 수업에서 배운 내용이다. 하지만 실제로 일이 처리되는 절차가 아니다. 너무 큰 돈이 걸려 있다. 이 일만 아니라면 분별력 있을 사람들이 여물통 앞의 돼지들처럼 행동하고 있다.

그래도 수년간 당신은 묵묵히 최선을 다해 업무를 처리하며 일을 끝까지 계속해 왔다. 블루스톤을 둘러싼 여러 계획들만 하더라도, 당신은 교통흐름 분석 세 건을 충실하게 마쳤고, 카운티 레크리에이션 수요 평가를 준비했으며, 카운티의 수자원 관리부와 협력하여 영향연구를 편성했다. 정치인들은 이미 자신들이 원하는 답이 무엇인지를 알고 있었고, 그 답을 정당화하기 위한 방법만을 찾을 뿐이었는데(이를 보아 당신이 한 일 대부분이 블랙홀로 내던져졌을지도 모른다는 인상을 받긴 하였지만) 당신은 늘 자신이 해야 할 일은 사실을 분석하는 것이지 정책을 만들어 내는 것이 아니라고 생각해 왔다. 그 누구도, 최소한 권한이 있는 직위의 그 누구도 골프장 문제를 어떻게 해결해야 할지 당신에게 심도 있는 의견을 물어보지 않았고, 앞으로 그 누구도 그럴 것 같지 않다. 물론, 당신은 뇌물수수나 조용히 주선되는 파트너십에 대한 소문을 들은 적은 있다. 윈댐 카운티에 사는 사람이라면, 더구나 카운티 정부 건물에서 일하는 사람이라면 이러한 소문을 안 들을 수가 없다. 그러나 비리의 명백한 증거를 자신의 두 눈으로 본 적은 없으며, 그래서 검찰과 연방정부가 이 문제를 해결하도록 두고 자신은 신경을 끄기로 결정했다.

　　적어도 지난주까지는 그랬다. 6일 전 수요일에 상관이 당신을 자신의 사무실로 불러 좀 앉아보라고 했다. 따뜻한 인사말과 당신 가족에 대한 짧은 안부 끝에, 그는 블루스톤 심사 위원회, 즉 앞서 설명한 소수의 인원으로 구성된 소규모 팀이 개발 제안 하나에 대해 거의 결정을 내릴 단계에 이르렀다고 넌지시 말을 꺼냈다. 비록 자신(당신의 상관)은 위원회의 회원이 아니지만 위원회는 자주 자신의 의견을 물어 왔으며, 특히 실질적인 기획문제에 대한 의견을 구해 왔다고 했다. "이제 자네의 도움이 필요하네"라며 상관은 웃으며 말했다. 그는 책상에서 서류 봉투를 가져와 종이 몇 장을 꺼내어 당신에게 건네고는 서류를 훑어보라는 듯이 손짓을 했다. 당신은 그 서류가 당신이 했던 교통흐름 분석 중 하나라는 것을 즉시 알아챘다. 트라이스테이트(TriState)사에 블루스톤 부지 개발에 대한 제안서를 넣고자 진행했던 분석이었다. 블루스톤 부지에 200개의 상점이 입점 가능한 엄청난 규모의 다층 쇼핑몰을 짓겠다는 계획이었다. 당신은 형식적으로 서류를 훑어본 후 "이게 그래서 어쨌다고요?"라고 말하는 듯이 눈썹을 치켜세우며 당신의 상사를 쳐다보았다. 당신 생각에 이 분석은 별로 복잡하지 않은 분석이었다. 작년 이맘때쯤, 이 분석은 윈댐 파이크가 이런저런 개선을 한다고 하더라도 이 같은 규모의 프로젝트로 인해 생겨나는 교통량을 감당하지 못할 것이라는 결론으로 마무리되었다. 어림도 없는 일이었다. 그런데 왜 이제서야 이 분석을 다시 들춰내는지 궁금했다.

　　"이 보고서의 수치 일부에 문제가 있는 것 같네." 상사는 여전히 웃으며 말했다. "별로 심각한 것은 아니고, 자네의 분석을 비판하려는 것도 아니야. 그냥 교통량 추정치가 너무 높은 것 같고 목적지 데이터 일부를 좀 지워야 할 필요가 있을 듯하군. 오늘 오후에 한 번 살펴보고 고칠 수 있겠나? 내일 위원회에 보고를 해야 해서 말이야."

　　분석에 잘못된 점이 있으리라는 생각은 하지 않았지만 당신은 다시 한번 검토해 보겠다고 했다. 그리고 몇 분간 상사와 사담을 더 나눈 뒤에 당신은 사무실로 돌아와 보충 서류를 포함한 그 파일을 꺼냈다. 원래 분석에서 이미 완료했던 인구 추정, 이동 연구, 교통흐름 모델 내용을 3시간 동안 꼼꼼히 훑어본 후, 당신은 의자에 상체를 뒤로 젖히고 앉아 눈을 비볐다. '오류는 없는데', 당신은 생각한다. 물론, 주관적인 판단을 할 여지는 있었다. 결국 가정에 기반한 가정을 다루고 있는 것이기 때문이다. 하지만 교통량 추정치를 어떻게 그냥 줄일 수 있다는 말인가? 그리고 왜 줄여야 하지? 오히려 새로운 인구정보는 원래의 결론을 더 강하게 뒷받침할 뿐이었다. 당신은 상관에게 전화를 했지만 이미 그는 퇴근을 한 후였다. 컴퓨터 앞에 다시 자리를 잡고 당신 생각에는 이 보고서가 쓰인 그대로 변함없이 유효하다는 요지의 이메일을 상관에게 썼다. 그러고는 코트를 챙겨 퇴근했다. 그리고 이 모든 일에 대해서는 까맣게 잊어버렸다.

이틀 뒤, 당신은 건물 지하의 자판기 옆에서 경제 개발부 공무원인 지인과 마주치게 되었다. 그는 장난스럽게 당신의 옆구리를 찌르면서 물었다. "어이, 이번에 트라이스테이트가 될 거라던데. 자네 뭐 들은 것 있나?"

"뭐라고?" 이 친구에게 별다른 신경을 쓰지 않은 채 당신은 되물었다.

"알잖아, 블루스톤 말이야. 위원회가 대형 트라이스테이트 프로젝트를 지지할 거라고 하던데. 그런데 아직 알려지면 안 되나 봐. 비밀이야." 그는 당신에게 무언가를 공모하는 듯한 윙크를 날리더니 자리를 떴다.

당신은 의아했지만 신경 써야 할 다른 문제들이 많았기 때문에 이 친구의 말은 심각하게 생각하지도 않았다. 하지만 이후에 당신의 상관이 사무실에 와서 이상한 말을 했다. "어제 자네를 못 봐서 미안하게 되었네. 하루 종일 회의가 있었다네. 저기 말이야, 드디어 이 블루스톤 프로젝트 걱정은 안 해도 될 것 같아. 지금 더 자세히 말해 줄 수는 없는데, 계약이 성사될 것 같군. 어쨌든 말이야, 자네 이메일은 잘 봤고, 그 보고서를 재검토하느라 시간을 내줘서 고맙다고 말하려 했네. 추정치가 여전이 조금 이상했지만, 다행히도 교통부의 포가티가 수정된 데이터를 줬지 뭐야. 이제 주말 잘 보내라고."

포가티가 새로운 데이터를 줬다고? 무슨 데이터 말인가? 교통부가 왜 새로운 데이터를 생성했다는 건지? 당신은 월요일에 포가티에게 연락해 봐야겠다고 메모를 해 두었다.

월요일

당신은 앤 포가티(Anne Fogarty)에게 전화를 했지만 별다른 소득은 없다. 예전에 꽤 오랫동안 함께 일했지만, 오늘따라 그녀는 좀 멀게 느껴졌고 심지어 뭔가를 숨기려는 듯했다. 그렇다. 자신의 부서가 윈댐 카운티의 북동쪽 회랑지대의 교통흐름 추정치를 재평가했다. 그녀는 말했다. '수정된 가정'에 근거해서 일상적으로 하듯이 수치를 조정했다고 했다. 그런데 지금은 그 가정이 무엇인지 자세히 알려 줄 수는 없다는 것이다. 오늘은 정말 바쁘다고 한다. 사무실에 마무리 해야 할 일이 너무 많다고 했다. 그녀가 이번 주말에 직장을 떠난다고 하지 않았던가? 휴가를 3주 동안 쓰고 이제는 민간부문 새 직장으로 떠난다고 했다. 아, 그래요? 새 직장은 어디인지? 트라이스테이트 개발회사라고 말하고 그녀는 전화를 끊어버렸다.

이제 당신의 위가 뒤틀리는 듯한 데, 그 이유는 생각하고 싶지도 않다. 약 30분간 창밖을 멍하니 쳐다보다가 당신은 복도 끝에 있는 상관의 사무실로 가서 이야기를 해보기로 결정한다.

상관에게 찾아가 당신이 포가티와 통화했다는 말을 하자 익숙한 그의 시원한 미소가 약간 사라지는 듯하다. 당신은 윈댐 파이크 추정치에서 어떤 가정이 변경되었는지 궁금하다고 물어본다.

"그저 좀 기술적인 조정이지." 상관은 대답한다. "교통부에서 먼저 시작했다네."

"그런데 추정치는 우리가 가지고 있던 그 어떤 데이터와도 앞뒤가 맞지 않던데요." 당신은 지적한다.

"이봐," 상관이 말한다. "자네도 이런 일들이 어떻게 처리되는지 잘 알지 않나. 이들 모델에 사용된 가정은 누구나 만들어 낼 수 있지. 누구나 생각해 낼 수 있다고. 교통부가 결정했고, 우리는 그걸 받아들인걸세. 이제 더이상 이 문제를 파고들지 않는 것이 좋을 것 같군."

"알겠습니다." 당신은 대답한다. "저기, 하지만 트라이스테이트 제안이 다시 거론되고 있다는 소문을 들었습니다. 거기에 대해 말씀하실 수 없다는 걸 압니다만, 그래도…"

"맞아, 나는 그 문제에 대해서 언급할 수 없고, 자네도 말하지 않는 것이 좋을걸세."

"그렇지만… 만약 그 숫자들이 사용되었다고 가정한다면…"

"인생은 '만약'으로 가득하지." 상관은 당신의 말을 자른다. "수학 모델처럼 말이야." 그때, 상관은 얼굴에 웃음기를 싹 거두고 당신의 눈을 똑바로 쳐다본다. "이 문제에 대해서 확실히 해 두도록 하지." 그는 말한다. "이 프로젝트는 3년 동안 논의되었지. 나는 일이 잘못되는 걸 보고 또 봤네. 이제서야 우리가 뭔가 일을 진행시키는 것처럼 보인다고. 여러 사람들이 이 일에 많은 시간과 돈을 투자했어. 이 문제는 정치적으로 균형잡기에 민감한 사안이야. 그 균형을 깨뜨리려고 하는 사람이 있다면, 어느 누구도 그를 반기지 않을걸세. 자네가 내놓은 교통량 예상치는 추정치였을 뿐이야. 교통부의 교통량 예상치도 추정치였고. 나는 교통부의 추정치를 사용하기로 결정했고, 나머지 위원회 전체도 거기에 동의했네. 이 조직의 부국장으로서, 그건 내가 내릴 결정이야. 이제, 우리 서로 입장을 잘 이해하고 있는 것이 맞겠지?"

당신은 모호하게 고개를 끄덕인 후 사무실로 돌아온다. 책상에 앉아 전화기로 손을 뻗었지만 이내 주춤했다. 어디로 전화를 해야 할지 잘 모르겠다.

양식 17

질문

1. 이 사례에서 젊은 기획관인 당신은 이제 무엇을 해야 하는가? 당신이 가진 의혹을 누군가에게 알리는 것이 필요하고 적절한 행위인가? 만약 그렇다면, 누구에게 알려야 하는가? 누구의 번호로 전화해야 하는가?

2. 만약 이러한 의혹을 알리지 않는다면, 당신은 업무 윤리를 위반한 것이 되는가? 그렇다면 이유는 무엇인가? 이러한 정보를 알리지 않는 사람은 어떤 종류의 처벌이든 처벌을 받아야 하는가? 이 상황에서 기획관인 당신이 이 문제를 더이상 파고들 의무가 없다고 생각한다면 그 이유는 무엇인가?

3. ASPA 윤리강령은 당신이 무엇을 해야 한다고 권고할 것 같은가?

4. 윈댐 저널에 믿을 만한 사람이 있다고 가정해 보라. 의혹을 언론에 알리고 그들이 사건을 조사하도록 하는 것은 좋은 생각일까? 그 결과 어떤 일이 일어날 것 같은가?

5. 익명으로 의혹을 알릴 수 있을 것 같은가?

6. 무언가를 누군가에게 알리기로 결정했다고 한다면, 정확히 어떤 내용을 알릴 것인가? 당신의 상관에 대해서만 이야기할 것인가, 포가티에 대해서만 이야기할 것인가, 아니면 둘 다에 대해 이야기할 것인가? 이유는 무엇인가?

PART 2

공공관리

EXERCISE 5   운영관리: 총체적 품질관리 기법
EXERCISE 6   프로젝트 관리: 임계경로법
EXERCISE 7   민간위탁 관리: 민영화
EXERCISE 8   규제관리: 행정법
EXERCISE 9   재난관리: 도상훈련

공공관리란 무엇인가?

정부기관에서 일하는 수백만의 남성과 여성은 건축에서 동물학에 이르기까지 보기 드물게 다양한 기술과 직종을 대표한다. 실제로, 전 세계 정부의 이 복도 끝에서 저 복도 끝까지, 정부에 종사하는 실무자가 거의 없는 직업을 상상하기란 어렵다. 이러한 다양성의 한 가지 결과는 우리가 일반적으로 *공공행정이나 공공관리* 같은 집합적 활동에 적용하는 용어가 우리가 원하는 만큼 충분히 서술적이지 않다는 것이다. 우리가 감독이나 재량권을 행사하는 사람들에게 *공공관리자*(아마도 그렇게 해야 하기에)라는 단어를 사용하더라도 우리는 여전히 어려움에 직면할 수 있다. 이 정의에 의해 모두 공공행정가이지만, 예를 들어 도시 보건소의 간호사는 교통부의 엔지니어 또는 예산실의 분석가와 긴밀한 친밀감을 느끼지 않을 것이다.

그러나, 비록 공공관리자의 일상 업무가 실로 엄청나게 다양하지만, 관리자(비관리자와 견주어)로, 그리고 공공관리자(민간관리자에 견주어)로서 무슨 일을 하고 어떻게 하는지는 매우 유사하다. 루서 귤릭(Luther Gulick)과 린들 어윅(Lyndall Urwick)은 운영진의 임무에 대해 대표적인 각 임무들의 단어 첫 머리를 따 만든 약어 POSDCoRB를 제안했다. POSDCoRB에 들어간 임무로는 계획(Planning), 조직화(Organizing), 인사행정(Staffing), 지시(Directing), 조정(Coordinating), 보고(Reporting) 및 예산(Budgeting)이 있다. 다른 이론가들과 대부분의 교과서 저자들도 비슷한 목록을 만들었다.

행정학 실무 워크북에서 우리의 목적을 달성하기 위해, 우리는 일반이론을 넘어서 공공부문의 관리자가 직면한 다섯 가지 유형의 도전과제에 중점을 두고, 공공목표를 달성하기 위해 조직의 자원과 재능을 결집하는 각기 다른 접근 방식을 요구할 것이다.

1. 운영관리 – 지속적인 서비스와 프로그램을 제공하는 것.
2. 프로젝트 관리 – 지속적이지 않은 특정 시작과 끝이 있는 작업을 완료하는 것.
3. 민간위탁 관리 – 민간기업 및 비영리조직과의 계약조건을 협상하고 및 모니터링하는 것.

4. 규제관리 - 행정규정을 공표하고 및 규정준수를 확립하는 것.

5. 재난관리 - 자연재해, 인간의 실수 또는 의도적인 공격 등의 재해에 대응하는 것.

추가 참고문헌

공공행정과 공공관리를 정의하려는 시도를 한 두 고전인 Woodrow Wilson, "행정의 연구(The Study of Administration)", *Political Science Quarterly* 2 (June 1887), pp. 35~51;와 Waldo가 쓴, *행정의 연구*(The Study of Administration) (New York: Random House, 1955) 안에 수록된 Dwight Waldo, "공공행정이란 무엇인가?(What Is Public Administration?)"가 있으며, 둘 다 Jay M. Shafritz and Albert C. Hyde, eds., *공공행정학 고전, 8판*(Classics of Public Administration, 8th ed.) (Florence, KY: Wadsworth, 2016)에 재판되어 있다. 특별히, Shafritz and Hyde collection에 수록되어 있는 Graham T. Allison, "공공 및 민간관리: 중요치 않은 모든 부분에서는 근본적으로 같은가?(Public and Private Management: Are They Fundamentally Alike in All Unimportant Respects?)"편을 주목하라. 공공기관의 독특한 가치에 대해 설명하는 또 하나의 좋은 에세이인 Charles Goodsell, *관료주의의 새로운 사례*(The New Case for Bureaucracy) (Washington, DC: CQ Press, 2014)가 있다.

EXERCISE 5

운영관리: 총체적 품질관리 기법

공공행정의 품질을 지향하며

"저기, 알." 페인트 붓으로 가리키며 피트가 말했다.

"구석에 저 부분을 놓쳤어."

"저런."이라고 알은 대답하면서, "그 정도면 충분해*"라고 말한다.

그 정도면 충분해. 모두가 들어보았음 직하고 대부분이 한 번쯤은 사용했을 만한 표현이다. 이 표현의 의미는 "그렇게 중요하지 않아. 완벽하게 안한다고 해서 불이익을 받는 것도 아닌데, 뭐. 정부에서처럼."라는 의미이다.

정부 비효율성이 늘 과장되어 이야기되곤 하지만 머지 않은 과거를 보면 여러 정부 기관에서 업무의 품질이 체계적인 관심을 받지 못한 것은 사실이다. 결국 정부는 독점이라 할 수 있다. 긴장을 하고 치열한 경쟁을 하는 경쟁자도 없다. 관리자들은 안일해졌다. 우수한 성과는 인정받지 못하며 수준 이하의 성과는 처벌받지 않는다. 시장 원리 없이 혁신은 저해되며 규정준수가 결과보다 앞서게 된다.

아무리 위 이야기가 맞다 하더라도 시대가 변하였다. 공공관리의 성격의 본질적인 변화가 지난 35년간 진행되었다. 1980년대부터 공공기관은 점점 더 '혁신(reinvented)'하게 되었다. 모든 문제를 기존 방식대로 수동적이고 관료주의적이며 규정에 갇혀 해결하는 방식이 사라졌다. 대신 혁신적이고

---

* 원어는 it's close enough for government work. 제2차 세계대전 시기에 유래했으며 원래는 가장 엄격한 기준을 통과할 수 있다는 의미였으나, 시간이 지나면서 반어적으로 부실하게 수행된 일을 언급하는 표현이 되었다. (역자주)

도전적이며 '창의적인' 아이디어가 생겨났다. 이와 같은 운동의 저자이자 대표적 지지자인 데이빗 오스본(David Osborne)과 테드 게블러(Ted Gaebler)는 혁신된 정부의 핵심 원칙을 다음과 같이 나타낸다.[1]

- 서비스 제공자 사이의 *경쟁* 활성화
- 투입물이 아닌 *결과물*에 초점
- 규정과 규제가 아닌 사명(mission) 중심
- 의뢰인을 *고객*처럼 대우하며 의미 있는 선택지 제공
- 사후 해결하기보다는 문제를 사전에 *예방*
- 권한의 분권화 및 참여적 관리 수용
- 관료주의보다는 *시장* 기제 선호
- 지역 공동체 문제 해결을 위해 공공, 민간, 자원봉사 등 모든 분야 *촉진*

이와 같은 혁명을 일으킨 원인은 무엇일까? 하나의 사건으로 인해 발생했다고 이야기할 수는 없다. 베트남 전쟁과 워터게이트 스캔들 이후, 미국 내 정부에 대한 국민의 떨어진 신뢰가 배경이 되었다. 1978년 캘리포니아의 주민발의 13호(Proposition 13) 등 재정위기가 공공분야를 덮치며 변화를 촉진했다. 1970년대 말과 1980년대 초 글로벌 경쟁에서 일본 대기업이 혁신에 성공하자 이는 정부 지도자들에게 따라 하고 싶은 모델이 되었다. 21세기 초반까지 이 시기의 동력이 지속되었다.

정부를 새롭게 거듭나게 한 혁명의 원인이 무엇이든 간에 이와 같은 요소 모두를 한 데 묶는 것이 *품질*이다. 정부를 혁신하는 것은 정부가 더 잘 일하게 하는 것이다. 이는 "그 정도면 충분해"라는 표현을 역사의 뒤안길로 사라지게 하는 것이다.

오스본과 게블러의 원칙에서 보듯, 정부는 공공서비스 품질을 개선하기 위해 여러 다양한 방법을 사용한다. 모두가 다 새로운 방법은 아니다. 이 중에는 목표관리제(MBO), 계획예산제도(PPBS), 결과기반예산제도가 있으며, 이들은 다른 실습문제에서 고려할 것이다. 본 실습문제에서는 우편배달, 소득세 신고 처리, 적합성에 기반한 복지제공, 신규 운전면허 등 매일매일의

공공서비스를 제공하는 기관에서 가장 널리 쓰이는 정부품질향상 계획인 총체적 품질관리(TQM)를 중점으로 살펴보고자 한다.

총체적 품질관리

'정부혁신'이라는 이름하에 여러 다른 기법처럼 TQM은 혼다, FedEx, IBM, 델타항공, 씨티그룹 등의 기업에서 커다란 효과를 낸 민간분야에서 차용하였다. 산업공학자들은 린식스시그마(Lean Six Sigma) 등과 같은 TQM의 기반이 되는 분석 도구와 훈련 프로그램을 개발하였다. 즉, TQM은 품질을 지향하는 조직 문화를 만들고 품질을 정의하는 고객을 중점에 둔다. 이를 위해 TQM에는 고객과의 빈번한 의사소통, 조직원의 의사결정 참여, 세심한 성과측정, 조직 프로세스의 '지속적 개선' 추구 등이 포함된다.

TQM의 뿌리는 프레드릭 테일러(Frederick Taylor)의 과학적 관리기법을 시작으로 산업계의 통계기반 품질관리체계를 개발하려는 노력까지 거슬러 올라가지만, 맥아더 장군의 주둔군하에 제2차 세계대전 이후 일본 산업 재건에 핵심 역할을 한 미국 엔지니어이자 물리학자인 W. 에드워드 데밍(W. Edwards Deming)(1900~1993)이 TQM에 기여한 대표적 인물로 알려져 있다. 데밍과 그의 미국 및 일본 동료들은 전후 일본의 경제 기적을 이루는 데 일조하였다. 데밍은 그의 철학을 상대적으로 간략한 지침(예: 7번째 지침 "리더십을 채택하고 제도화하라")으로 나열한 "14가지 관리 지침" 및 계획 – 실행 – 검증 – 개선(PDCA) 사이클로 잘 알려져 있다. 그림 5.1에서처럼 PDCA 사이클은 품질이 처음과 끝이 있는 선형적인 과정이 아닌 계획 – 실행 – 검증(검토) – 개선의 지속적인 노력이라는 점을 일깨워 준다. 성공적인 품질관리에는 끊임없는 계획, 실행, 검증, 개선이 필요하다. 데밍의 총체적 품질관리와 테일러의 과학적 관리기법의 주요한 차이는 바로 테일러의 과학적 관리기법은 가장 좋은 실행법 한 가지를 발견한다고 가정하는 데 반해 TQM은 언제나 개선의 여지가 있다는 점을 가정한다. 여기서 두 가지 접근법 모두 전제조건이 있는데, 하나의 가장 좋은 실행법이 있을지 항상 개선의 여지가 있는지는 증명하기가 매우 어렵다는 것이다.

위 이론적 사항 외에 TQM에서 실질적으로 필요한 것은 어떤 것이 있을까? 한마디로 답하면 상당히 많은(재미도 있지만) 작업이다. TQM 구현은 복잡하고 시간이 많이 든다. 조직문제에 대한 '임시방편'이 아니다. 조직문화의 전반적인 변화를 수반하기 때문에, TQM은 린식스시그마와 같은 프로그램 훈련을 받은 컨설턴트에 의한 최초의 개입 및 지속적인 구성원(관리자 포함) 훈련에 대한 최고 관리자층의 의지가 필요하다. 본 실습문제는 품질관리 관점과 기법을 소개할 뿐이며, 해당 분야의 교육과정이나 모든 훈련과정을 대체하지는 않는다.

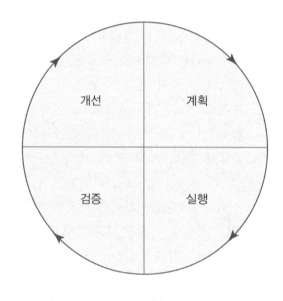

그림 5.1 PDCA 사이클

TQM 구현은 다음 6가지 기본 단계로 구성된다고 할 수 있다.

1. 제품이나 서비스를 제공하기 위해 업무가 교차하는 구성원으로 된 *팀을 구성*
2. 팀 구성원이 생산성 향상의 이득을 실현하고 긴장하거나 두려워하지 않고 품질 개선 제안을 할 수 있도록 *인센티브 제도 수립*
3. 조직 외(최종 또는 '외부' 고객)와 조직 내(중간 또는 '내부' 고객) *고객이 품질을 어떻게 정의하는지 파악*

4. 각 팀과 구성원의 *기존 작업 프로세스 매핑*. 모든 팀이 고객의 필요를 만족하기 위한 프로세스 개선 방법을 탐색

5. *성과 측정*. 업무의 모든 측면에 있어 기초선(baseline) 및 기준점(benchmark) 측정치를 개발. 지속적 개선을 목표

6. 최종 제품이나 서비스에 관련한 공급업체와 하도급 업체 파악. 공급업체와 하도급 업체가 평범한 사양이 아니라 필요를 만족하는 품질 서비스와 제품을 제공하도록 *파트너십 구축*

일부는 TQM이 민간영역만큼 공공영역에는 적합하지 않다고 주장한다. 예를 들어, 정부기관 중 일부는 만족시킬 수 있는 명확한 고객이 있을 수 있지만 많은 경우 그렇진 않다. 미국 국립공원관리청은 여행객, 공급업체, 주변 사업체, 산업계 등 모든 '고객'을 다 만족시킬 순 없을 것이다. 세금징수기관의 '고객'이 TQM의 성공측정기준으로 자주 사용되는 '즐거움'을 느낄 것이라 기대할 수 있을까? 유럽연합(EU)이나 기타 정부의 여러 규제기관 '고객'이 노동의 결실에 대해 기뻐하기를 *원할까*? 아마 아닐 것이다. 그렇지만 TQM이 고객이 품질을 정의해야 한다고 강조하지만, 반드시 고객이 행복해야 한다고 주장하지 않는다는 점을 주목해야 한다.[2] 이와 같은 우려를 잠시 차치하고 보면, 미국과 전 세계 정부가 유형이 다를 지라도 TQM을 채택하고 있는 점은 분명하다. 미국에서는 연방정부, 주정부 대부분, 많은 도시, 카운티 등 기타 여러 지방정부가 이름이 약간 다르긴 하지만 '품질관리' 및 '지속적 개선' 등 TQM 방식을 1990년대에 채택하여 사용해 오고 있다.

TQM 기법

전면적인 TQM 프로그램 구현에는 다양한 구체적 행정기술과 관리기법이 필요하다. 여기에는 공급업체와 고객에게 수행하는 간단한 설문조사에서부터 정교한 리더십전략 및 팀빌딩이 포함된다. 관리자와 근로자가 성과를 측정하고 추적하는 도구도 포함된다. TQM의 진정한 목표인 제품이나 서비스의 결함을 최소화하고 품질을 최대하기 위해선 이와 같은 도구가 필수적이다.

쉽게 습득할 수 있는 유용한 6가지 TQM 도구에는 특성요인도, 순서도, 파레토 차트, 런 차트, 히스토그램, 산점도가 있다. 각각의 도구는 시각적으로 정보를 간단하면서도 강력하게 나타내도록 설계하였다. 이와 같은 차트와 도표를 사용하는 관리자(와 근로자)는 파악하기 힘들었을 생산과 서비스 제공 문제의 원인을 통찰력 있게 파악할 수 있으며 이에 따라 지속적 개선에 노력을 기울일 수 있게 된다. 이제 "나는 왜 더 나은 성적을 받지 못하는가?"라는 예시 문제를 해결하는 차트 세트를 구성하면서 각 기법에 대해 알아보고자 한다. 본 절 끝에 실습문제에서 지금까지 배운 것을 적용하고 사례 연구의 데이터를 가지고 차트를 구성하도록 할 것이다.

특성요인도(Cause-and-Effect Diagrams)

특성요인도는 생선가시와 모양이 비슷하여 '어골도'라고도 불리며 특성요인도를 만든 일본의 대표적 품질관리엔지니어인 카오루 이시카와(Kaoru Ishikawa)를 기려 '이시카와 도표'라고도 불린다. 어떻게 불리든 간에 특성요인도의 목표는 같다. 바로 품질을 강화하거나 저해하는 요인에 대한 사고를 자극하는 것이다.

그림 5.2에서 축에 부합하는 각 선은 품질 영향요소의 주요한 범주를 나타낸다. 조직의 필요와 방식을 가장 잘 반영하는 범주를 사용해도 되지만 '장비', '원자재', '방법', '인력'은 4가지 범주로서 TQM 실습문제에 가장 많이 사용된다. 범주에서 나온 각각의 짧은 선은 관련 있고 종속적인 요소를 나타낸다.

이러한 차트를 만들기 전에 문제의 원인을 확실히 알아야 할 필요는 없다는 점을 강조할 필요가 있다. 실제로 특성요인도는 브레인스토밍을 돕고 이슈에 대해 생각하는 데 사람들의 적극적인 참여를 위해 문제 해결의 초기 단계에서 수립된다. 또한, 특성요인도가 가장 간단한 문제에서부터 가장 복잡한 문제까지 어떠한 유형 문제에 대해서도 구성될 수 있다는 점을 주목해야 한다.

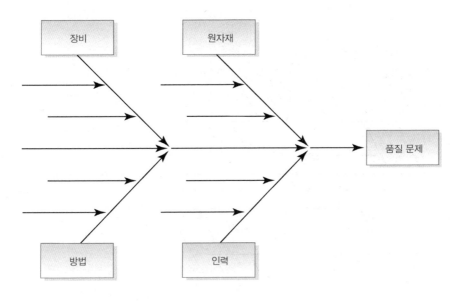

그림 5.2 특성요인도

이를 설명하기 위해 당신 대학 성적의 문제점을 예로 들어보자. 물론 당신은 좋은(또는 매우 우수한) 학생이어서 성적에 문제가 없다고 이의를 제기할 수 있다. 하지만 실습 5가 지속적 개선을 강조하는 총체적 품질관리에 대한 내용임을 기억하기를 바란다. 즉 기본 가정은 아무리 좋은 학생일지라도 개선의 여지가 있다는 것이다.

이상적으로는 친구, 가족, 룸메이트, 선생님 등 당신을 잘 아는 사람들과 브레인스토밍을 하면서 시작할 수 있다. 채워지지 않은 특성요인도를 보면서 바쁜 일정, 부족한 공부시간, 수업불참, 시끄러운 룸메이트, 오래된 컴퓨터 등 당신이 최선을 다하는 것에 방해가 되는 가능한 모든 것을 열거하며 특성요인도를 채워 나갈 수 있다. 궁극적으로 그림 5.3과 같은 결과물이 나타날 것이다.

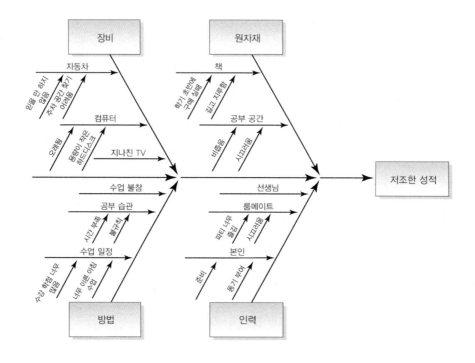

그림 5.3 저조한 성적 특성요인도

이 차트에서 어느 하나의 해결책이 당장 나오는 것은 아니다. 그림 5.3의 차트 그 자체로는 주요한 문제가 부족한 책 읽기 시간인지 시끄러운 룸메이트와 너무 시간을 많이 보낸 것인지 알려 주지 않는다. 대신 차트는 논의의 초점을 맞추고 가능한 원인에 가중치를 두고 해결책을 파악하는 프로세스를 시작하는 역할을 한다.

순서도(Flowcharts)

일반적으로 순서도는 프로세스를 시각적으로 나타낸 것이다. 특성요인도가 가능한 문제 원인에 대한 개략적 도표를 제공하는 반면, 순서도는 관심이 있는 사건의 순서를 나타낸다. 예를 들어, 그림 5.4의 순서도에서 게이트웨이 1의 '아니오'는 활동 A를 거치고 '예'는 게이트웨이 2로 직접 이어진다. 순서도마다 부호가 다를지 모르지만 일반적으로 예-아니오 결정을 하는 게이트웨이(gateway: 비교/판단 – 역자주)가 하나이고, 그 판단의 결과로 인한 활동(activity: 처리 – 역자주)가 또 하나이다. 순서도의 게이트웨이는 검문소를 통과시키기 전 신원을 확인하는 일종의 보초병 역할을 한다. 프로세스의 단계 x가 완료되었는가? 그렇다면 a를 하고 아니면 b를 한다.

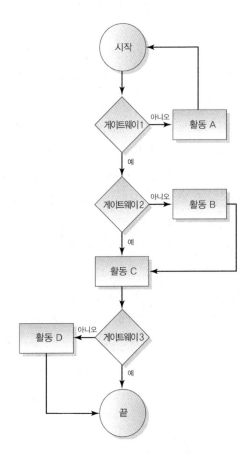

그림 5.4 순서도

　　전산학 및 공학 등 여러 분야의 전문가들이 순서도를 이용하여 상호종속적인 활동의 복잡한 일련의 과정을 체계적인 형태로 나타내고자 한다. TQM은 순서도를 이용하여 조직의 프로세스를 나타낸다. 업무 프로세스를 그래픽으로 나타내어 개선할 수 있는 영역을 파악하고자 한다. 효과적인 순서도는 정교할 필요가 없다. 핵심은 최종 제품이나 서비스에 들어가는 모든 요소를 파악하는 것이다.

　　'어골도'에 따라 완벽한 학점보다 낮은 당신의 학점의 근원 중 하나가 학기말 리포트나 글쓰기 과제에 있어 당신이 미루려는 성향이 때문이라고 하자.

　　그림 5.5에서처럼 과제시작에서 최종제출 사이에 발생하는 최적의 모든 사건과 활동을 연결하는 순서도를 만들 수 있다.

　　차트에 최적의 경로를 따르지 않을 경우 발생하는 대체적 사건의 흐름을 포함하였다는 점을 주목할 필요가 있다. TQM 전문가는 이와 같은 대체 흐름을 '아니오 고리'라고 부른다. 실제로 '예' 경로는 이상적인 경로를 나타내는 반면, '아니오 고리'는 실제 생활 행동에 대한 솔직한 평가로부터 나타낸다. 우수한 순서도는 '아니오 고리'를 성과 개선에 있어 첫째 단계로 파악한다. 순서도의 솔직함이 품질의 단점을 파악하는 데 필수이다. 이번 사례의 경우 적절한 시간에 과제에 대해 알지 못한 점, 강사와 논의하지 못한 점, 배경 조사를 충분히 하지 못한 점 등의 '아니오 고리'를 제거해야 함을 알 수 있다.

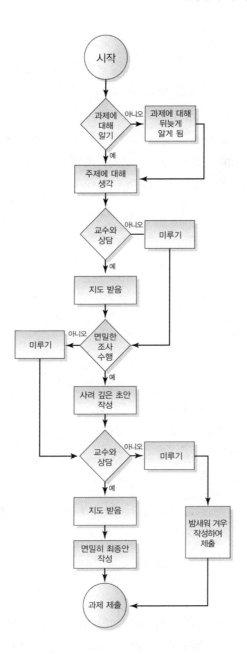

그림 5.5 학기말 리포트 순서도

파레토 차트

파레토 차트는 제품이나 서비스 제공에 있어서 문제의 유형과 빈도에 대한 데이터를 나타낸다(그림 5.6). 우수한 파레토 차트는 어떠한 요인이 제품이나 서비스 결함의 원인이고 어떠한 일을 먼저 해야 하는지 명확하게 보여 준다. 파레토 차트는 조직 문제의 80%가 20%의 원인에서 나타난다는 이른바 TQM의 80−20 법칙을 활성화한다. 어떠한 항목이 품질 문제 원인인지 명확히 알게 된 관리자는 상대적으로 사소한 다른 요인들은 무시하고 단기적으로 이에 중점을 더 둘 수 있다.

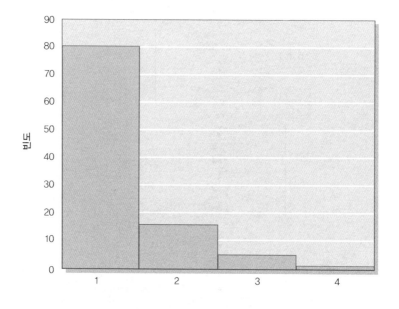

그림 5.6 파레토 차트

당신 성적을 향상하려는 예시에서 파레토 차트를 잘 활용하는 방법은 당신이 제출한 논문에 대한 당신 강사 모두의 서면 의견을 취합하는 것이다. 이를 통해 각 유형의 비판 빈도를 세고 비교할 수 있다. 가상으로 나타낸 그림 5.7에서 보듯 문법 오류가 당신 글쓰기에서 다른 문제보다 많이 거론되었다. 이는 새로운 스펠링체크 프로그램이나 도서관을 뒤지는 것이나 구글을 사용하여 새로운 사실 한두 개를 파악하거나 새로운 각주 체계를 배우는 것(지속적인 개선이라는 논리에 따르면 결국 당신은 앞서 나열한 문제도 다루어야 하지만)보다는 대학교의 글쓰기 센터에서 지도 교사와 매주 몇 시간을 보내는 것이 당신의 시간과 에너지를 가장 잘 투자하는 방법이라는 점을 보여 준다.

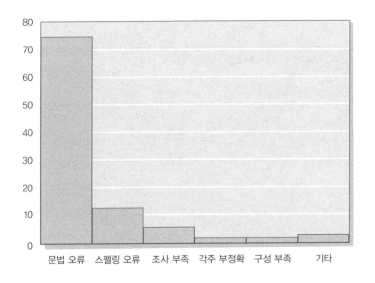

그림 5.7 글쓰기 과제 비판에 대한 파레토 차트

런 차트(Run Charts)

런 차트는 변수를 시간에 따라 그래픽으로 나타낸 것이라 할 수 있다. 이러한 이유로 런 차트는 '추세 차트'라고도 불린다. 그림 5.8는 4주간의 변수(예: 생산하자율, 다우존스지수, 병원입원)에 대한 간단한 런 차트를 보여 준다. 런 차트를 통해 관리자는 데이터를 시각적으로 보고 유형을 파악할 수 있게 된다. 예를 들어, 이러한 데이터가 자동차 조립라인의 결함을 나타낸다면, 생산 감독자는 월요일 아침에 근로자의 상태가 어떠한지 조사하고 이에 대해 무언가 조치를 취할 것이다.

당신이 예측하였듯 런 차트를 성적문제에 활용할 수 있다. 예를 들어, 특성요인 관련 실습문제에서 당신이 공부를 위해 매일 일정한 시간을 할애하기로 결정했다고 가정하자. 알바, 운동, 친목모임 등 다른 일 때문에 월요일에는 2시간, 화수목 3시간, 금요일에는 1시간 등 매일 할애하는 시간의 양이 다를 수 있다. 당신은 (우수한 TQM 분석가처럼) 4주간 매일 목표량에 얼마나 근접하였는지 추적할 수 있다. 이후 매일 계획한 공부량(지속적 개선을 위해)과 실제 공부량의 차이를 나타낸 런 차트를 작성할 수 있다(그림 5.9).

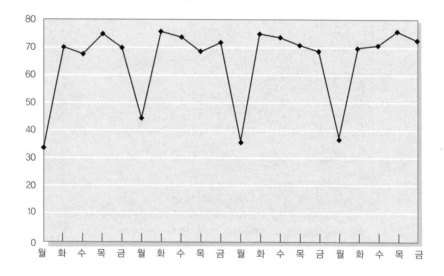

그림 5.8 런 차트

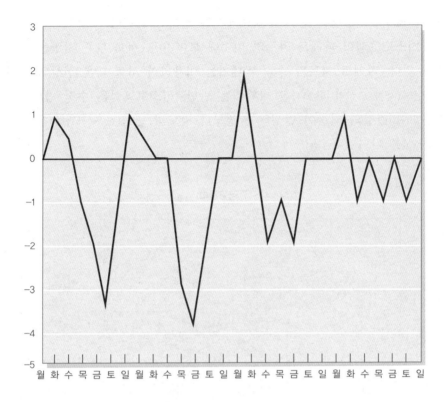

그림 5.9 공부 시간 런 차트

이와 같은 차트를 어디에 활용할 수 있을까? 당신이 상단의 런 차트가 나타내는 패턴을 보았다면, 당신은 주말 동안 학업에 집중하는 데 심각한 문제가 있다는 점(시간을 적절히 배정했다는 가정하에)을 알게 될 것이다. 당신의 친목모임 일정을 조절하거나, 미식축구 경기를 한두 경기 적게 보거나, 페이스북과 트위터를 하는 시간을 줄이거나, 토요일과 일요일에 정오 이전에 일어날 필요가 있을 것이다.

히스토그램(Histograms)

히스토그램이 의사가 처방해주는 듣기 싫은 약 이름처럼 들릴지 몰라도 특정한 일의 빈도를 나타내는 차트일 뿐이다. 일반적으로 히스토그램은 막대 차트 형태를 띠는 데 y축을 따라 빈도를 측정하고 x축에 따라 발생 정도('빈*(Bin)'으로 표현됨)를 그림 5.10에서와 같이 나타낸다.

히스토그램이 파레토 차트와 비슷해 보이지만, 서로 다른 사항을 측정하고 있다. 파레토 차트가 수직 막대기를 이용하여 서로 다른 현상의 상대적 빈도(사과/오렌지/바나나)를 나타내는 반면, 히스토그램은 수직 막대기를 이용하여 단일의 현상이 발생하는 정도나 강도의 빈도(작은 사과/중간 사과/큰 사과)를 나타낸다.

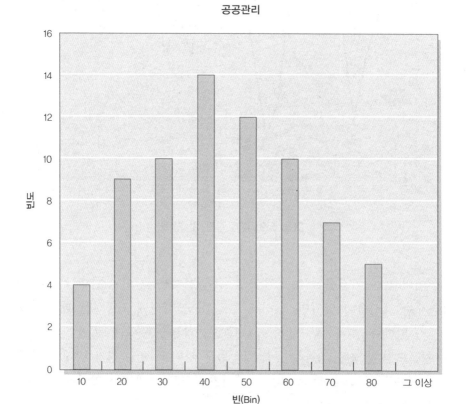

그림 5.10 히스토그램

---

* 히스토그램의 한 구간. (역자주)

히스토그램은 여러 상황에서 유용하다. 예를 들어 대학교 입학처에서 히스토그램을 만들어 서로 다른 SAT 점수의 학생이 어떻게 학교에 지원하는지 차트로 나타낼 수 있다. 경찰서장은 히스토그램을 이용하여 비상대응 시간을 나타낼 수 있다. 병원의 행정직원은 히스토그램을 활용하여 입원기간이 10일인 관상동맥우회수술 환자가 얼마나 많은지(12일, 14일, 16일인 환자 수 대비) 알 수 있다.

히스토그램을 학업 성적을 개선하는 데 활용할 수도 있다. 당신의 문제점 중 하나가 독해과제를 제시간에 다 못 마치는 점이라고 가정하자. 그리고 이에 대한 이유가 여러 과제를 읽는 데 필요한 시간을 잘 추정하지 못한 것이라고 하자. 당신은 영국문학 입문 과목의 소설이나 중급물리학 교과서 1장을 보는 데 1시간 걸릴 것이라 생각하여 수업 전날 밤에 할 수 있을 거라 믿고 친구들이랑 놀러 나간다.

몇 주간 당신이 각 장을 읽는 데 실제 얼마나 많은 시간(51분, 23분, 46분, 65분)이 걸렸는지 추적하였다고 하자. 이를 통해 당신은 그림 5.11의 히스토그램을 만들고 각 장을 읽는 데 일반적으로 45분에서 65분이 걸리는 것을 알게 된다. 40분 미만이나 70분 이상 걸리는 경우는 매우 적다. 이에 대해 알게 되어 당신은 매주 읽은 장의 수를 합산하여 읽기에 현실적인 시간을 할애하게 된다.

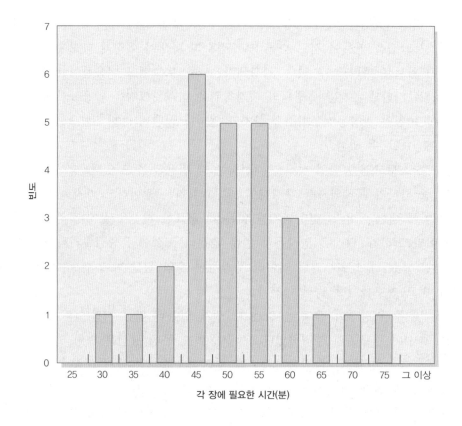

그림 5.11 독해과제에 걸리는 시간 히스토그램

산점도(Scatter diagram)

현실을 잠정적으로만 추정한 특성요인도와 순서도를 제외하면, 지금까지 논의한 도표는 각 변수의 상대적 빈도만을 다루고 있다. 기껏해야 x와 y의 각각의 발생 빈도 정도만 알려 줄 뿐이다. x와 y의 관계에 대해선 알려주지 않는다. 이와 같은 관계를 탐구하는 것이 산점도의 점이다. 산점도에서 2가지 변수는 그림 5.12처럼 같은 차트 내에서 나타낸다.

그림 5.12의 산점도에서 x 변수의 증가가 y 변수의 증가와 상관성이 있는 것으로 보인다. 하지만 이 데이터만 가지고는 이와 같은 관계가 x가 y의 원인인지 y가 x의 원인인지 등의 인과관계는 알 수 없으며, 두 변수의 관계가 정확히 얼마나 강한지도 알 수 없다. 이에 대해서는 더 정교한 통계적

도구가 필요하다.

그렇지만 *어느 정도* 관계가 있다는 사실을 아는 것이 유용하다. 예를 들어, 아래 산점도가 특정 지역의 부서진 유리창 개수(x) 대비 중범죄 건수 (y)에 대한 데이터를 보여 준다면 경찰서는 삶의 질 또는 공공장소 소란 행위를 억제하는 데 더 많은 자원을 배치하는 방안을 고려할 것이다. 마찬가지로 아래 산점도가 복지수혜자가 취업하는 데 걸리는 시간(x) 대비 대중교통을 이용하러 가는 데 걸리는 시간(y)을 나타낸다면, 사회서비스 관리자는 복지수혜자 중 취업을 하려는 이들을 위한 교통 프로그램 대안을 고려할 것이다. 다시 강조하면 둘 중 어느 경우(다른 경우도 마찬가지로)에도 변수 간에 인과 관계가 있다고 확신할 수 없다. 하지만 이와 같은 도표는 추가 분석의 출발점이 될 수 있다. 논리적이고 실증적으로 2가지 변수가 밀접히 관련된 경우 조치를 취하는 합리적인 근거가 될 수 있다. 예를 들어, 아래 산점도가 일한 시간(x)과 키보드 직원의 오류 횟수(y)를 나타낸다면, 관리자가 기존의 직원을 야근시키기보다는 추가로 키보드 직원을 고용하는 것이 합리적일 것이다.

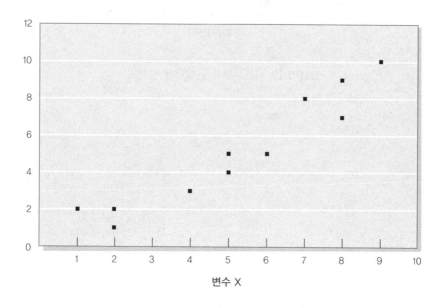

그림 5.12 산점도

　　학업 향상 사례에서 산점도는 그림 5.13과 같이 활용할 수 있다. 여기서 각 퀴즈에 할애한 공부시간 대비 퀴즈에서 받은 성적을 그려 넣었다. 그다지 놀랍지 않게도 산점도는 2가지 변수 사이에 강한 관계를 보여 준다. 기술적으로 인과 관계가 있는지, 있다면 어떻게 성립되는지 알 수 없지만, 퀴즈에 시간을 더 할애할수록 더 나은 성적을 받는 것으로 보인다.

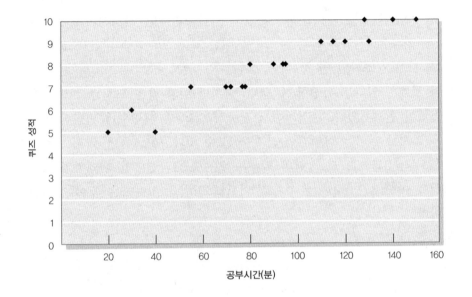

그림 5.13 퀴즈성적과 공부시간 산점도

추가 참고문헌

TQM을 가장 잘 기술한 도서로는 TQM 창립자의 저서 W. Edwards Deming의 *위기탈출*(Out of the Crisis) (Cambridge, MA: MIT Press, 2000)이 있다. 관리자를 위한 여러 TQM 지침서도 있다. 가장 유용하고 쉽게 읽을 수 있는 저서로 Mary Walton의 *데밍 관리법*(The Deming Management Method) (New York: Perigee Books, 1988), James R. Evans와 William M. Lindsay의 *품질과 우수한 성과를 위한 관리*, 9판(Management for Quality and Performance Excellence, 9th ed.) (Cincinnati, OH: SouthWestern Publishing, 2012), Joseph Defeo의 *Juran의 품질 관리와 분석, 6판*(Juran's Quality Management and Analysis, 6th ed.) (New York: McGraw – Hill, 2014) 등이 있다. TQM 기반의 분석법의 대표적인 예로는 Mark O. George의 *적은 것으로 더 많이 하기 위한, 린시그마식스 가이드: 비용, 낭비, 간접비 감소*(The Lean Six Sigma Guide to Doing More with Less: Cut Costs, Reduce Waste and Lower Your Overhead) (Hoboken, NJ: Wiley, 2010)가 있다.

온라인 자료

온라인에서 광고하고 사용할 수 있는 TQM과 Six Sigma를 위한 여러 소프트웨어 및 훈련 프로그램이 있다.

• 실습문제 개요

본 실습문제에서는 특성요인도, 순서도, 파레토 차트, 런 차트, 히스토그램, 산점도 등 상기에 설명한 6가지의 일반적인 TQM 기법을 연습하게 된다. 주정부의 운전면허부(DMV)의 간략한 사례를 듣고 TQM 팀으로써 주어진 정보를 통해 차트와 도표를 작성한다.

지시사항

1단계

양식 18에 제시한 사례를 읽으라.

2단계

강사가 지시한 대로 TQM 그룹을 만들어 보라.

3단계

당신의 그룹과 브레인스토밍을 하고 양식 19를 활용하여 DMV의 느린 처리 문제에 대한 특성요인도를 작성하라.

4단계

양식 20을 사용하여 DMV의 등록 프로세스 순서도를 작성하라. 처음 등록 시 필요한 단계도 포함하라. 파악한 '아니오 고리'와 이를 제거할 방법을 논의하라.

5단계

양식 21을 사용하여 사례의 민원 데이터(양식 18의 상자 1)를 파레토 차트에 기입하라. 어떠한 문제가 심각한 지 또는 사소한 지 논의하라. 데이터가 80 – 20 법칙에 해당하는가?

6단계

사례의 평균 처리 시간과 월간 일별 데이터를 활용하여 양식 22에 런 차트를 작성하라(양식 18의 상자 2). 눈에 띄는 패턴이 있는가? 첫 번째 월요일을 해당 월의 첫 번째 일이라 가정하라. 패턴이 나타나는가? 런 차트에 따르면 DMV 관리자가 어떻게 문제를 해결할 수 있을까?

7단계

양식 18의 상자 3의 처리 시간 데이터를 활용하여 양식 23에 히스토그램을 작성하라. 이를 위해 하루 중 시간 데이터인 3번째 열은 무시하라. y축은 빈도를 나타내고 x축은 분으로 측정한 각기 다른 시간을 나타낸다. x축을 작성할 시 너무 넓거나(0–50, 51–100 등) 좁지 않게(0–2, 2–4, 4–8 등) 간격(전문 용어로 '빈(Bin)')을 지정하라. 차트에서 알 수 있는 점은 무엇인가?

8단계

양식 24를 활용하여 하루 중 시간 대비 처리 시간을 나타내는 산점도를 작성하라. 필요한 모든 데이터는 양식 18의 상자 3에서 찾을 수 있다. x축을 따라 하루 중 시간을 나타내고 y축을 따라 처리 시간을 분으로 나타내라. 산점도가 나타내는 점은 무엇인가? 관리자가 어떠한 조치를 취할 수 있을까?

9단계

양식 25의 질문에 답하라.

양식 18

사례 연구

운전면허부(DMV)는 주정부 기관으로 자동차, 트럭, 오토바이 등의 소유권, 등록, 점검을 담당하고 운전자 면허시험과 면허증 발부를 담당한다. DMV의 운영 방식은 관료주의의 대표적인 예를 보여 준다. 주의 4백만 차량 소유자와 운전자의 사무를 보는 낮은 직급의 공무원으로 구성된 DMV 차량점검면허센터가 주의 17개 카운티마다 하나씩 있다. 여기에 공무원들은 전조등, 앞유리 와이퍼를 점검하고, 배상책임보험 증빙을 확인하고, 면허시험 행정처리를 하고, 수수료를 걷고, 양식에 도장을 찍는다.

최근의 행정개선이 일부 이루어졌음에도 DMV는 모든 시민에게 있어서 최악의 정부기관이다. 5년에 한 번씩 면허증을 소유한 운전자는 지역의 DMV 센터에 면허갱신을 해야 하는 데, 사진을 찍고, 시력을 재고, 수수료를 내는 데 엄청난 줄을 서서 기다려야 한다. 더 최악인 것은 차량 소유자(자동차, 트럭, 버스, 밴, RV, 오토바이 등)는 1년에 한 번 센터에서 차량등록을 다시 해야 하는 데, 이는 더 복잡하고 시간도 더 오래 걸린다. DMV의 절차에 대한 불만은 누구나 느껴 주에서 정치이슈로도 등장할 정도이다. 주립 상원 교통위원회 위원장은 DMV의 업무를 대행할 민간기업 계약을 허용하는 법안을 도입했을 정도인데, 공무원 노조가 격렬히 반대했고 다른 의원들도 이를 회의적으로 바라보았다. 기타 발의안에는 센터를 더 설립하는 것, 컴퓨터 기술과 온라인 서비스 의무적 활용, 이메일이나 온라인 갱신을 통한 2년 또는 3년마다 점검과 재등록 등이 있었다.

DMV의 가장 큰 문제는 차량점검과와 등록에 시간이 많이 걸린다는 것이다. 차량이 점검 줄에 들어선 후 신규 번호판이나 스티커를 받고 센터를 나가는 데 평균 75분이 걸린다. 점검 줄을 통과하는 것은 매우 느리며 점심시간(DMV 직원이 절반 근무할 때)과 매달 15일과 30일(등록이 만료되는 날짜)에는 최악이다. 운전자가 줄을 오래 기다려 점검 구역에 들어서면, 주공무원이 전조등(상/하향등), 후미등, 방향 지시등, 경적, 앞유리 와이퍼, 비상등, 배출, 브레이크 등을 점검한다. 점검 자체는 5분 정도밖에 걸리지 않는다. 점검에 통과하지 못한 차량은 48시간 이내에 문제를 수정하고 재점검받아야 한다.

차량이 점검을 통과하면, 운전자는 주차장에 주차하고 재등록 서류 처리 센터에 들어간다. 여기에는 (1) 차량이 안전 및 배기가스배출 점검 모두 통과했다는 차량 점검자가 준 양식, (2) 운전자가 적절한 배상책임보험에 가입되어 있다는 점을 증명하기 위해 보험 회사에서 발부하고 주에서 승인한 '보험 카드', (3) 기존의 차량 등록증 등이 포함된다. 처음 등록하는 차량은 (4) 소유권 증서 및 (5) 차량 가격이 명시된 매도 공증서를 제시해야 한다. 양식 대부분은 컴퓨터 데이터베이스와 대조하고 DMV 공무원이 도장을 찍는데, 이를 위해 운전자는 매도 공증서를 제외한 각 양식에 한 번씩 총 3번이나 4번 줄을 서야 한다.

재등록을 위한 마지막 절차 및 신규 등록을 위한 마지막에서 2번째 절차는 수납 직원인데, 도장 찍은 서류를 수거하고 등록 수수료를 징수한다. 수납 직원은 처음 등록하는 차량에 대해 신규 차량이든 중고 차량이든 4% 차량특별소비세를 징수한다. 각기 다른 납부가 등록(DMV에 납부) 및 특별소비세(조세수익부에 납부)에 필요하다. 신용카드는 받지 않는다. 돈을 받고 나면 수납 직원은 연월을 나타내는 4자리 숫자로 된 2개의 작은 스티커를 주는데 앞/뒤 번호판 오른쪽 아래에 붙여야 한다. 처음 등록하는 운전자는 1가지 절차를 더 거쳐야 하며 줄을 한 번 더 서야 한다. 자동차 번호판을 받기 위한 것이다.

앞서 살펴본 것처럼 이와 같은 프로세스는 원활히 진행되어도 DMV의 고객—의뢰인에게 있어서 시간이 너무 많이 소비된다. 안타깝게도 프로세스가 늘 원활히 진행되는 것도 아니다. 기계가 고장 나거나 인원이 부족하여 점검 구역 4개 중 1개가 닫고 수십 명의 운전자가 이미 열받은 운전자들 사이로 끼어들려고 하면 점검 줄의 정체가 매우 심해진다. 운전자들은 기다리면서 등록증을 가져왔는지 기억하지 못할 수도 있는데, 등록증(이전의 주행기록을 기록)이 없으면 점검자가 차량을 점검할 수 없어 운전자는 다시 와서 기다려야 한다. 전조등이 약간 기울거나, 브레이크가 기울거나, 전구가 나갔거나 등 점검 그 자체를 통과하지 못할 가능성이 많다.

건물 안에 들어가면 적절한 서류를 갖추는 것이 더욱 중요해진다. 보험 카드를 누락하거나 기간이 만료되고, 현금을 깜빡했거나, 적절하지 않거나 공증이 되지 않은 매도 증서 등으로 인해 처리가 안 될 수 있다. 사기와 부패 등의 이유로 공무원들은 정해진 절차에서 벗어날 수 없다. 이에 따라 문서복사본을 받아달라든지 "보험회사에 전화하면 보험이 제대로 되어 있다고 이야기해줄 거예요"라는 식의 말은 통하지 않는다.

이와 같은 문제를 해결하기 위해, 주지사는 6개월 전 신규 DMV 국장을 임명하였다. 국장은 즉시 사외 컨설팅 회사와 계약하여 DMV 문제를 진단하고 개혁을 위한 권고를 내도록 하였다고 발표하였다. 컨설팅 회사의 사전 조사 데이터가 이미 나오기 시작하였다. 상자 1은 주의 운전자에 대한 조사에서 나온 결과 일부이다. 상자 1은 DMV의 등록 프로세스에 대한 민원을 요약한 것이다. 상자 2는 1개월간 무작위로 선별한 100명의 운전자가 경험한 처리 시간에 대한 데이터이다. 상자 3은 하루 중 다양한 시간대에 운전자 50명의 처리 시간을 추적하였다.

상자 1

조사 결과: DMV 등록 프로세스에 대한 운전자 민원

민원 내용	수치
점검 줄이 부족	17
공무원이 무례하거나 불친절	6
처리가 너무 느림	187
점검 절차가 불공평	8
규정에 유연성이 없음	22
운영 시간이 적절하지 않음	18

상자 2

4주간 평균 처리 시간(10분에 가깝게 반올림)

요일	평균 처리 시간
월	90
화	80
수	70
목	70
금	50
월	50
화	60
수	50
목	60
금	90
월	100
화	90
수	70
목	70
금	70
월	60
화	80
수	70
목	70
금	80

상자 3

하루 중 다양한 시간대의 고객 50명 처리 시간

고객	걸린 시간(분)	하루 중 시간(시작)
1	95	12:38
2	72	12:35
3	41	9:15
4	85	11:55
5	60	14:20
6	71	11:20
7	87	12:18
8	33	9:05
9	48	10:50
10	61	10:42
11	92	12:45
12	77	11:49
13	70	13:35
14	52	10:55
15	88	12:40
16	56	11:10
17	75	12:05
18	86	12:10
19	65	11:31
20	70	14:10
21	68	12:00
22	90	13:14
23	100	12:30
24	31	9:10
25	46	9:45
26	50	14:25
27	70	14:45
28	60	15:33
29	36	9:37
30	41	10:05
31	52	10:02
32	38	10:20
33	49	11:02
34	83	12:47
35	84	13:05
36	81	13:10
37	91	13:25
38	102	13:00
39	81	13:55
40	90	13:39
41	43	14:55
42	50	15:15
43	75	15:47
44	62	15:44
45	77	16:02
46	82	16:15
47	91	16:22
48	97	16:27
49	96	16:44
50	102	16:38

양식 19

느린 처리 시간 특성요인도

양식 20

등록 프로세스 순서도

양식 21

민원 유형 파레토 차트

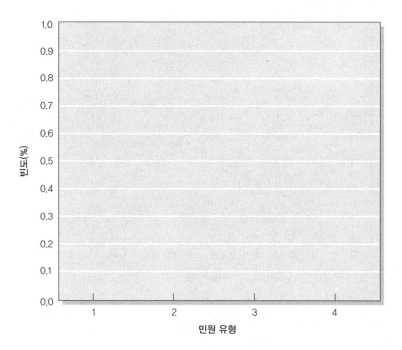

양식 22

주간 처리 시간 런 차트

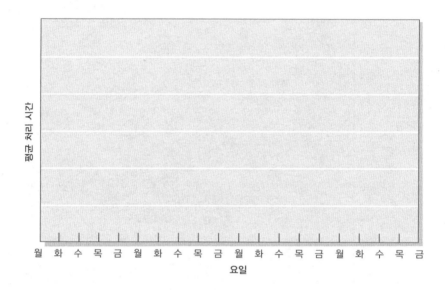

양식 23

처리 시간 히스토그램

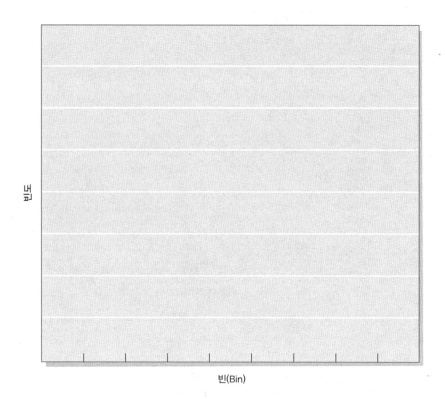

양식 24

처리 시간 및 하루 중 시간대 산점도

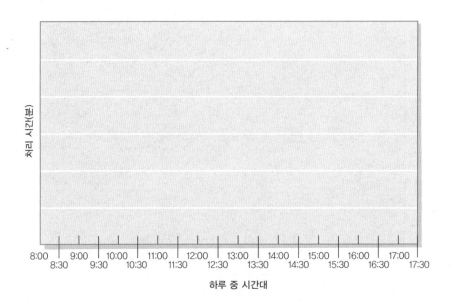

양식 25

질문

1. 여러 TQM 기법이 얼마나 유용한가?

2. 조직의 여러 구성원이 TQM 기법을 사용하거나 '지속적인 개선' 프로세스에 참여할 수 있는 방안에는 어떠한 것이 있을까? DMV가 위의 기법을 통해 변화할 수 있다고 생각하는가? 이유를 설명해줄 수 있는가?

3. 정부가 일반적으로 TQM 기법에 민간분야보다 적합, 비슷 또는 부적합하다고 생각하는가? 당신의 답변을 제시해 보라.

4. 정치 지도자가 공공경영에서 품질을 추구하도록 하려면 시민들은 무엇을 해야 하나? 시민들이 정말 품질에 대해 신경을 쓴다고 생각하는가?

주

1 인용: David Osborne 및 Ted Gaebler의 "*정부혁신의 길: 기업가 정신이 정부를 변화시킨다*(Reinventing Government: How the Entrepreneurial Spirit Is Transforming the Public Sector)." (Reading, MA: Addison−Wesley, 1992), pp. 19~20.

2 이에 대한 자세한 설명은 다음을 참고: James E. Swiss, "정부에 총체적 품질관리 (TQM) 채택(Adapting Total Quality Management (TQM) to Government)", Public Administration Review 52, 4 (July−August 1992), pp. 356~362.

EXERCISE 6
프로젝트 관리: 임계경로법*

프로젝트 관리는 어떤 점에서 특별한가?

　총체적 품질관리는 주로 지속적으로 제공되는 프로그램 및 서비스 행정을 다루거나 민간부문에서 자동차, 컴퓨터, 카메라 등의 상품을 생산하는 데 적합한 관리방식이다. 그러나 공공정책의 시행을 위해 프로젝트를 성공적으로 마쳐야 할 때가 있다. 프로젝트에는 시작과 끝이 있다. 프로젝트 관리에서 요구되는 일은 프로젝트를 완수하는 데 필요한 자원을 모으고 이들을 조화롭게 편성하여, 프로젝트를 효율적이면서 동시에 프로젝트의 모든 목표를 달성하는 방식으로 제때 마치는 것이다. 교량이나 도로공사 완료, 컨퍼런스 개최, 직원이나 자원봉사자들을 위한 훈련 프로그램 시행 등을 프로젝트의 예로 들 수 있다.

　프로젝트는 매우 중요하며 상당히 보편적이기에, 현재는 프로젝트 관리의 필수적인 요소로 여겨지는 특별한 접근법과 기술이 발전해 왔다.

1. *프로젝트 관리자.* 공공 및 민간부문 행정가의 중점분야 중 하나는 프로젝트이다. 특히 건설분야나 이벤트기획분야에는 이 프로젝트에서 저 프로젝트로 바꿔 가며 프로젝트 관리를 하거나 동시에 여러 프로젝트에 대해 지시사항을 내리는 사람들이 있다. 어떤 공공분야 조직에서는 프로젝트를 관리할 책임이 한 사람의 직무의 일부로서 주어지는 임무가 될 수도 있다.

---

* 학문분야별로 최상경로법, 주경로법, 크리티컬 패스 분석법 등으로 번역한다. (역자주)

2. *매트릭스 조직.* 늘 그렇지는 않지만 종종 프로젝트를 수행하기 위해 여러 기관과 조직의 협력이 필요하며, 그래서 실습문제 3에서 설명한 매트릭스 형식의 조직이 프로젝트 관리에서 일반적으로 사용된다. 예를 들어, 컨퍼런스에 책임이 있는 프로젝트 관리자는 시설 담당 기관, 식품 서비스, 컨퍼런스 참가자를 위한 호텔, 여행사, 프로그램 전문가, 재정 행정담당 부서의 협조를 필요로 한다. 관리자는 아마도 컨퍼런스에 필요한 모든 활동과 서비스를 계획, 편성, 모니터하기 위한 위원회에 이들 기관의 대표자를 최소한 기관마다 한 명씩 포함시켜야 할 것이다. 이들 대표자는 이 프로젝트를 위해 자신들의 업무시간 중 일부(전부가 아닌)를 사용할 것이고 프로젝트 기간 동안 자신들의 원래 상급자와 프로젝트 매니저에게 업무 보고를 해야 할 것이다. 실습문제 3에서 다룬 내용을 상기해 보면, 이것이 바로 매트릭스 조직의 핵심이다.

3. *프로젝트 관리기술.* 특히 프로젝트에 적합한 관리 업무에 대한 여러 접근법이 있다. 이들 기술 중 가장 일반적이고 중심적인 기술은 임계경로법(critical path method: CPM)인데, 때로 네트워크 분석 혹은 프로그램평가검토기법: 도표 작성(Program evaluation and review technique: PERT charting)[1]이라고도 불린다. CPM은 결정 수행에 필요한 단계들을 이해하기 쉬운 형식의 그림으로 나타내는 방식이다. 이 기술은 특정한 시작과 끝이 있는 프로젝트에 특히 적합하다. CPM의 두 주창자가 말했듯이 이 방식은 "관리자가 부분과 전체 간의 관계를 더욱 완전히 이해할 수 있게 함으로써 논리적인 사고를 용이하게 한다." 원과 화살표로 이루어진 단순한 시스템을 통해 프로젝트 기획자는 정책 시행을 원활하게 하기 위해 정책의 흐름을 그림으로 그려 실제로 문제가 발생하기 전에 발생 가능한 문제를 예상할 수 있다.[2] CPM 소프트웨어는 인터넷에서 구할 수 있다.

임계경로법

　CPM이 매력적인 이유 중 하나는 단순성이다. CPM 네트워크는 이벤트(원으로 표현)와 활동(화살표로 표현)이라는 단 두 가지 요소로 이루어져 있다. 이벤트는 임무의 시작이나 완료라고 정의된다. 이벤트는 자원을 사용하지 않으며 단지 CPM 네트워크에 시간을 표시할 뿐이다. 활동은 임무의 흐름 그 자체를 나타낸다. 그 정의상, 활동은 자원을 사용하는 데, 사용되는 자원에는 항상 시간이 포함된다. CPM 네트워크를 만들기 위해, 분석가는 프로젝트 완료를 위해 발생해야만 하는 이벤트 세트를 식별하여 이들을 적합한 순서대로 활동 화살표로 연결해야 한다. 각 활동 화살표는 이벤트를 만들어 내기 위해 필요한 시간(혹은 다른 자원)을 나타낸다.

　그림 6.1은 세 가지 이벤트와 두 가지 활동으로 이루어진 간단한 CPM 네트워크를 나타낸다. 이 네트워크는 이벤트 A로 시작한 활동 1이 이벤트 B에 도달하기 위해 반드시 완료되어야 함을 보여 주고 있다. 활동 2는 이벤트 C에 도달하기 위해 반드시 완료되어야 한다. 또한 B를 끝내지 않고는 C로 갈 수 없기 때문에 A에서 B로, B에서 C로 가는 순서를 반드시 그림으로 나타내야 한다.

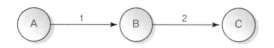

그림 6.1 기본적인 임계경로법

　덜 추상적인 예시를 사용하기 위해, 어떤 기관이 지역의 푸드뱅크*가 형편이 어려운 이웃들에게 추수감사절 같은 특정 명절을 잘 보낼 수 있도록 필요한 식료품을 제공하는 데 도움을 주고자 식료품 나눔행사를 개최하기로 했다고 가정해 보자. 우리의 목적상 프로젝트의 완료를 표시하기 위해 명절 같은 완료 지점이 있는 것이 중요하다. 완료 지점이 없다면 자금모금은 계속

---

* 기부식품 및 생활용품 등을 기부받아 우리사회 저소득 계층에게 지원해주는 사회복지 서비스. 원저에는 Food Pantry. (역자주)

될 것이고 이는 실습문제 5에서 다룬 운영관리에 더 적합하게 될 것이다.

당신이 담당자이다. 당신은 기획과정에서 첫 번째로 해야 할 일들의 목록을 작성하기로 하였다.

1. 어떤 물품이 필요한 지 푸드뱅크에 연락하기
2. 활용할 수 있는 기부 장소에 대해 브레인스토밍하기
3. 사람들이 기증품을 지정된 장소에 둘 수 있도록 승인받기
4. 행사 홍보
5. 기증품을 수거하여 푸드뱅크에 배달하기

다음으로 당신은 스스로 물어본다. 이 일들을 어떤 순서로 실행해야 하는가? 여기저기 동분서주하면서 닥치는 대로 일을 해낼 수도 있겠지만, 어떤 특정한 순서를 따라 일을 처리하는 것이 적합해 보인다. 어쨌든, 어떤 식료품이 필요한 지 알기도 전에 나눔 행사를 홍보하고 싶지는 않을 것이다. 또한 기증품을 어디에 두고 가야 할지를 사람들에게 알려야 한다. 그러니까 홍보 활동을 시작하기 전에 기부 장소를 정하고 이에 대한 승인을 미리 받는 것이 좋을 것이다. 따라서 당신은 말이 되는 순서대로 활동의 순서를 정할 필요가 있다. 그림 6.2는 바로 이렇게 순서를 정하는 CPM 네트워크를 보여 주고 있다. 각 활동은 화살표 하나로 표시된다. 이벤트(원)는 활동의 시작과 끝을 지정한다.

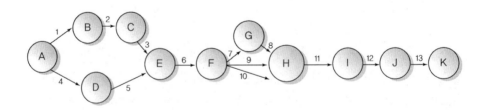

이벤트	활동
A – 식료품 나눔 행사 개최 결정	1 – 선호하는 기증 장소 식별
B – 기증 장소 결정	2 – 기증 장소에 대한 승인받기
C – 기증 장소 승인	3 – 기증 장소 목록작성
D – 필요한 식료품 목록	4 – 필요한 물품에 대해 푸드뱅크와 협의하기
E – 필요한 정보 획득	5 – 필요한 물품 목록작성
F – 메시지 결정	6 – 홍보를 위한 메시지 개발하기
G – 포스터 디자인 완료	7 – 포스터 디자인
H – 홍보물 배포완료	8 – 포스터 배포
I – 기증 장소 준비됨	9 – 페이스북에 게시
J – 기증품 수거됨	10 – 트위터에 게시
K – 기증품을 푸드뱅크 지점에 배달됨	11 – 기증 장소에 통과 상자 가져오기
	12 – 기증 장소에서 기증품 수거
	13 – 기증품을 푸드뱅크에 배달하기

그림 6.2 식료품 나눔행사 계획을 위한 임계경로법

그림 6.2의 CPM 네트워크를 보고 정확히 무엇을 알 수 있는가? 솔직히 말하자면, 지금 단계에서는 별로 알 수 있는 것이 없다. 그림은 단지 당신이 하고자 하는 일을 도식적으로 나타내고 있을 뿐이다. CPM이 실제로 유용해 지려면 각 활동을 완료하고 다음 이벤트를 만들어 내는 데 소요되는 시간을 추정하는 추가적인 단계가 있어야 한다. 이를 통해 분석자는 가능한 한 가장 효과적인 방식으로 행위의 흐름을 예측하고 자원을 관리할 수 있게 된다.[3] 소요시간은 각 활동에 대해 합리적인 판단을 함으로써 간단히 추정될 수 있다. 분석자(혹은 활동에 대해 잘 알고 있는 관찰자)는 활동 하나를 완료하는 데 얼마나 걸릴지를 구한다. 시간 추정치는 많은 경우 최소 소요 시간과 최대 소요 시간 사이의 범위로 나타낸다.

CPM의 주된 목적은 시작 지점과 목적지를 연결하는 가장 긴 경로를 찾는 것이다. 당신은 모든 경로를 동시에 걸을 것이기 때문에(실제 숲속에서는 하기 힘든 행동임) 가장 긴 경로를 완료하기 위해 소요되는 시간이 곧 프로젝트 전체를 완료하는 데 소요되는 시간이 된다. CPM 네트워크에서 가장 긴 경로를 임계경로라고 부른다. 왜냐하면 시간 내에 모든 프로젝트를 완료하는 것은 이 일련의 활동들을 계획대로 성공적으로 수행하는 데 달려 있기 때문이다. 이 임계경로에서 지연이 발생하면 프로젝트가 지연될 수밖에 없다. 따라서 이러한 활동들이 신속하게 진행되어야 하고 임계경로에 있지 않은 활동들이 임계경로의 일정에 따라 완료되어야 함이 매우 중요하다. 식료품 나눔 행사 예시에서, 사용 가능한 기증 장소를 정하고 이들 장소를 사용하기 위한 승인을 받는 활동은 필요한 식료품 목록을 작성하는 활동과 동시에 행해질 수 있고, 또 그렇게 행해져야 한다. 식료품 목록을 작성하는 것보다 기증장소를 정하는 데 시간이 더 오래 걸린다면, 목록 작성을 담당하는 사람들은 기증장소 지정업무를 하는 사람들보다 업무를 즉시 시작할 필요가 없거나 이들만큼 신속하게 업무를 진행할 필요가 없다. 그러나, 목록은 기증장소가 정해지는 시점까지는 작성이 완료되어야 한다. 그렇지 않으면 홍보업무가 지연되고, 이는 명절에 맞추어 적절한 시기에 식료품 나눔 행사가 완료될 수 없을지도 모른다는 뜻이 된다.

중요하지 않은 경로에서 발생하는 여유시간을 나타내기 위해 사용되는 용어가 슬랙(slack)이다. 어떠한 경로에서라도 발생한 슬랙의 양은 임계경로에서 소요되는 시간에서 해당 경로에서 소요되는 시간을 제한 양이다. 가장 세심하게 계획된 프로젝트에서 행정가들은 자원을 최대한 활용하고 '정지' 시간 혹은 아무것도 하지 않는 시간을 최대한 줄일 수 있도록 활동을 편성한다. 슬랙시간을 인식하는 것은 임계경로는 정하는 데 있어 이벤트와 활동을 배치하는 것만큼이나 중요하다. 일반적으로 한 프로젝트에는 서로 다른 여러 기관의 참여가 필요하다. 당연히, 만약 당신의 기관이 임계경로에 속해 있다면 프로젝트의 성패는 당신이 지연 없이 주어진 임무를 완수하는 데 달려 있다는 것을 당신은 잘 알고 있을 것이다. 만약 당신이 임계경로에 속하지 않은 기관의 책임자라면, 이 프로젝트에서 필요로 하는 일을 하면서도 프로젝트 외의 다른 업무를 하는 데 얼마나 많은 시간을 할애할 수 있을지를 CPM을 통해 알 수 있다. 즉, 슬랙시간이 반드시 정지시간이 되는 것은 아니라는 뜻이다. 오히려, 슬랙시간은 기관이 하는 모든 업무에 시간과 자원을 효율적으로 사용할 수 있게 해주는 중요한 정보를 제공한다. 훌륭한 프로젝트 관리란 모든 마감기한이 준수되며 그 누구도 새로운 업무를 시작하기 전에 다른 사람이 그 사람의 일을 끝마칠 때까지 기다리지 않아도 된다는 뜻이다. 또한 프로젝트에 관련된 모든 사람이 프로젝트에 대해 자신들이 맡은 업무를 완료해야 할 시간을 알고 있고 자신들이 프로젝트와 관련없는 다른 일을 언제 할 수 있는지를 알고 있다는 뜻이기도 하다.

이러한 정보를 바탕으로 다시 식료품 나눔 행사로 돌아가 보자. 각 활동을 완료하기 위해 필요한 각 활동이 그림 6.3에 나와 있다. 이 예시를 단순화하기 위해 각 활동을 완료하는 데 필요한 소요시간의 범위 대신 예상 소요시간이 사용되었다.

이 네트워크에서 중요 경로는 A−B−C−E−F−G−H−I−J−K이다 (그림 6.2). 다시 말하지만, 이 경로가 네트워크에서 가장 긴 경로이기 때문이다. 이 프로젝트를 완료하는 데 소요될 것으로 예상되는 시간은 16일로, 이는 임계경로의 시간이다. 따라서 명절 1주일 전에 푸드뱅크에 기증품을 배달하고 싶다면 그날로부터 16일 전에 프로젝트를 시작하여 일정대로 진행해야 할 것이다.

활동	예상 소요시간(일)
1 − 선호되는 기증장소 정하기	1
2 − 기증장소에 대한 승인 구하기	5
3 − 기증장소 목록 작성	1
4 − 푸드뱅크가 필요로 하는 것이 무엇인지 푸드뱅크와 협의하기	2
5 − 필요 물품 목록작성	1
6 − 홍보 메시지 개발	2
7 − 포스터 디자인	3
8 − 포스터 배포	1
9 − 페이스북에 게시	1
10 − 트위터에 게시	1
11 − 기증장소에 통과 박스 구비	1
12 − 기증장소에서 기증품 수거	1

그림 6.3 소요시간이 예측된 활동

슬랙이 있는 활동 두 세트가 있음에 주목하라. 경로 A−D−E는 경로 A−B−C−E보다 4일이 적게 걸린다. 마찬가지로 F−G−H(포스터 디자인, 생산, 배포)는 F−H(페이스북과 트위터에 게시)보다 3일 오래 걸린다. 이제 당신은 필요한 식료품 항목을 작성할 사람들과 홍보물을 페이스북과 트위터에

게시할 사람들의 마감 시한을 정할 수 있고, 이들에게 식료품 나눔 행사에 성공적으로 기여할 수 있으면서도 다른 활동 일정을 계획할 수 있는 여지가 있음을 알려줄 수 있게 되었다.

식료품 나눔 행사를 계획하는 데 임계경로 차트를 작성하는 것이 유용함을 알게 되었지만, 이 방법은 복잡한 프로젝트를 관리하는 데는 필수적이다. 예를 들어, 실습문제 1에 개략적으로 설명되어 있는 조류독감 문제를 생각해 보자. 주 농무부 공무원들이 어떤 대안(격리, 제한적인 검사, 폐사)을 시행하기로 한다고 해도, 그 대안을 실행하여 완료하는 데 필요한 여러 각각의 활동들이 세심하게 계획되고 편성된다면 대안을 훨씬 원활하게 시행할 수 있고 정책의 성공을 더 많이 보장할 수 있게 된다. 예를 들어, 격리조치를 선택했다고 하면, 규제 마련 및 홍보, 목표 지역 식별 및 모니터, 시행인력 고용 및 훈련, 차량을 비롯한 추가적인 현장 장비 조달, 주립 혹은 민간 실험실과 가금류 테스트 계약을 맺거나 이와 유사한 방식 마련, 근접 주 및 주 내의 기타 기관들과 활동 조정, 농민들을 위한 보상 프로그램 마련 등의 일을 해야 할 것이다. 다른 두 대안에 대해서도 역시 이와 동일하게 복잡한 계획을 해야 할 것이다. 많은 단계가 서로 의존적이라 한 단계를 완료하지 못하면 그 이하의 모든 단계가 지연되므로 임계경로 기술을 사용하면 소중한 시간과 자원을 절약할 수 있다. 사실, 이렇게 복잡한 프로그램이 이렇게 체계적인 실행 계획 없이 그 목적을 달성할 수 있을 것이라고 상상하기는 힘들다.

임계경로 방식은 시작과 끝이 있는 프로젝트를 실행하는 데 적합하다. 이 방식은 지속되는 서비스 프로그램이나 규제 프로그램을 실행하는 데는 유용하지 않다. 대신, 이런 경우에는 총체적 품질관리 방식을 사용해야 하며 이는 실습문제 5에 제시되어 있다.

추가 참고문헌

CPM을 설명하는 좋은 책 두 권이 있는데, Ted Klastorin의 *프로젝트 관리: 도구 및 트레이드오프, 3판*(Project Management: Tools and Trade-offs, 3rd ed.) (Hoboken, NJ: Wiley, 2003)와 Harold Kerzner의 *프로젝트 관리: 계획, 일정관리, 통제에 대한 시스템 접근법, 11판*(Project Management: A Systems Approach to Planning, Scheduling, and Controlling, 11th ed.) (Hoboken, NJ: Wiley, 2013)이다. 펜실페니아 뉴톤 스퀘어에 본부를 두고 있는 전 세계적인 비영리 전문가 협회인 프로젝트 관리 연구소는 2013년에 "*프로젝트 관리의 정석 가이드*(Guide to the Project Management Body of Knowledge)" 5판을 발간했다.

온라인 자료

온라인에서 임계경로법과 관련한 상당수의 소프트웨어와 훈련 프로그램이 광고되고 있으며 이들을 구할 수 있다.

● 실습문제 개요

이번 실습문제에서 당신은 주 교통부의 선임 정책 분석가인 J. 라루의 역할을 다시 맡는다. 당신의 권고사항을(실습문제 1) 고려해 본 결과, 이스트 월링포드시는 북쪽우회도로를 건설하기로 했다. 주의 가승인을 받기는 했지만 건설을 실시하기 위한 최종 허가는 일련의 문제들이 해결되기 전까지는 내려지지 않을 것이다.

당신이 해야 할 일은 북쪽우회도로 결정의 초기 시행업무를 편성하는 것이다. 특히, 북쪽우회도로 착공에 이르기까지의 단계들에 대해 임계경로 분석을 실시해야 한다. 그렇게 하기 위해 당신은 임계경로 네트워크를 설계하고, 다양한 연속적인 활동들이 완료되는 시간을 계산하고, 임계경로를 인지하며, 임계경로가 아닌 경로에서의 슬랙을 예측해야 한다.

지시사항

1단계

당신의 부하직원 M. 우반이 작성한 보고서를 읽어 본다(양식 26). 이 보고서에는 북쪽우회도로 프로젝트에 대한 CPM 네트워크를 설계하는 데 필요한 모든 정보가 들어 있다. 양식 27을 사용하여 네트워크를 그린다. 네트워크에서 첫 번째 이벤트(원으로 표시)는 북쪽우회도로 건설 결정이 되어야 하고 마지막 이벤트는 착공이 되어야 한다는 점을 기억하라. 실행 과정에 두 가지 별개의 단계가 있으며 각 단계별로 해당 단계만의 임계경로가 있음을 알게 될 것이다.

2단계

각 이벤트를 완료하는 데 소요되는 예상 시간을 계산하고, 단계마다 임계경로를 식별하고, 비임계경로에서의 슬랙을 계산하여 양식 28을 작성한다.

3단계

양식 29의 질문에 답한다.

양식 26

20○○년 ○○월 ○○일

수신자: J. 라루
          시니어 정책분석가
          커뮤니티 교통 계획

발신자: M. 우반
          주니어 정책분석가
          커뮤니티 교통 계획

답변: 북쪽우회도로 착공 전 계획

지시사항에 따라 북쪽우회도로 프로젝트에 대한 CPM 실행분석을 위해 필요한 데이터를 수집했습니다. 다음 내용은 요약된 내용입니다.

1. 고속도로 예비설계. 차후의 모든 활동에 필요. 45일 소요.

2. 환경영향평가서(EIS) 초안 작성은 60일 소요.

3. EIS 공개 후, 환경보호국(EPA)에 서류를 제출하기 전 2일간의 공개 청문회가 실시되어야 함. 청문회 후 관련 서류작업을 마치는 데 추가로 3일 소요.

4. EPA 승인에 약 60일 소요.

5. 주 교통부(SDOT)의 우리 고속도로 담당자가 예비설계를 공식적으로 승인하는 데는 제출일로부터 5일 정도만 소요. 물론, SDOT는 EPA 결과를 기다릴 필요가 없음.

6. 새로운 주 농지보호 법규 때문에 예비설계에 대한 주 농무부(DOA)의 승인을 받아야 함. DOA 제출을 위해 예비 설계가 완성된 이후 서류작업을 하는 데 약 30일 소요. DOA의 심사, 기관 간 조정, 승인을 위해 추가로 30일 소요.

7. 예비 설계에 대한 EPA, DOA, SDOT의 답변이 있고 난 뒤, 조정을 하고 최종 고속도로 설계를 하기 위해 60일이 필요함. 여기에는 변경사항에 대해 관련 기관의 승인을 얻는 데 필요한 시간이 포함되었음.

8. 최종 고속도로 설계가 마무리되고 승인되면 토지취득과 계약 및 입찰이라는 두 가지 추가 활동이 시작될 수 있음. 이 활동들은 서로 독립적으로 진행될 수 있음. 필요한 토지를 취득하는 데 90일, 건설 계약을 작성하여 발주하는 데 65일 소요.

9. 필요한 모든 토지를 취득하면, SDOT의 조사관들이 자신들의 업무를 완료하는 데 14일 소요.

10. 모든 계약이 작성되고 입찰이 이루어지면, 계약을 인증하고 발주하는 데 21일 소요.

11. 계약이 인증 및 발주되고 조사업무가 완료되면 공사를 시작할 수 있음.

양식 27

북쪽우회도로 계획을 위한 CPM 네트워크

양식 28

CPM 계산

1. CPM 네트워크의 각 이벤트를 완료하는 데 소요될 시간을 표시하라. 이 벤트 전에 필요한 모든 활동을 하는 데 소요된 시간의 총합을 구함으로 써 이를 계산할 수 있다.

이벤트   완료하는 데 소요되는 예상 시간

2. CPM 네트워크의 두 가지 단계의 각각에서 임계경로를 식별하라. 건설을
시작하는 데 얼마나 오래 걸릴 것인가?

3. CPM 네트워크에서 중요하지 않은 경로를 식별하고 경로별로 슬랙시간
을 계산하라.

양식 29

질문

1. CPM 네트워크를 작성하는 것의 이점은 무엇인가?

2. CPM에 한계점이 있다면 그것은 무엇인가?

3. 프로젝트 계획이라는 목적상 CPM 네트워크의 활동 화살표로 시간 외에 어떤 자원을 나타낼 수 있는가?

주

1 성과평가 검토기술(Performance Evaluation Review Technique)의 두문자어인 PERT 는 폴라리스 잠수함 프로젝트의 일환으로 미해군을 위해 1950년대에 개발된 관리 시스템이었다.

2 Anthony J. Catanese와 Alan W. Steiss, "정부 운영을 위한 프로그래밍: 임계경로 접 근법(Programming for Governmental Operations: The Critical Path Approach)", Richard D. Bingham과 Marcus E. Ethridge, 편집자인 *공공정책과 행정에서 결정 내 리기: 방법 및 응용*(Reaching Decisions in Public Policy and Administration: Methods and Applications) (New York: Longman, 1982), p. 388. 본래 *Public Administration Review* 28(1968년 3~4월)에 게재되었음.

3 일반적으로 각 활동마다 (1) 가장 긍정적인 소요시간(t_o), (2) 가장 부정적인 소요시 간(t_p), 그리고 (3) 가장 현실적인 소요시간(t_m)이라는 세 가지 소요시간이 각각 예측 된다. 이 세 가지 소요시간의 평균이 해당 활동의 평균 예상 시간(t_e)으로 사용된다.

EXERCISE 7
민간위탁 관리: 민영화

민간위탁(Contracting)의 발전

공공기관은 민간기관(영리 및 비영리)에 위탁하여 공공기관의 업무를 하게 한다. 공공행정의 중요한 사항은 민영화(민간업체와 조직을 이용하여 공공부문의 업무를 달성)의 주요 형태인 민간위탁 또는 아웃소싱이다.

일부 민간기업은 오로지 정부사업 때문에 존속하기도 한다. 가장 대표적인 예가 항공회사인 맥도널 더글라스가 미국 국방부의 합작전투기사업 수주를 하지 못하여 몰락한 것이다. 민간위탁 서비스를 제공하기 위해서만 설립된 비영리 조직도 있다. 영리/비영리 기업은 교도소, 학교, 의료보조 서비스, 복지 프로그램, 청소 업무 등을 한다.

지방정부는 서비스 민간위탁의 가장 길고 광범위한 역사를 지니고 있다. 도시, 마을, 카운티, 학교 이사회는 민간의 공급 업체를 이용하여 쓰레기를 수거하고, 도로 구멍을 막고, 건물을 짓고, 식수를 검사하고, 공원을 유지하고, 학교 아동을 수송하고, 공공건물을 청소한다. 1950년대에 미국연방정부는 연방기관과 비슷한 재화와 서비스를 제공하는 민간기업과의 경쟁을 피하는 관리 정책을 개발하였다. 이러한 정책은 미국 예산관리국의 공문 A-76 '상업활동수행(Performance of Commercial Activities)'에 나타나 있다. 미국 레이건(Ronald Reagan) 대통령은 이에 더 나아가 민영화할 수 있는 연방공무원의 활동을 파악하는 추진과제를 착수하였다. 클린턴(Bill Clinton) 대통령, 특히 부시(George W. Bush) 대통령은 이와 같은 정책을 광범위하게 추구하였다. 한 연구에 따르면 연방 민간위탁 근로자의 수가 연방공무원의 수의

4배에 이른다.[1] 2001년 연방 정부는 2000억 달러 이상을 민간위탁에 지출하고 560,000회 이상 민간위탁을 부여하거나 수정하였다.[2]

주의 행정기관들은 민간위탁 활용을 1990년대 주로 확대하였다. 도로와 고속도로를 짓고 유지하는 데 민간기업을 활용하는 것 외에도, 각 주는 교도소운영, 공무원 훈련, 복지서비스 제공, 주 공원과 숲에서 캠프하는 이들의 모니터링 등을 위해 기업과 비영리 기관을 활용하였다. 정부 민간위탁이 만연하고, 일부 우려에 대한 내용은 *유린타운*(Urinetown)이라는 토니상 수상작 뮤지컬이 탄생하는 배경이 되기도 하였다. 이 뮤지컬은 민간기업이 지역사회의 공공화장실을 제공하는 민간위탁을 수주하여 모두 민간기업이 지은 화장실만 이용하게 하고 이용료를 걷는 모습을 풍자하고 있다. 이상적으로 공공기관은 업체가 사적이익을 위해 정부를 기만하게 내버려 두는 것이 아니라 좋은 합의를 성사시키고 민간위탁자가 양질의 서비스 제공에 대한 책임을 지도록 하여야 한다.

민간위탁은 국제지원이 제공되는 주요한 방법이기도 하다. 일부 민간위탁은 원조를 제공하는 수단으로서 원조국이 활용한다. 예를 들어, 미국 국제개발처는 기술 및 프로젝트 지원에 대해 소속 공무원의 직접 활동보다는 미국 기업과 비영리 조직을 통해 주로 제공한다. 마찬가지로 외부의 전문성이 필요한 정부는 다른 국가의 업체와 일정 기간 동안 진행되는 민간위탁계약을 찾을 것이다. 이와 같은 민간위탁에는 향후 외부 도움의 의존도를 줄이기 위해 수혜국 국민의 직업교육과 행정훈련 조항이 포함되기도 한다.

왜 민간위탁인가?

공공행정가가 민간위탁을 활용하는 것에는 이념적이며 실용적인 이유 모두 있다. 정부가 태생적으로 비효율적인 반면 민간조직이 가장 낮은 가격에 최고의 품질을 제공할 수 있다고 생각한다면, 민간위탁이 분명한 방법이다. 반면 기업의 이익 추구가 편법과 법을 피해 간다고 생각한다면, 정부에 대한 신뢰가 있는 것이다. 두 가지 관점 모두 정부와 민간기업의 특징이 내재적이라고 가정한다. 그렇지만 현실은 더 복잡하다.

이념 외에도 민간위탁에 실용적인 이유가 있다. 다음과 같다.

1. *일시적 필요.* 연구를 하고, 다리를 짓고, 기간이 정해진 기타 업무를 수행하는 데 영속적인 관료주의 기관을 수립하는 것은 이치에 맞지 않는다.

2. *기술적 전문성.* 6개월마다 식수를 검사해야 하는 마을은 지속적인 필요가 있긴 하지만, 누군가를 정규로 고용해서 최신 과학 내용을 계속 습득하도록 하는 것보다는 민간분야의 전문가를 민간위탁하여 처리하는 것이 경제적이다.

3. *규모의 경제.* 특정 제품이나 서비스에 특화된 대기업은 대량 할인 구매와 조직 효율성의 혜택이 있기에 규모가 작고 기능이 다양한 공공기관보다 이점이 있다. 대표적인 예로 공립공원에서 음식 서비스 및 장비대여를 제공하는 지역 혹은 국가 차원의 컨세션(concession) 기업이 있다.

4. *노동비.* 공무원이 받는 급여만큼 지급하기보다는 임금과 복지가 낮은 근로자를 고용하는 영리/비영리 조직과 민간위탁하여 상당한 절약을 할 수 있으며, 자원봉사자도 이용할 수 있다.

5. *책무성*(Accountability)[*]. 공무원을 해고하거나 공공기관의 방향을 바꾸기보다는 민간위탁을 중단하거나 갱신하지 않음으로써 책무를 묻기가 쉽다고 주장하는 이도 있다. 아이러니하게도 부시 행정부는 9/11 사태 대응에 있어 이에 대해 상반된 모습을 보였는데, 공항 보안에 대한 민간업체와의 민간위탁을 새로운 연방기관인 교통안전청 (Transportation Security Agency: TSA)으로 모두 교체하였다. 반대로 부시 행정부는 군 인력을 활용하기보다는 수십 억 달러에 달하는 민간기업과의 민간위탁을 통하여 이라크와 아프간에 안보 및 지원 서비스를 제공하였다.

---

[*] Accountability는 행정책임, 계층상의 책임, 법적 책임을 강조하는 제도적 책임성으로, responsibility는 자율적 책임성으로 번역하기도 한다. (출처: 온라인행정학 전자사전) (역자주)

민간위탁에 대한 우려

시장의 불완전성과 특히 선거캠페인 재원조달 등 선거 정치로 인한 압력으로 인해 공공기관의 민간위탁 관행에 대한 우려가 제기되었다.

1. *경쟁 부족.* 민간위탁을 수주하는 경쟁 과정에서 납세자와 공공기관이 이득을 본다는 가정은 모든 민간위탁에 적용되지 않는다. 이라크와 아프간에 활용된 수십 억 달러 규모의 민간위탁과 같은 일부 민간위탁은 입찰이 없다. 업체 간 경쟁이 없다. 대신 정부와 특정 업체와의 협상이 있다. 일부 지역사회에서는 학생들 버스를 태우거나 도로의 구멍을 메우고 제설하는 데 많은 업체가 경쟁하지 않는다. 이러한 경우에는 수주를 통해 최저가로 최상의 서비스를 제공해야 하는 압력이 없다.

2. *책무성*(Accountability). 정부는 업체가 민간위탁계약의 형식과 취지를 잘 준수하는지 모니터링할 역량이 부족하다. 미국 연방기관 감찰관의 홈페이지를 검색하다 보면, 과도하게 청구하거나 업무를 다 하지 않은 민간위탁자가 많다는 점을 알게 될 것이다. 주와 지역 수준의 이와 같은 사례는 사후에 발견이 된다. 민간위탁을 모니터링하는 것에는 자원이 필요하고 민간위탁을 통해 절약하고자 하는 비용이 상쇄될 수 있다.

3. *후원.* 민간위탁은 미국에서 가장 최근 나타난 정치적 후원의 형태이다. 일부 경우 정치가의 개인 계좌에 뇌물과 공여로 지급되는 선거캠페인 지원금은 정부 민간위탁을 수주하기 위한 전제 조건처럼 보인다. 비영리 기관과 민간기업 모두에게 적용된다. 캠페인 지원금으로 민간위탁 형태로 보답하는 것은 '대가성'이라 불리며 진보/보수를 막론하고 정부의 모든 층위에 적용된다.

4. *노조 와해.* 공무원 노조는 아웃소싱을 공무원 수를 줄이고 노동 권리를 제한하는 방식으로 보고 저항해 왔다. 공무원 노조는 정부 민간위탁근로자를 포함하지 않는다. 민간위탁 근로자는 노조를 일반적으로 구성하지 않는다. 집단교섭 합의에 따른 높은 노동비를 피하는 것이 민간위탁의 매력이다. 청소와 같은 저숙련 업무에 해당한다.

아웃소싱으로 인한 위협을 우려하는 노조는 민간위탁으로 인해 노조 일자리가 사라질 때 동의를 구한다거나 통지하는 조항을 협상해 왔다.

5. *목표 이탈.* 돈의 유혹이 비영리 조직과 일부 기업의 사명과 목표를 많이 바꾸어 놓는다. 원래 다양한 활동에 대해 청년과 협업하기 위해 설립한 지역사회 조직이, 정부 민간위탁 때문에 운영되는 자정 농구 프로그램에만 자원봉사자와 기타 자원을 집중할 수 있다. 굿윌 인더스트리, 구세군, 보이즈&걸즈 클럽, YMCA, YWCA, 교회들은 일부 주에서 복지 프로그램을 실행하고, 노숙자 거처를 운영하고, 갱단 교화 프로그램을 운영하는 데 훌륭하게 참가해 왔다. 이러한 민간위탁은 조직의 일반 사명과 목표에 관련하지만, 돈이 관련된 곳에서는 원래 프로그램과 정체성을 희생하는 변화가 뒤따르기도 한다.

민간위탁이나 아웃소싱은 만병통치약도 아니고 최악의 방법도 아니다. 공공행정의 하나의 접근법이며 장단점이 있을 뿐이다. 일부 경우에는 적합하고 적합하지 않을 수 있다. 공공행정가들 사이에 주요하게 많이 쓰이는 도구이며, 올바로 이해하고 사용하는 것이 필요하다.

민간위탁 프로세스

당신이 실습문제 6의 자선음식 제공을 모두 관리하는 것보다 공공행정 수업을 위해 읽기과제에 시간을 더 투자하기로 결정했다고 가정하자. 당신은 지역사회에 있는 비영리 조직에 아웃소싱하기로 결정하였다. 대가로 이들은 자선음식 제공을 수행하며 당신의 대학 동호회와의 파트너십을 홍보하여 당신이 좋은 일을 하는 것에 인정받을 수 있도록 하였다.

입찰을 하느냐 마느냐는 중요한 문제이다. 유나이티드 웨이(United Way)와 같은 협회의 목록에서 무작위로 조직을 선택할 수 있으며, 좋은 친구가 이끄는 조직과 협업하거나, 여러 조직에 연락하여 특정 가격에 어느 정도 일해줄 수 있는지 비교할 수 있다. 각 정부는 어떠한 경우에 민간위탁 경쟁이 적합한 지 각자의 규정이 있다. 일반적으로 경쟁적 입찰이 있어야 하며

낮은 비용(예: 50,000달러 이하)의 민간위탁이나 비상사태 시(예: 태풍이 직후 즉
각적인 지원)에는 예외를 적용한다.

민간위탁에 입찰이 있든지 단독업체와 협상을 하든지, 행정기관은 기
대사항을 명시해야 한다. 예를 들어, 당신과의 자선음식 제공 '파트너십'이
어떠한 것인지 명시해야 한다:

1. *원하는 것.* 예를 들어, (a) 푸드뱅크에 명시한 식품항목과 (b) 모든
   학생 및 교수진에 권유.
2. *원하는 양.* 이는 자선음식 제공이 특정 공휴일을 위한 것인지 푸드
   뱅크에 최대한 음식을 제공하기 위한 것인지에 따라 달라진다.
3. *원하는 시기.* 이 사례의 경우, 공휴일에 음식이 필요한 가정을 위해
   서 적시에 완료해야 한다.
4. *지불.* '파트너' 조직은 선불을 원할지 모른다. 당신은 서비스 만족도
   를 기준으로 일부나 전부를 지불하고 싶어할 것이다.

마찬가지로, 공공기관과 민간이나 비영리 업체와의 민간위탁계약은 다
음을 포함한다.

* *인도물*(Deliverables) － 공공기관이 원하는 재화와 서비스. 여기에
  품질기준이 수립될 수 있다.
* *일정* － 재화와 서비스가 제공되는 일정. 여기에는 프로젝트를 완
  료하는 기준과 기준을 만족하는 일정이 포함된다.
* *지불* － 지불이 이루어지는 시기. 기준과 연계할 수 있다. 일부 민
  간위탁계약은 업체의 실비용에 대해 지급하고 합의한 수익에 대해
  지급한다. 이는 *실비정산계약*(cost－plus contracts)이라 알려져 있다.
* *확정손해배상액*(Liquidated damages) － 민간위탁계약이 명시한 벌금.
  계약의 일부에는 기준이나 일정을 못 맞출 시 업체에 부과하는 벌
  금이 포함될 수 있다.
* *분쟁처리* － 민간위탁 조항 해석 차이를 해결하는 방법. 민간위탁
  을 체결한 후 나타날 수 있는 의견 불일치에 대한 내용이다.

- *추가업무인가* – 기관은 업체가 원래 계약과 관련된 추가적인 업무 완료를 원할 때 민간위탁계약에 추가사항을 합의할 수 있다.

민간위탁을 입찰하는 경우, 행정 기관은 관심이 있는 조직과 기업에 공지한다. 이는 *제안요청서*(request for proposals: RFP)라 알려져 있는데 업계 간행물에 게재하거나 공식문건, 홈페이지에 고지한다. 입찰자 사이의 담합을 최소화하고 업체가 최저가와 최고의 서비스를 제공하도록 하기 위해, RFP는 특정일자까지 *낙인(최종 및 기밀)* 입찰의 제안을 요청할 수 있다. RFP에는 최초 입찰이 제출된 뒤 기관과 업체가 논의하고 협상하는 과정이 들어갈 수 있다.

RFP의 일반적인 방식은 입찰결정기준을 설명하는 것이다. 민간위탁의 각 부분에 대해 점수를 부여하는 방법이 있다. 예를 들어, 자선음식 제공에 관심 있는 조직에게 RFP는 입찰자가 다음에 대해 점수를 부여받는다고 설명할 수 있다.

- 기부된 음식의 양 – 최대 50점(결국 가장 중요!)
- 음식 종류의 다양성 – 최대 5점
- 영양 가치(정크 푸드 제외) – 최대 15점
- 홍보의 질 – 최대 30점

각 제안에 대해 점수를 부여하는 것에 판단이 필요하며, 따라서 위원회가 각 입찰을 살펴본다.

가장 높은 점수의 입찰자가 민간위탁을 수주한다고 가정한다. 일부 관할권에서는 가장 낮은 비용의 입찰이 민간위탁을 수주한다. 일반적으로 조달정책은 입찰자의 창의성이나 특정한 상황을 참고할 수 있다. 원칙적으로 정치적 후원이나 특혜는 그러한 요인이 아니다.

민간위탁 관리

민간위탁을 부여하면, 이제 관리해야 한다. 누군가 음식 항목이 목록으로 정리되고 홍보가 되는지 모니터링해야 한다. 공공행정가는 일정에 맞춰 기준을 만족했는지 인도물이 품질기준을 만족하는지 확인해야 한다. 그 이후 지급이나 벌금을 부과한다.

원활한 민간위탁 이행은 모든 조항을 만족하고 의견 불일치나 갈등에 관한 조항을 사용할 필요가 없는 경우이다. 명확한 RFP와 민간위탁은 이행이 원활히 이루어지도록 한다. 하지만 지연이나 의견불일치가 없어도 추가 업무를 인가해야 할 필요가 있다. 모든 문제와 기회를 예측하기가 힘들다. 민간위탁자가 추가적인 업무를 하는 것이 입찰을 다시 처음부터 새로 하는 것보다 대체로 낫다.

추가 참고문헌

민간위탁 증가를 장려한 초기 저서는 E. S. Savas, *민영화: 더 나은 정부의 열쇠*(Privatization: The Key to Better Government) (Chatham, NJ: Chatham House, 1987)이다. 민영화를 활성화하는 영향력 있는 도서는 David Osborne 및 Ted Gaebler, *정부혁신의 길: 기업가 정신이 정부를 변화시킨다*(Reinventing Government: How the Entrepreneurial Spirit Is Transforming the Public Sector) (New York: Plume, 1993)이다. 정부 민간위탁의 논의와 분석이 잘된 저서로는 Steven Cohen, *책임 있는 민간위탁 관리자: 아웃소싱 세상에서 공공의 이익보호*(The Responsible Contract Manager: Protecting the Public Interest in an Outsourced World) (Washington, DC: Georgetown University Press, 2008)가 있다.

온라인 자료

www.acquisition.gov 미국 연방 정부 민간위탁에 대한 좋은 정보원이다. 주와 지방정부에 대한 정보는 주지사, 시장, 기타 대표의 홈페이지에서 열람할 수 있다.

• 실습문제 개요

본 실습문제에서는 민간위탁 찬반토론 후에 민간위탁을 하는 것이 유리하다는 판단을 내렸다고 가장할 것이다. 경쟁적 입찰과정을 모의실험(simulation) 하여 공공기관과 민간기업 간의 민간위탁을 수립할 것이다. 첫째, 당신 중 한 그룹은 제안서 초안을 검토하고 완성하는 패널 역할을 한다. 당신 수업의 다른 그룹들은 업체 역할을 하고 날인한 입찰서를 제출한다. 이와 같은 입찰서는 제출과 검토하여 프로젝트에 어떠한 민간위탁자를 권고할 것인지 결정한다.

지시사항

1단계

실습문제 6과 같이 북쪽우회도로가 실습문제 1의 분석과 의사결정 결과 선정된 것으로 가정한다. 주 교통부(SDOT)는 북쪽우회도로 프로젝트 부지의 토지 조사를 위해 민간위탁을 해야 한다고 결정하였다. 당신의 교수자가 당신 중 일부를 RFP를 발행하고 제출한 입찰을 평가하는 SDOT 위원회 역할을 하도록 임명할 것이다. 양식 30에 SDOT 위원회의 역할이 나타나 있다. RFP 초안은 양식 31에 있다.

2단계

위원회의 최종 RFP가 업체 역할을 배정받은 학생들(개별 또는 팀)에게 배포한다(배포 계획을 작성하고 양식 32에 기입하라). 업체(학생)는 자료표(양식 33)를 확인하고 입찰을 준비한다. 이 민간위탁을 통해 돈을 벌고 싶어한다는 점을 명심하여야 한다. 입찰에 무엇을 포함할지 창의력을 발휘할 수 있지만, RFP 지침을 따라야 한다. 입찰을 날인(최종) 형태로 민간위탁조사위원회에 당신 교수자가 정한 마감일까지 제출하라. 필요한 경우, 양식 34를 입찰준비에 활용하라.

3단계

민간위탁조사위원회는 제안서들을 검토한다. 먼저 기준만족 정도에 따라 각 입찰자에게 점수를 부여한다. 제안서들을 총점에 기반하여 순위를 매긴다. 필요한 경우 순위를 바꾸어도 되며 그러한 경우 이유를 설명하라. 권고에 대한 간략한 메모를 작성하고 매긴 순위를 모두 적으라(양식 35).

단계 4

양식 36의 질문에 답하라.

양식 30

20○○년 ○○월 ○○일

수신자: 민간위탁조사위원회 위원들

발송자: U. 고티트
            차관
            주 교통부

답변: 북쪽우회도로 예비시공조사

바쁘신 일정에도 조사민간위탁위원회에 저희 안건을 포함시켜 주셔서 감사합니다. 아시다시피 이스트 월링포드는 북쪽에 우회로를 건설하여 운전자들이 걸리는 시간을 줄이고자 합니다.

건설이 시작되기 전에 경로 부지에 대한 측량조사를 완료해야 합니다. 저희 부서 직원 중에 측량기술자가 없어서 해당 작업에 대해 민간위탁을 진행해야 합니다. 이에 관심 있는 업체의 입찰을 모집하기 위한 제안요청서(RFP) 초안을 송부합니다(양식 31). 검토해보시고 필요하면 수정해 주십시오. 입찰 검토에 사용할 여러 기준에 대해 저는 점수를 부여하지 않았습니다. 각 분류에 어떠한 점수를 부여하면 좋을지 적어 주시고, 최대 점수와 가장 중요한 요인을 알려 주십시오.

RFP를 입찰자들에게 배포하는 제일 좋은 방안에는 어떠한 것이 있을까요? 실력이 우수한 측량기술자가 경쟁한다면 좋을 것 같습니다. 그리고 가능하다면 지역에 소재하거나 지역지사가 있으면 합니다. 인터넷에 검색하여 저희 지역의 측량기술자를 파악해 주십시오. 온라인 게시와 직접 연락을 복합적으로 하는 것이 바람직해 보입니다. 양식 32에 배포 전략을 기술해 주십시오.

또한, 입찰제출기한을 설정해 주십시오. 입찰은 날인하고 최종 제출되는 방식을 택하고 있습니다. 업체와 협상하기보다는 경쟁적인 프로세스를 원합니다. 일정 내에 업무를 완수하지 못하면 벌금을 부과하는 방안을 고려했으면 합니다.

당신의 최종업무는 제출한 입찰을 검토하고 업체 하나를 추천하는 것입니다. 다른 입찰자에 대해서도 순위를 매겨주십시오. 장관님과 저는 당신이 정한 점수제로 평가하기를 원하지만, 점수만 매기는 것 외에 다른 방안을 활용해도 됩니다. 점수 총점이 아닌 순위로 추천하고자 한다면, 이유를 설명해 주십시오.

감독자/교수자가 언제 당신의 추천이 필요할지 알려 줄 것입니다.

양식 31

제안요청서(초안)

주의 교통부는 이스트 월링포드의 북쪽 우회로 건설에 사용할 전문측량조사에 대한 제안서를 구하고 있다. 계획한 우회로는 4차선(각 방향에 2개의 차선이 있으며 30피트의 녹지로 구분)이다. 여기에는 우회로 북쪽에 평행하게 이어지는 35야드 너비의 자전거도로와 인도가 있다. 우회로는 5마일 길이이며 이스트 메인가에서 노팅햄 도로 상부까지 이어지며, 여러 하천이 있는 미개발 산림 지대를 통과한다.

측량조사는 민간위탁 체결 후 역일*기준 14일 이내 그리고 주 교통부가 공인된 이메일로 입찰결과를 통지한 지 21일 이내에 완료해야 한다. 인도물 보고서는 토목기사(civil engineers)의 필요를 충족해야 한다.

민간위탁 업체 선정기준은 각 항목에 정해진 최대 점수까지 부여되며 아래와 같다. 점수총점이 선별 지침이 될 것이지만, 입찰 선정자는 가장 높은 점수의 입찰자가 아닐 수 있다.

요인	최대 점수
비용	
인력의 전문자격	
유사한 프로젝트 경력	
지역 소재나 지역 지사 기업	

---

* 역일(曆日, calendar days)은 달력에 표시된 실제의 날 수를 말하고, 날의 시작과 끝은 자정을 기준으로 잡는다. 참고로 근무일은 working day(s), 영업일은 business day(s). (역자주)

양식 32

제안요청서 공지 계획

1. 어디에 제안요청서를 공지할 것인가?

2. 어떠한 방식으로 공지할 것인가?

3. 직접 연락을 취하려면 어떤 업체나 인원에게 해야 하는가? 당신 지역의
   전문 측량기술자를 인터넷으로 찾아보라.

4. 반드시 수행해야 할 다른 전략이 있는가?

양식 33

자료표(Fact Sheet)

1. 공인측량기술자는 시간당 175~200달러가 든다. 보조 인력은 시간당 65달러이다. 토목공학 프로젝트를 위한 최종 보고서 작성 인원은 시간당 95달러가 든다.

2. 1명의 조사 전문가와 3명의 지원 인력이 1마일의 산림 부지를 영업일 기준 2~4일에 끝낼 수 있다. 토목공학 프로젝트의 시방서* 기준에 맞게 작성된 보고서는 작성에 3일이 걸린다.

3. 이스트 월링포드 지역에 3명의 공인측량기술자가 거주하고 있다. 모두 프리랜서이다.

---

* 시방서는 건물을 설계하거나 제품을 제조할 시 도면상에서 나타낼 수 없는 세부 사항을 명시한 문서를 말하며, 사양서라고 부르기도 한다. (역자주)

양식 34

북쪽우회도로 프로젝트, 이스트 월링포드의 예비시공조사 제안서

회사명:

주소:

제안 사항:

양식 35

수신자: 차관 U. 고티트

발송자: 민간위탁조사위원회

답변: 북쪽우회도로 예비시공조사

이스트 월링포드의 북쪽우회도로 건설프로젝트에 사용할 조사에 대한 제안서를 검토한 결과, 주 교통부는 _____에게 민간위탁을 의뢰할 것을 추천합니다.

양식 36

질문

1. 제안요청서에서 점수체계를 수립하기 위해 어떠한 사안을 고려하고 해결해야 했는가? 입찰에 순위를 매기는 데 위원회는 총점을 얼마나 따랐는가?

2. 업체들이 날인 입찰 프로세스를 피하여 담합할 수 있는 방법이 있었는가? 당신이 생각하기에 경쟁입찰을 보장할 수 있는 더 효과적인 대안이 있는가?

3. 이 상황이 공공기관이 민간업체와 민간위탁계약을 하기에 적절하다고 생각하는가? 정부에게 민간위탁이 적절하지 않은 활동이나 책무가 있는가?

주

1 B. Guy Peters와 John Pierre, "정부 없는 거버넌스? 공공행정 다시 생각하기 (Governance without Government? Rethinking Public Administration)", *Journal of Public Administration Research and Theory* 8 (1998), pp. 223~254.

2 연방조달데이터센터(Federal Procurement Data Center), www.fpds.gov

EXERCISE 8
규제관리: 행정법

행정법이란 무엇인가?

공공서비스 및 프로젝트 외에도 공공기관은 정부규제를 집행할 책임이 있다. 민간 조직이나 비영리 조직도 정부기관처럼 자신들만의 프로그램과 프로젝트가 있고 아웃소싱을 하지만 공공부문의 조직은 규제를 집행할 수 있는 권한이 있다는 고유한 특성을 가진다. 규제관리는 행정법의 본질이다. 대부분의 유럽 국가와 유럽연합에서는 행정법이 근본적으로 가장 중요한 부분이며 행정교육훈련에서 주요한 주제로 다룬다. 미국에서는 1946년 연방행정절차법이 행정법을 성문화한 가장 중요한 법으로 여겨지는데, 이 법은 제정이래 단 몇 차례만 수정되었다. 전부는 아니지만 대부분의 주에는 연방과 비슷한 법이 있다. 그러나 행정법은 연방 및 주 헌법, 법령, 행정명령, 성명서, 행정규칙, 포기서류(waivers)*, 협약, 법정판결 등 다른 곳에서도 찾아볼 수 있다. 공공행정에 영향을 미치는 이 모든 것들이 모여 행정법을 이룬다.

행정법은 왜 중요한가?

공공행정의 전통적인 이론에 따르면 선출직 공직자들이 정책을 만들고 행정가들은 이를 시행한다. 현실에서도 이렇게 업무가 깔끔하게 구분되는지는 의심의 여지가 있다. 오늘날 현실에서 분명 이 이론은 적용되지 않는다. 요즘 정부의 범위는 너무나 넓고 정부가 직면하는 문제들이 기술적으로

---

* (권리 등의) 포기; 포기 서류. (역자주)

너무나 복잡하기 때문에 선출직 공직자들은 공공안건에 있는 일들 중 극히 적은 부분만 직접 처리할 수 있다. 따라서 공공정책을 만드는 데 있어 일상적인 책임의 많은 부분은 공식적으로나 비공식적으로 공공행정가들에게 위임된다. 이것이 바로 '행정국가'라는 개념이 의미하는 바이다. 예를 들어 석유채굴 관련 안전규범을 결정하고, 건강보험사에 대한 특정한 필요요건을 정하고, 무엇이 유기농 식품으로 분류될 수 있는지를 정의하며, 크고 작은 수천 건의 문제를 처리하는 사람들은 입법자들이 아니라 행정가들이다. 개괄적인 법안이 통과되면 행정가들이 세부사항인 각론을 채워 간다. 그리고 문제는 이러한 각론에서 발생한다!

행정법은 정부기관이 결정할 수 있는 각론의 정도가 어디까지인지, 세부사항 결정을 위해 따라야 하는 절차는 무엇인지, 그리고 정부기관의 행위에 영향을 받은 사람들이 해당 행정명령에 대해 항소할 수 있는 권리에 대해 명확히 설명한다. 행정법은 미국의 거버넌스에 통합되어 있는 기본적인 권력분립론에 기초하고 있다. 정부기관은 내재된 권한을 지니고 있지만 이 권한은 입법부와 사법부 각자의 권한에 의해 제한된다. 정부기관의 책임자가 입법자이고 권력분립론이 적용되지 않는 의회제도하에서는 행정법의 중요성이 더 커진다.

행정법 현황

입법기관이 법안을 통과시킬 때마다, 입법기관은 새로운 법의 영향을 받는 개인과 조직이 그 법의 준수를 위해 무엇을 해야 하는지 설명하는 상세한 규칙을, 어떤 행정기관(기존의 기관이나 새로운 기관)이 마련할 권한이 있는지를 명확히 밝힌다. 그리고 행정기관 권한의 한도 역시 입법부가 결정한다. 예를 들어, 미국에서 주 의회는 안전보장을 위한 필요요건을 기반으로 자동차 운전자는 면허증이 있어야 한다는 법을 통과시켰다. 이 법에 의해 운전자들에게 면허증을 수여하기 위한 기관이 설립되었다. 그러면 이 기관은 운전면허증을 따기 위해 신청자들이 어떤 종류의 필기시험, 시력검사, 실기시험을 쳐야 하는지를 결정한다. 그러나 이 기관에 의류 판매나 아이스크림 소비 장려 같은 다른 분야로 진출할 수 있는 법적인 권한은 없다. 사실 이 기관은 제한속도를 결정하는 것 같은 고속도로 안전과 관련된 다른 문제에 대해서도 권한이 없다. 이 문제에 대한 권한을 가진 다른 기관이 존재하는 것이다.

만약 운전면허를 부여하는 기관이 주 의회가 선호하지 않는 일을 한 경우, 주의회는 해당 기관이 그 일을 다른 방식으로 하게끔 지시하는 법을 통과시킬 수 있을 것이다. 법령은 행정규칙보다 우위에 있다. 입법기관이 행정기관의 규제결정을 바꾸는 일은 매우 드물고 이러한 규제결정은 법적 효력을 지닌다는 점을 반드시 알고 있어야 한다.

만약 행정기관이 자신의 권한 밖의 행위를 하거나(셔츠를 판매한다거나) 자신이 결정한 규칙을 위반한다면(당신만 따로 지목하여 일반적인 시험통과점수보다 더 높은 점수를 받아야 한다고 한다면), 사법부가 해당 기관을 저지할 수 있다. 법원은 일반적으로 행정법에 있어서는 절차와 관할권에 관한 사안으로만 자신의 권한을 제한한다. 법원은 행정가의 지혜를 판사의 지혜로 대체하지 않는다. 법원은 운전면허를 관리하는 기관의 면허시험 내용이나 시험통과점수가 어떻게 구성되는지 관련하여 해당 기관을 판결하지는 않는다.

행정절차법

연방행정절차법(APA)은 정부기관이 법을 시행하기 위해 언제, 어떻게 규칙을 공표해야 하는지, 그리고 행정조치에 항소하고 싶은 사람들이 있다면 이들이 어떻게 항소를 할 수 있는지에 대한 표준적인 방침이 없어 혼란이 발생하는 것에 대한 대응으로 제정되었다. 미국변호사협회는 모든 연방기관에 해당되는 규범을 작성하는 데 큰 역할을 했다. 일부 소수의 경우, 국회가 특정 기관에 해당되는 별도의 규범과 절차를 따로 결정한다. APA의 기본 구조는 1946년에 만들어졌고 이후 몇 번만 수정되었다. 그중 두 번의 중대한 수정이 있었는데, 바로 정보공개법(The Freedom of Information Act)과 개인정보보호법(The Privacy Act)이다. 정보공개법(APA 552조*)에 따라 연방기

---

* 미국법조표기법 예. 5 U.S.C. ch.5 §552 (a)(8)(A)인 경우, Title 5(편) – Chapter 5(장) – Section 552(조) – Subsection(a)(항) – Paragraph(8)(호) – Subparagraph(A)(목)를 의미한다. (역자주)

관은 대중에게 여러 문서와 기록을 대중에게 공개하여야 한다. 개인정보보호법(APA 552조 a항)은 연방기관이 개인의 동의 없이 그들의 정보를 공개하지 못하도록 하고 개인이 자신에 대하여 유지되는 기록을 검사해 볼 수 있는 권리를 가질 수 있게 한다. 교수에게 추천서를 부탁드려 봤다면, 추천서 양식에서 개인정보보호법 권리포기각서를 본 적이 있을 것이다. 추천서 내용 기밀유지를 위해 추천서를 볼 수 있는 자신의 권리를 포기하겠냐고 물어보는 부분 말이다.

그런데 APA의 핵심은 규칙을 만들고 분쟁에 대해 판결하는 문제를 다루는 데 있다. 규칙이란 행정기관에 의해 법이 어떻게 해석되고 적용될 것인지를 설명하는 해당 행정기관이 취한 조치이다. 예를 들어, 연방항공국(FAA)은 주요 공항으로부터 특정 반경(B등급 영공)에서 비행하는 모든 항공기는 항공기의 고도 정보를 자동으로 항공교통관제사에게 전달하는 라디오 장치(C 모드 무선응답기)를 기내에 설치해야 한다는 정책을 채택한다는 규칙을 발표했다. APA는 특정 사례에서 행정규칙이 어떻게 적용되어야 하는지에 대한 분쟁을 해결하기 위해 법정과 유사한 절차를 제공한다. 만약 FAA가 2015년 4월 15일 필라델피아의 B등급 영공에서 C모드 트랜스폰더 없이 비행한 조종사인 존 스미스의 면허를 취소했다면, 스미스 씨는 행정법 판사(ALJ) 앞에서 FAA의 조치에 대해 항의할 수 있는 기회를 가질 수 있다.

행정규칙은 법적효력이 있으며, 이를 위반한 자는 벌금을 부과받거나, 사업을 운영하거나 서비스를 제공할 수 있는 면허를 취소당할 수 있다. 규칙제정과 분쟁해결을 위한 APA 요건이 어떻게 적용되는지를 알아보는 것은 이번 장의 학습범위를 넘어선다. 이 장에서는 APA가 몇 가지 종류의 규칙과 규칙제정, 그리고 다양한 분쟁해결 절차를 인정한다는 점을 언급하는 것만으로 충분하다. *공식적인 규칙제정절차* 하에서 *실질적인 규칙*을 제안하는 행정기관에 가장 엄격한 규칙제정요건이 적용된다. 새로운 규칙제정 시, 행정기관은 굉장히 엄격한 지침을 따르고, 연방관보(www.gpoaccess.gov/fr)에 제안하는 규칙을 게재하고, 청문회를 통해 관련된 모든 당사자로부터 진술을 들어본 후, 서면으로 작성된 '상당한 증거'에 기반하여 규칙을 제정해야만 한다. 또 다른 절차인 기존의 규칙이 어떻게 적용되는지에 대해 추가설명하는 절차는 청문회를 요구하지 않지만, 이러한 추가설명이 적용되기 전에 대중의 의견을 구하기 위해 제안된 해당 내용을 *연방관보*(Federal Register)에 게재해야 한다고 명시되어 있다.

분쟁해결절차에도 이와 동일한 차이가 존재한다. 어떤 조치에 대해서는 단지 항소사실을 알리고 영향을 받는 당사자가 자신의 입장을 설명할 기회를 가지기만 하면 된다. 그런데 또 다른 조치는 적법절차권에 대한 훨씬 더 상세한 보호장치를 필요로 한다. 분쟁해결절차는 변호사변론, 반대심문, 증거공개가 모두 이루어지는 완전한 하나의 재판과 유사하다. 일반적으로 어떠한 일련의 절차를 따라야 하는지 여부는 연관된 이해관계의 심각성과 실수에 대한 비용에 따라 달라진다. 예를 들어 법원은 학교의 정학조치에 항소하는 학생의 경우, 장애수당이 종료될 예정인 사람이 이 조치에 항소하는 경우보다는 상당히 낮은 수준의 보호를 받는다는 점을 알게 되었다.

APA의 조항이 매우 복잡해 보이고, 여러 가지 면에서 이 조항들은 실제로 복잡하기도 하지만, 이 법령이 일반적으로 가정하는 바는 간단하다. 정부기관이 올바른 절차를 따르면 공익이 보호될 것이라는 점이다. 이렇게 올바른 절차를 지향하는 것은 모두의 권리가 존중되고 적법한 절차가 지켜지면 정의는 구현될 것이고, 따라서 당연히 좋은 결과가 생길 것이라는 믿음을 반영한다. 공공행정에서 어려운 일은 이러한 수칙과 행정효율성에 대한 필요성 사이에서 균형을 이루는 일이다. 현대국가에서 행정재량 없는 거버넌스는 생각조차 할 수 없다. 제한이 없는 행정재량은 견딜 수 없을 것이다. 행정법이 적절히 적용되면 행정규제자들의 재량을 없애지 않고도 이에 제한을 가할 수 있다.

몇몇 연방 및 주정부기관에는 행정기관과 이들 행정기관의 조치에 영향을 받은 사람들 사이에 일어나는 분쟁을 해결하기 위해 일하는 행정법 판사(ALJ)라고 불리는 전문적이고 독립적인 공무원이 있다. ALJ는 행정기관의 공무원이기 때문에 이들이 진정으로 중립적인 제3자가 될 수는 없다. 그럼에도 불구하고 ALJ의 직업적 규범은 최대한 객관적이고 공정하게 사건을 다루어야 한다는 것이다.

법원은 대개 분쟁사건으로 재판정까지 오기 전에 행정항소절차를 밟아야 한다고 주장한다. 법원이 ALJ의 판결을 검토할 때는 ALJ가 적절한 절차를 따르고 자신의 권한이 있는 영역 내에서 판결을 내렸는지 여부만을 검토한다. 법원은 ALJ의 실질적인 결정에 대해 판결하지 않는다.

추가 참고문헌

유럽의 행정법에 대한 좋은 책으로 Matthias Ruffert의 *유럽의 행정법: 일반원칙과 국가적 전통 사이*(Administrative Law in Europe: Between Common Principles and National Traditions) (Groningen, Netherlands: Europa Law Publishing, 2013)를 들 수 있다.

미국의 행정법과 관련해서는 David Rosenbloom의 *공공부문 관리자를 위한 행정법, 2판*(Administrative Law for Public Managers, 2nd ed.) (New York: Westview, 2014)을 참고하라. William F. Funk와 Richard H. Seamon의 *행정법 예시와 설명, 4판*(Examples and Explanations, Administrative Law, 4th ed.) (New York: Aspen Publishers, 2011)도 좋다.

주(州) 수준의 문제와 모범국가 행정절차법에 대한 분석은 Michael Asimow와 Ronald M. Levin의 *주 및 연방 행정법, 4판*(State and Federal Administrative Law, 4th ed. (Eagan, MN: Thomas West, 2014)이 핵심을 이루고 있다.

규칙제정결정 절차에 대한 논의를 알고 싶으면 Cornelius M. Kerwin과 Scott R. Furlong의 *규칙제정: 정부기관이 법을 제정하고 정책을 결정하는 방법, 4판*(Rulemaking: How Government Agencies Write Law and Make Policy, 4th ed.) (Washington, DC: Congressional Quarterly Press, 2010)과 Cindy Skrycki의 *규제담당자: 미 정치계 익명의 권력 브로커*(The Regulators: Anonymous Power Brokers in American Politics) (Lanham, MD: Rowman and Littlefield, 2003)를 참고하라.

온라인 자료

www.gpoaccess.gov/fr   앞서 언급한 바와 같이, 연방관보는 제안되어 승인된 규제들의 출처이다. 규제를 연방관보에 게재하는 것은 행정법 제정 과정에서 중요하며 필수적인 부분이다.

대부분의 주에는 연방과 비슷한 절차와 관보가 있다.

• 실습문제 개요

이 역할극은 법령을 해석하고 해당 법령에 따라 행정규칙을 적용하며, 이러한 적용과정에서 발생하는 분쟁을 해결하는 문제를 보여 준다. 이 역할극은 1972년 개정교육법의 제9편에 기초한 것으로, 1972년 개정교육법 제9편 Title IX은 대학대항 운동부를 포함한 운동부에서의 양성평등*에 대한 미연방의 지시를 확립한다. 역할극은 당사자들이 자신의 논거를 설명하고 변론을 하면서 시작된다. 그리고 행정법 판사(혹은 교수자의 결정에 따라 행정법 판사 패널)가 판결을 내리면서 종료된다.

교수자는 규칙을 제정하는 내용도 이 역할극에 추가할지 모른다. 그런 경우 동일한 문서와 사실이 역할극에 이용될 것이지만 역할극의 초점은 분쟁해결이 아니라 대학대항 운동부에서 양성평등이 무엇인지 정의하고 이를 달성하기 위한 새로운 규칙을 제정하는 일에 맞추어질 것이다. 이러한 내용의 역할극에는 행정법 판사가 등장하지 않을 것이나, 문제에 이해관계가 있고 영향을 받는 당사자들과 행정기관은 여전히 등장하게 될 것이다.

지시사항

1단계

교수자는 당신을 아래의 역할 중 하나에 지정할 것이다.
Mine대학교 여자 수구부를 대표하는 변호사(원고)
Mine대학교를 대표하는 변호사(공동피고)
시민평등권 사무국 지역국장(공동피고)
연방 교육부의 행정법 판사
모든 참여자는 양식 37에서 40에 제공된 역할에 대한 정보를 읽어야 한다.

---

* 원저에는 gender equity(성형평: 남녀 각자의 필요에 따른 남녀처우의 공정성)이라고 되어 있으며, 양성평등인 gender equality와는 의미에 미묘한 차이가 있음을 밝힌다. (역자주)

2단계

모든 참여자는 양식 41, 42, 43에 나와 있는 배경정보, 행정규칙, 추가설명을 읽어야 한다.

3단계

원고의 변호사는 구두변론을 준비하여 행정법 판사 앞에서 변론해야 한다.

4단계

Mine대학의 변호사들은 원고의 요청을 부정하고 대학은 제9편을 준수하고 있다는 요지의 구두변론을 준비하여 행정법 판사 앞에서 변론해야 한다.

5단계

시민평등권 사무국의 지역국장은 Mine대학이 제9편을 준수하지 않고 있다는 사실을 인정하고, 원고의 요청을 거부하는 내용의 구두변론을 준비하여 행정법 판사 앞에서 변론해야 한다.

6단계(필수는 아님)

행정법 판사는 각 당사자가 반론을 펴고 최후변론을 하게 한다.

7단계

행정법 판사는 결정을 내려 판결을 발표하고 재판에 참가한 당사자들에게 판결의 근거를 설명한다.

8단계

양식 44의 질문에 답한다.

규칙제정을 하는 선택적 추가 실습문제를 위한 지시사항

1단계

교수자는 이전 실습문제에서 행정법 판사역을 맡은 사람에게 새로운 역할을 부여할 것이다. 시민평등권 지역사무국은 연방교육부의 시민평등권 전국 사무국으로 변경된다. 다른 역할은 그대로 유지된다.

2단계

시민평등권 사무국은 양식 41과 양식 42에 있는 규칙에 대한 수정안을 작성한다. 수정된 내용은 Mine대학과 여자 수구부 사이의 분쟁을 조정했던 이전 실습문제에서 제기된 문제를 해결할 수 있어야 한다. 양식 41과/혹은 양식 42를 수정하고 수업에 참여한 나머지 학생들에게 수정안을 유포한다.

3단계

시민평등권 사무국은 청문회를 열어 수정안에 대한 의견을 듣는다. 의견을 내는 사람들은 자신들이 선호하는 점과 선호하지 않는 점에 대해 최대한 구체적으로 이야기해야 한다. 수정안을 변경하려는 요청은 구체적으로, 그리고 서면으로 이루어져야 한다.

4단계

시민평등권 사무국은 수정안 내용을 변경할지 여부를 숙고한 후 최종 결정을 내린다. 변경사항을 다시 한번 양식 41과/또는 양식 42에 기록한다.

5단계

양식 44의 질문에 답한다.

양식 37

역할에 대한 정보: 여자 수구부 변호사

교수자로부터 이 역할을 지정받은 다른 학생들과 협력하면서 당신은 행정 규칙과 부가설명(양식 41과 42), 양식 43의 배경정보 및 사실관계를 상세히 검토하고 행정법 판사 앞에서 변론할 내용을 준비해야 한다.

교수자는 논거의 일부로 추가증거를 포함시킬 수 있게 허용할 수도 있다. 그런 경우, 당신은 논거를 입증하는 데 도움이 되는 문서를 작성해야 할 것이다. 당신은 제시하고자 하는 모든 증거의 성격에 대해 공동피고인들에게 적절하게 알려야 하고, 이들이 요청하는 경우 증거를 검토할 수 있게 허용해야 한다. 이 규칙을 지키지 않으면 행정법 판사는 당신의 증거가 채택 불가하다고 결정할 수도 있다.

행정법 판사 앞에서 명확하고 설득력 있는 구두변론을 한다. 당신은 판사의 질문에 대답해야 할 수도 있고(교수자의 지시에 따라) 공동피고인들의 논거에 대한 반론을 할 수 있는 기회를 가지게 될지도 모른다.

양식 38

역할에 대한 정보 Mine대학교 변호사

교수자로부터 이 역할을 지정받은 다른 학생들과 협력하면서 당신은 행정 규칙과 부가설명(양식 41과 42), 양식 43의 배경정보 및 사실관계를 상세히 검토하고 행정법 판사 앞에서 변론할 내용을 준비해야 한다. 공동 피고인이 있지만 당신은 공동피고인과 공통된 입장이나 일련의 이해관계를 공유하고 있지 않다는 점을 기억해야 한다.

교수자는 당신이 논거의 일부로 추가증거를 포함시킬 수 있게 허용할 수도 있다. 그런 경우, 당신은 논거를 입증하는 데 도움이 되는 문서를 작성해야 할 것이다. 당신은 제시하고자 하는 모든 증거의 성격에 대해 원고와 공동피고인에게 적절하게 알려야 하고, 이들이 요청하는 경우 증거를 검토하도록 허용해야 한다. 이 규칙을 지키지 않으면 행정법 판사는 당신의 증거가 채택 불가하다고 결정할 수도 있다.

행정법 판사 앞에서 명확하고 설득력 있는 구두변론을 한다. 당신은 판사의 질문에 대답해야 할 수도 있고 (교수자의 지시에 따라) 공동피고인의 논거에 대해 반론할 수 있는 기회를 가지게 될지도 모른다.

양식 39

역할에 대한 정보: 시민평등권 사무국 지역국장

교수자로부터 이 역할을 지정받은 다른 학생들과 협력하면서 당신은 행정 규칙과 부가설명(양식 41과 42), 양식 43의 배경정보 및 사실관계를 상세히 검토하고 행정법 판사 앞에서 변론할 내용을 준비해야 한다. 공동피고인이 있지만 당신은 공동피고인과 공통된 입장이나 일련의 이해관계를 공유하고 있지 않다는 점을 기억해야 한다.

교수자는 당신이 논거의 일부로 추가증거를 포함시킬 수 있게 허용할 수도 있다. 그런 경우, 당신은 논거를 입증하는 데 도움이 되는 문서를 작성해야 할 것이다. 당신은 제시하고자 하는 모든 증거의 성격에 대해 원고와 공동피고인에게 적절하게 알려야 하고, 이들이 요청하는 경우 증거를 검토하도록 허용해야 한다. 이 규칙을 지키지 않으면 행정법 판사는 당신의 증거가 채택 불가하다고 결정할 수도 있다.

행정법 판사 앞에서 명확하고 설득력 있는 구두변론을 한다. 당신은 판사의 질문에 대답해야 할 수도 있고 (교수자의 지시에 따라) 공동피고인의 논거에 대한 반론을 할 수 있는 기회를 가지게 될지도 모른다.

양식 40

역할에 대한 정보: 행정법 판사

교수자로부터 이 역할을 지정받은 다른 학생들과 협력하면서, 당신은 모든 주장과 증거를 따져보고 결론에 이르기 위해 변호사들과 시민평등권 사무국 지역국장의 변론을 잘 들어야 한다.

적법한 절차가 지켜지고 증거가 완전히, 그리고 공정하게 제시되도록 보장하는 것이 당신의 책임이다. 만약 교수자가 추가증거를 작성하는 것을 허용한다면, 당신은 개별증거의 채택 가능성에 대해 결정할 권리가 있고 각 당사자가 제시되는 모든 증거를 검토할 수 있는 기회를 가질 수 있도록 보장해야 한다. 행정법 사건에서는 증거와 관련된 규칙이 다소 느슨하다는 점을 명심하도록 한다. 예를 들어, 전문증거*는 비록 직접증거와 같은 비중을 가지지는 못하지만 일반적으로 허용된다. 변론이 끝나면 더 조사할 사항이 있는 경우 적극적인 태도로 질문해야 한다.

당신의 결정이 명확하고 확정적이어야 한다는 점은 매우 중요하다. 당신은 시민평등권 사무국 지역국장의 판결을 받아들이거나, 거부하거나, 수정할 수 있다. 그러나 당신은 사건을 해결해야 한다. 다시 말해, 당신이나 다른 누군가가 조건이 충족되었는지를 평가해야 하는 조건부 명령을 내려서는 안 된다. Mine대학의 수구부 문제나 대학의 제9편 준수 여부 문제를 다시는 생각할 일이 없을 것이라고 가정하라.

---

* 증인 자신이 직접 보고 들은 것이 아니고 다른 사람으로부터 전하여 들은 것을 법원에 진술하는 증거. 신빙성이 희박하여 특수한 경우가 아니면 재판의 증거가 되지 않는다. (역자주)

양식 41

운동부의 양성평등에 대한 시민평등권 사무국의 행정규칙

106.41 운동부

a. *일반론.* 그 누구도 수령인이 제공하는 학교대항, 대학대항, 동아리나 교내 운동부에서 성별을 근거로 참가에서 제외되거나, 혜택을 받지 못하거나, 다른 사람과 다른 대우를 받거나, 이외 다른 방법으로 차별을 받아서는 안 되며, 수령인은 이러한 근거로 언급된 종류의 운동부를 별도로 제공해서는 안 된다.

b. *별도의 팀.* 다만 본 섹션의 (a)절에 있는 요건에도 불구하고, 수령인은 경쟁력 있는 능력에 기반하여 선수를 선발하거나 연관된 운동이 접촉 스포츠인 경우에는 각 성별별로 별도의 팀을 운영하거나 후원할 수 있다. 그러나 수령인이 특정한 스포츠에서 한 성별의 선수로 구성된 팀을 운영하거나 후원하면서도 반대 성별의 선수로 구성된 팀을 운영하거나 후원하지 않는 경우, 그리고 해당 성별의 선수들에게는 운동할 수 있는 기회가 제한되어 온 경우에는 연관된 운동이 접촉 스포츠가 아닌 이상, 제외된 성별의 선수들이 현재 제공되고 있는 팀에서 시험적으로 활동해 보는 것이 허용되어야 한다. 여기서 접촉 스포츠란 권투, 레슬링, 럭비, 아이스하키, 축구, 농구 및 주요 활동에 신체 접촉이 수반되는 기타 스포츠 등을 말한다.

c. *기회 균등.* 학교대항, 대학대항, 동아리나 교내 운동부를 운영하거나 후원하는 수령인은 두 성별의 모든 선수들에게 운동할 수 있는 기회를 균등하게 제공해야 한다. 기회 균등이 실현 가능한 지를 결정함에 있어 국장은 여러 다른 요소들 중 아래의 요소를 고려할 것이다.

(1) 스포츠의 선택과 경쟁수준이 두 성별 선수 모두의 흥미와 능력에 효과적으로 부응하는지 여부

(2) 장비 및 소모품 제공

(3) 경기 및 연습시간 일정수립

(4) 여행 및 여비

(5) 코칭과 학업을 위한 개인교습을 받을 수 있는 기회

(6) 코치와 개인교사 배정 및 보수

(7) 사물함, 연습장 및 경기장 제공

(8) 의료 및 훈련시설과 서비스 제공

(9) 거주 및 식사시설과 서비스 제공

(10) 홍보

수령인이 각 성별의 팀을 별도로 운영하거나 후원하는 경우, 각 성별의 선수들에 대한 지출액이 동일하지 않거나 남자팀과 여자팀에 대한 지출액이 동일하지 않다고 해서 이 섹션을 위반한 것으로 보지 않는다. 그러나 차관보는 각 성별의 선수들에 대한 기회의 균등을 평가할 때 한 성별의 팀에 필요한 자금을 제공하지 못했다는 사실을 고려할 수 있다.

d. *조정 기간.* 초등학교 수준에서 학교대항, 대학대항, 동아리 혹은 교내 운동부를 운영하거나 후원하는 수령인은 가능한 한 신속하게 이 섹션을 준수해야 하며 어떠한 경우에도 이 규제의 발효일로부터 일년이 지나기 전에 이 섹션을 준수해야 한다. 중등학교 이상의 수준에서 학교대항, 대학대항, 동아리 혹은 교내 운동부를 운영하거나 후원하는 수령인은 가능한 한 신속하게 이 섹션을 준수해야 하며 어떠한 경우에도 이 규제의 발효일로부터 3년이 지나기 전에 이 섹션을 준수해야 한다.

(권한: Secs. 901, 902, Education Amendments of 1972, 86 Stat. 373, 374; 20 U.S.C. 1681, 1682; and Sec. 844, Education Amendments of 1974, Pub. L. 93~380, 88 Stat. 484))

양식 42

시민평등권 사무국의 양성평등 참여에 대한 1997년 부가설명

5. 정책의 적용 ─ 경쟁의 수준

남자선수와 여자선수의 흥미와 능력을 효과적으로 수용하기 위해, 기관은 각 성별의 개인이 대학대항 경기에 참여할 수 있는 기회와 각 성별의 선수들이 자신들의 능력을 평등하게 반영하는 경기일정에 대한 기회 둘 다를 제공해야만 한다.

a. 준수 여부는 아래 중 한 가지 방법을 통해 평가될 것이다.
   1. 대학대항 수준의 경기에 참여할 수 있는 기회가 남녀학생의 등록인원에 상당히 비례하는 숫자로 각 성별 선수들에게 주어졌는지 여부
   2. 대학대항 경기 선수들 중에서 한 성별의 선수 수가 과소한 경우, 해당 기관이 해당 성별의 학생들의 점점 늘어나는 흥미와 능력에 부응할 수 있는 프로그램 확대 전력 및 지속성을 보여 줄 수 있는지 여부
   3. 대학대항 경기 선수들 중 한 성별의 선수 수가 과소하고 해당 기관이 앞서 인용한 내용과 같은 프로그램 확대의 지속성 사례를 보여 줄 수 없는 경우, 현재 프로그램을 통해 해당 성별 학생들의 흥미와 능력이 충분하고도 효과적으로 부응해 왔는지를 보여 줄 수 있는지 여부

b. 규제의 이 조항 준수 여부는 또한 다음의 사항을 검토함으로써 평가될 것이다.
   1. 프로그램 전체를 봤을 때, 남자팀과 여자팀을 위한 경기(시합) 일정을 통해 비율적으로 비슷한 수의 남자선수와 여자선수에게 동등하게 상위 경기에 참가할 수 있는 기회를 제공할 수 있는지, 혹은
   2. 지금까지 불리한 편에 있던 성별의 선수들의 능력을 향상시킴으로써 이들에게 경기참가 기회를 늘려 준 전력이나 이러한 관행이 지속됨을 기관이 보여 줄 수 있는지 여부

c. 기관은 해당 스포츠에서의 대학대항 경기가 기관이 속한 정규 경기 지역 내에서 이루어질 수 있다는 합리적인 기대를 할 수 없으면 팀을 대학대항팀 지위로 업그레이드하거나 대학대항 경기 스포츠를 개발할 필요는 없다. 그러나 기관은 기관이 속한 경기 지역에서는 한 성별 선수들에게 역사적으로 경기출전 기회가 제한적이었다면 제9편의 규제에 따라 이러한 경기를 적극적으로 발전시켜야 할 수도 있다.

양식 43

배경 정보

1972년에 의회와 대통령은 연방의 재정지원을 받는 모든 단과대학과 종합대학이 남녀 학생들에게 동등한 운동 기회를 제공할 의무를 부과했다. 교육법에 '제9편(Title IX)'이라는 표제로 추가되어 '제9편'이라고 알려진 이 법은 연방 교육부의 시민평등권 사무국에 이러한 일반원칙이 어떻게 하면 지켜질 수 있는지를 정의하고 원칙적용을 집행할 수 있는 권한을 부여했다. 이 법과 이 법의 적용을 상세화한 행정규칙을 준수하지 않는 것에 대한 제재는 위반한 단과대학이나 종합대학으로부터 모든 연방재정지원을 끊는 것이었다. 연방정부가 대학대항 운동부 프로그램에 재정지원을 하는 것은 매우 특이한 일이라는 점에 주목하라. 따라서 재정지원이 중단되면 이는 학교에서 운동부와는 전혀 연관이 없는 부서나 프로그램에 실질적인 영향을 줄 수 있다.

시민평등권 사무국은 워싱턴 DC에 중앙사무국이 있고 전국에 걸쳐 지역사무국을 두고 있다. 지역사무국은 각각 해당 지역에 있는 단과대학과 종합대학에 대한 문제를 직접 다룬다. 이들 지역사무국은 공표된 행정규칙을 적용하고, 특정대학에 대한 불만을 접수받고, 이러한 불만접수에 대해 조사를 벌이며, 해당 대학이 규칙을 준수하는지 여부에 대한 판결을 내린다. 지역사무국은 또한 제9편에 대한 정보와 조언을 제공한다.

제9편은 불만접수를 하는 모든 사람들에게 '적격*(standing)'을 부여한다. 다시 말해, 법적행위를 시작하기 위해 타인이 어떤 행동을 취했기 때문에, 혹은 취하지 않았기 때문에 자신이 개인적으로 피해를 입어 왔거나 입을 위기에 처했음을 입증해야 한다는 기준을 충족시킬 필요가 없다.

---

* Standing은 특정한 사람이 행정심판이나 소송을 제기하기에 적합한 요건을 가진 것 인가에 대한 기준이다. (출처: 법제처 홈페이지) (역자주)

Mine대학은 미국 대학경기협회의 1부 리그(division I) 프로그램을 가지고 있었다. 이는 Mine대학은 학교팀에 학생선수를 뽑으며, 이들에게 장학금을 제공하고 코치를 고용한다는 뜻이다. 다른 1부 리그 프로그램과 마찬가지로, 여기에는 동호회 스포츠(club sports)*가 있는데 이는 학생들이 결성하는 팀이다. 이들은 다른 대학의 동호회팀과 경기를 치르지만 동호회팀의 선수들에게는 장학금이 제공되지 않으며 학교 역시 이들을 위해 코치를 고용해 주지 않는다. Mine대학의 동호회 스포츠 중에는 여자 수구가 있다. 동호회 스포츠는 미국대학경기협회의 관할이 아니다.

Mine대학의 여자 수구팀은 대학 체육부에 자신들을 학교 대표팀으로 업그레이드시켜 주기를 요청했다. 총장과의 협의하에, 대학운동부 책임자는 비용문제와 경기출전 기회가 부족하다는 이유를 들어 이러한 요청을 거절했다. 만약 학교가 여자 수구 대표팀을 운영하게 된다면 규제에 맞는 크기의 수영장을 건설하는 데 950만 달러를 쓰거나, 교내의 기존 수영장을 개선하는 데 590만 달러를 써야 한다. 게다가 장학금, 코치, 이동, 팀 유니폼 등으로 매년 82만 5천 달러라는 비용이 소요된다. 지난 4년간 Mine대학은 여자축구와 배구를 학교 대표팀 스포츠에 추가했고 이제 수구를 추가하는 데 쓸 수 있는 추가 비용이 없다고 주장하고 있다. Mine대학은 대학이 여학생 선수를 위한 기회를 늘려온 것에 대한 공로를 인정받아야 한다고 주장한다. 더구나 Mine대학은 Middle Eight 경기연맹의 회원이다. 현재 연맹회원 대학 중 2개의 대학에만 여자 수구팀이 있기 때문에 연맹회원끼리 경기를 할 팀도 부족한 실정이다.

여자 수구팀은 변호사를 선임했다. 변호사는 제9편에서 다뤄지는 불만을 시민평등권 사무국에 제출했다. 이 불만은 Mine대학의 학부생 중 51%가 여자지만, 대학대표 운동팀의 학생 선수 가운데 오직 39%만이 여자라는 점을 들었다. 분명, 수구동호회의 여학생들은 이 스포츠에 대한 흥미와 능력을 분명히 나타내 보였다. 고발장은 학교가 현재 제9편을 준수하지 않고 있으며 수구를 대표팀 종목에 추가할 의무가 있다고 주장하고 있다.

---

* 대학 간의 스포츠로, 정규적인 학교 선수 프로그램은 아니다. 따라서 학교로부터 후원을 받지 못하며, 주로 학생들이 모금을 통해 후원 문제를 해결한다. (출처: 체육학 사전) (역자주)

시민평등권 지역사무국(OCR)은 제출된 이 불만을 접수받은 후 조사를 벌였으며 대학 행정부와 수구 동호회팀이 제공한 사실을 확인했다. 또한 Mine대학이 제9편을 준수하고 있지 않다고 판결했다. OCR은 7년 전에 Mine대학이 예산상의 이유와 여학생들의 관심이 부족하다는 이유로 대학대표팀 종목에서 여자 펜싱을 없앴으며 따라서 여학생을 위한 스포츠 기회를 증대시켜 온 전력이 있다고 여겨질 수 없다고 언급했다. 그러나 OCR은 Mine대학이 제9편을 준수하기 위해 여자 수구를 대표팀 종목에 추가할 필요는 없다고 결정했다.

수구선수들은 큰 물결을 일으키고 싶었다. 그들은 변호사에게 Mine대학의 결정과 시민평등권 사무국의 판결에 항소해 달라고 요청했다. 변호사는 여자 수구팀이 취할 수 있는 최선의 조치는 이 문제를 교육부의 행정법 판사에게 가져가는 것이라고 결정했다.

양식 44

질문

1. 양식 41과 42에 있는 규칙은 시민평등권 사무국에 자유재량을 허용하는가?

2. 정부기관들이 행정규칙을 제정하고 분쟁에 대한 판결을 내림에 있어서 비대한 권한을 가지고 있다고 생각하는가? 문제의 복잡성과 법률제정의 역학관계를 고려할 때, 이러한 큰 권한을 가지게 된 결과는 어쩔 수 없는 불가피한 일인가?

3. 행정법과 민사 및 형사사건을 위한 법정소송절차 사이의 차이점에는 어떤 것들이 있는가?

EXERCISE 9

재난관리: 도상훈련

재난관리의 특별한 점

2005년 8월 29일, 허리케인 카트리나가 상륙했을 때, 카트리나는 뉴올리언스와 걸프만 지역을 파괴했을 뿐 아니라 재난관리의 중요성을 우리 눈으로 확인할 수 있게 해주었다. 폭풍 추적자(storm tracker)들이 4일간 경보를 제공했음에도 불구하고, 재난사태를 책임지는 정부기관은 미숙하고 우왕좌왕하는 모습을 보였다. 강풍과 홍수로 인한 일부 재산상의 피해를 예방할 수 없었을 것임은 명백하다. 하지만 수백 명의 목숨, 특히 가난한 취약계층의 목숨을 구할 수도 있었으리라는 것 역시 명백하다. 생존자들은 정부의 더 효과적인 대응을 받을 수도 있었을 것이다.[1] 거버넌스와 공공행정이 놀라울 정도로 실패했다는 점이 문제였다.

재난사태가 폭풍이나 홍수로 인해서만 발생하지는 않는다. 2001년 9월 11일에 발생한 국방부 건물과 뉴욕의 무역센터 건물을 향한 공격은 의도된 테러행위였다. 대학교 및 초등학교, 고등학교에서 발생하는 총기난사 사건은 분노와 정신질환이 가져 온 결과다. 인간의 실수와 안전조치에 대한 부주의는 11명의 노동자를 사망에 이르게 하고 걸프 해안의 환경과 경제를 파괴한 2010년 BP 석유시추선 폭발사고로 이어졌다. 정확한 원인이 무엇이든, 재난사태란 피해를 줄이기 위해 신속한 대응을 해야 하는 비일상적이고 예견되지 않은 사건을 말한다.

재난관리는 실습문제 3에서 다루었던 원칙에 있어 매우 중요하며 실습문제 5~8에서 다루었던 관리방식의 근본이 되는 조직 및 행정원칙과 대조

된다. 그 정의상, 재난관리란 비일상적인 단일 사건에 대한 신속하고 즉각적인 대응을 뜻하며, 여기에는 우리가 일반적인 조직과 연관하여 생각하는 종류의 기존 구조나 절차가 존재하지 않는다. 사실, 허리케인 카트리나 발생 당시 효과적이고 시기적절한 대응을 하는 데 근본적인 장애가 된 것 중 하나는 관련기관이 기존의 조직구조와 의사결정규칙을 준수했다는 점이었다. 예를 들어 구조작업을 돕기 위해 전국에서 소방관들이 자원했을 때, 연방재난관리청은 소방수들이 조지아 주 애틀랜타에서 이틀간 성희롱 방지교육을 먼저 이수해야 한다고 고집했다. 성별차이 때문에 의도치 않게 다른 사람에게 적대감을 느끼게 하거나 불쾌감을 주지 않기 위해 서로를 어떻게 대해야 하는지 소방관들이 배우고 있는 동안, 뉴올리언스에서는 절망적인 상황에 놓인 사람들이 홍수에 휩쓸려 가지 않기 위해 필사적으로 사투를 벌였으며, 그중 상당수는 홍수의 희생자가 되었다.

재난관리의 기본적인 특성

재난사태에 대응하기 위해서는 전문성, 자원, 그리고 하나 이상의 정부기관의 협력이 거의 필수적이다. 보통 경찰, 소방서, 그리고 보건 기관이 재난 대응에 관여한다. 여러 지방정부, 한 개 이상의 주정부, 연방정부의 참여는 특이한 일이 아니다. 민간기업과 비영리단체들도 도움을 제공한다. 2010년 석유시추선 폭발사고에서 보았듯이, 때로는 공공기관보다는 민간기업만이 재난사태를 해결하기 위해 필요한 장비와 전문성을 지니고 있는 경우도 있다. 필요한 자원을 가진 기업이 재난사태에 책임이 있는 경우, 대응의 본질이 복잡해질 것이고 그렇지 않다고 하더라도 효과적인 대응을 하기가 어려울 수 있다.

재난사태가 발생하면 대응에 관여해야 하는 여러 기관과 조직을 하나로 모으는 임시조직(ad hoc organization)을 신속하게 마련할 필요가 있다. 재난사태마다 필요한 대응팀이 달라질 수 있다. 재난사태가 끝난 후, 회복 및 복구를 위한 기관이 지속해서 존재할지도 모르지만, 초기 대처기관(예: 경찰 및 소방기관)은 아마 더 필요하지 않을 것이다.

재난사태의 또 다른 특성은 불확실성이다. 대학이나 학교에서 발생한 총기난사사고 보고를 받고 출동하는 경찰, 소방관, 의료진은 누가, 왜 총을 쏘고 있고, 어떤 총기가 사용되었으며, 목표 대상 및/또는 피해자가 누구인지, 피해자들이 어떤 부상을 당했는지, 혹은 총격범(들)이 어떤 사전모의를 꾀했는지 등에 대해 당장 파악할 수 없겠지만 신속하게 대응해야 한다. 폭발물을 설치한 총격범은 한 명인가, 여러 명인가? 허리케인 카트리나가 상륙했을 때 인공위성 사진을 보고서도 어떤 커뮤니티가 가장 큰 피해를 보게 될지, 폭우와 강풍이 얼마나 지속될지, 어떤 공공시설이 피해를 볼지, 혹은 어떤 공중보건문제가 발생할지를 그 누구도 정확히 알 수 없었다. 석유유출이 인간의 실수나 사고로 인해 발생했다 할지라도 허리케인과 마찬가지로 어떤 피해가 발생할지는 예측불가능하며 통제불가능한 조류, 바람, 날씨에 영향을 크게 받는다. 그럼에도 불구하고 의사결정을 해야 하며 관련 기관들은 신속하게 움직여야 한다. 누군가는 사람의 생명이 달린 상황에서 우선순위를 정하고 상황을 해결해야 하며, 그 후에 피해를 최소화하고 복구작업을 시작할 수 있도록 상황을 안정시켜야 한다.

재난관리에서 현장지휘관(incident commander)이라 불리는 중앙지휘관이 가지는 중요성은 더할 나위 없이 중요하다. 여러 기관이 사태에 대응 중인데다 불확실성까지 높은 복합적인 상황에서는 진두지휘를 할 사람이 반드시 필요하다. 재난사태 대부분은 경고 없이 발생하기 때문에 한 명의 지휘관을 정하여 받아들이는 일이 복잡할 수 있다. 그러나 허리케인 카트리나가 걸프 해안에 상륙할 것이라는 경고가 있었을 때도 그 누구도 현장지휘관의 책임을 맡지 않았다. 폭풍의 세기가 5등급(가장 심각한 등급) 허리케인이 될 것이며 여러 주(루이지애나, 미시시피, 알라배마)에 영향을 줄 것임을 알고 있었음에도 연방 국토안보부는 국가 재난사태를 선포하고 주, 지방, 연방기관의 대응 노력을 조정할 수 있는 권한을 사용하지 않았다. 뉴올리언스는 허리케인 경로에 직접적으로 포함되어 있었지만, 해당 주나 지방의 그 누구도 사태 통제책임을 맡지 않았다.

상황이 심각해지기 전까지 아무도 도시에서 대피하라는 명령을 내리지 않았다. 카트리나가 오기 2년 전, 도시 계획자들은 사람들을 대피시키는 데 3일이 걸릴 것으로 예측했었다. 레이 내긴(Ray Nagin) 시장은 만약 대피명령을 내렸으나 허리케인이 도시를 강타하지 않고 지나간다면 관광산업이 쇠

퇴할 것이고 시에서 그 책임을 져야 할 것이라는 변호사의 권고를 받아들였다. 카트리나가 상륙하기 하루 전에 의무대피령이 내려졌다. 사람들, 특히 가난한 지역의 사람들은 발이 묶였고 이들 중 다수가 목숨을 잃었다. 효과적인 리더십과 조정활동의 부재로 인한 혼란은 나쁜 상황을 더 악화시킬 수밖에 없다.

재난사태는 특정 커뮤니티에 영향을 미치고 즉각적인 대응을 필요로 하므로 항상 해당 지방정부가 재난관리에 대한 일차적인 책임을 진다. 연방정부는 재난구호의 원천 역할을 해 왔는데 최근에는 재난사태에 대한 계획을 마련하고 대비하는 역할을 수행하고 있다. 1979년, 지미 카터(Jimmy Carter) 대통령은 100개 이상의 재난사태 대비 프로그램과 단위들을 통합하여 연방재난관리청(FEMA)을 설립하였다. FEMA가 하는 주된 일은 자연재해 대비 및 구호 활동이다. 1997년, 주요 후원자의 이름을 따서 눈-루거-도미니치(Nunn-Lugar-Domenici) 법이라고 불리는 PL 104-201이 통과됐는데, 이 법에 따라 연방정부는 대량파괴무기로 인해 발생한 재해에 대비하기 위해 주 및 지방정부와 협력해야 했다. 9/11사태 이후, FEMA는 새롭게 설립된 연방 국토안보부 소속이 되었고 자연재해 및 대형사고뿐 아니라 테러로 인한 재해에도 대비하도록 지시받았다.[2] FEMA는 허리케인 카트리나 대응 시 수행했던 역할로 크게 비판을 받았으며 새로운 리더십, 조직, 관리 감독을 통해 재탄생하게 되었다.[3]

연방정부는 도상훈련(tabletop exercises)을 할 수 있도록 지방정부에 지원 및 자금을 제공해 왔는데, 도상훈련이란 재난사태에 대비하기 위한 모의 재난사태 훈련이다. 이 훈련에서는 재난발생 시 지방경찰, 소방서 및 보건기관이 당연히 현장응급 처치자가 된다는 점을 인정한다. 도상훈련은 특정 상황에 대응하여 임시조직을 수립할 수 있는 연습기회가 된다.

재난관리의 주요 단계

재난관리는 즉석에서 시행될 수밖에 없고 각 상황에 맞게 시행되어야 하지만, 효과적인 대응 가능성을 극대화하기 위해 반드시 따라야 하는 몇몇 주요단계가 있다.

1. 현장지휘관을 지정한다. 대부분의 주에서는 재난사태 발생 시 지역 소방서장이 현장지휘관으로 임명된다. 물론 재난사태가 생물학테러 거나 근본적으로 생물학적인 위협을 가하는 성격인 경우에는 공중 보건을 책임지는 공무원이 현장지휘관으로 임명되기도 한다. 여기서 가장 중요한 점은 누군가가 진두지휘를 할 책임을 맡아야 한다는 점 이다.

2. *지휘본부*(command center)*를 마련한다.* 지휘본부는 부분적으로는 여 러 정부기관, 민간조직, 자원봉사자, 언론사, 기타 등등의 주체들이 정보와 지시사항을 받는 곳이라고 할 수 있다. 또한 지휘본부는 연 관된 주요기관의 대표들로 구성된 운영위원회로서 현장지휘관에게 자문을 제공하며 현장지휘관과 협력하는 역할을 한다.

3. *의사소통을 한다.*

a. *내부의사소통.* 대응활동에 참여하는 기관과 자원봉사자는 현장지휘 관과의 의사소통과 기관 및 자원봉사자들 사이의 의사소통을 용이 하게 해 줄 수 있는 기술장비와 조직 모두 필요하다. 9/11, 허리케인 카트리나, 그리고 여러 총기난사사고에서 재난사태 대응요원들이 겪 었던 주요한 문제는 경찰, 소방, 그리고 보건 기관 등 다양한 재난대 응집단 간에 휴대폰이나 무전기가 호환되지 않았다는 점이다. 의사 소통은 명확하게 이루어져야 하며, 긴급메시지를 즉시 수신할 수 있 어야 한다.

b. *외부의사소통.* 일반대중과 가장 피해를 많이 입은 사람들은 지속해 서 새로운 정보를 얻어야 한다. 시장, 주지사 혹은 다른 선출직 공직 자가 실제 현장지휘관이 아니라고 할지라도 이들이 언론과 의사소 통을 하는 것이 대체로 효과적이다. 메시지는 필연적으로 소셜미디 어로도 퍼지게 될 것이다. 주의할 점은 알리는 정보가 정확해야 한 다는 점과 대중에게 주어지는 지시사항들이 잘 조율된 것이어야 한 다는 점이다.

4. *문제확산을 방지한다.* 경찰의 기본적 책임은 문제가 확산되는 것을 방지하고 구호활동을 해야 하는 사람들만 피해지역에 접근할 수 있 도록 해당 지역에 대한 출입을 통제하는 것이다. 공중보건 재난사태

인 경우에는 피해자 격리가 필요하다.

5. *해당되는 경우, 범죄자를 체포한다.* 경찰이 맡은 또 다른 책임은 경보를 발령하고, 조사를 하며, 재난발생에 책임이 있는 자를 체포하는 것이다. 저지른 행위에 대해 범죄자에게 책임을 지우는 목적 외에도 사고재발 우려가 있기 때문에 범죄자를 체포해야 한다.

6. *피해자를 구조하고 처치한다.* 재난피해자를 처치하는 것은 당연한 응급조치이다. 피해자 처치를 위해 세심하게 진단을 내리고 어떤 조치를 취해야 할지 처방을 내려야 한다. 불확실성이 존재하고 중장기 치료가 필요한 경우, 피해자를 파악하여 피해확산을 막는 것이 중요하다.

7. *구호품을 즉시 제공한다.* 집을 잃었거나 일자리로 돌아갈 수 없는 사람들, 혹은 가족과 헤어진 사람들이 발생한 경우 등이 즉각적인 구호가 필요한 상황의 대표적인 예이다. FEMA는 한정된 구호물자를 즉시 배포할 수 있는 자원과 권한을 가지고 있다. 적십자는 재난 대피소와 물품을 제공하도록 연방정부의 공인을 받은 기관이다.

8. *기본적인 공공시설물과 서비스를 복구한다.* 개개인과 지역사회는 전기, 수도, 교통 등에 의존도가 매우 크다. 이러한 시설이 파괴되고 서비스가 중단된 경우, 최대한 빨리 이를 복구하는 것이 중요하다. 이는 구조작업과 복구작업에도 영향을 미칠 수 있다.

9. *청소한다.* 재난사태 최악의 시기가 지나가면 피해지역에서 위험물질과 잔해를 치우는 것이 기능적으로나, 상징적으로 중요하다. 석유유출사태나 위험폐기물이 관련된 재난의 경우, 정화기간이 몇 년이 될 수도 있고 사고에 책임이 있는 민간기업의 활동에 대해 감독을 해야 할 수도 있다.

10. *복구계획을 세운다.* 장단기 복구를 위해서는 대부분 여러 정부기관, 비영리단체, 기업의 자원과 전문성이 필요하다. 복구계획을 세우기 위해서도 임시조직이 필요할 수 있으며, 재난사태를 해결하기 위해 편성했던 임시조직과 반드시 동일할 이유는 없다.

11. *기록한다.* 무슨 일이 발생했고 누가 피해를 보았는지에 대한 기록은 매우 중요하다. 이러한 정보를 피해자, 혹은 피해자로 간주되는

사람들의 가족들과 공유해야 할 필요가 종종 생긴다. 더구나 이러한 정보는 구호기관과 보험회사가 서비스에 해당되는 사람들에게 제대로 서비스제공을 하기 위해서도 중요하다. 법적책임이나 형사기소를 위해서도 상세한 기록이 필요하다.

12. *대응활동을 평가한다.* 평가는 행정절차에서 항상 중요한 단계이다. 평가를 통해 조직과 선출직 공직자들은 새로운 것을 배우고 성장할 수 있다.

추가 참고문헌

재난관리에 대한 자료는 많지 않지만 최근 George Haddow와 Jane Bullock의 *재난관리 개론, 5판*(Introduction to Emergency Management, 5th ed.) (Burlington, MA: Elsevier Science, 2013)", Michael K. Lindell과 Carla Porter의 *재난관리*(Emergency Management) (Hoboken, NJ: John Wiley & Sons, 2007)", Geroge Haddow와 Kim S. Haddow의 *변화하는 미디어 세상에서의 재난 커뮤니케이션, 2판*(Disaster Communications in a Changing Media World, 2nd ed.) (Oxford, UK: Butterworth-Heinemann, 2014), Richard Sylves의 *재난정책 및 정치: 재난관리와 국토보안, 2판*(Disaster Policy and Politics: Emergency Management and Homeland Security, 2nd ed.) (Washington, DC: Congressional Quarterly Press, 2014) 등을 포함한 좋은 책들이 발간되었다.

• 실습문제 개요

학교캠퍼스에서 총기난사사고가 발생했다고 가정하고 도상훈련에서 맡을 역할을 교수자가 학생들에게 지정해 줄 것이다. 다른 도상훈련이나 실제 재난사태에서처럼 당신에게는 정확히 어떤 일이 일어났는지에 대해 제한적인 정보만이 주어질 것이다. 실제 교수자는 예상치 못한 상황을 전개하여 모의실험의 효과를 높이기 위해 여기서 제공된 정보 일부나 전체를 바꿀 수도 있다. 재난관리의 핵심은 예상치 못한 일에 대응하는 데 있다. 여기서 목표는 매우 신속하게 임시조직을 편성하고 이 장에서 소개된 재난관리단계 중 적용 가능한 가장 많은 단계를 밟는 것이다.

지시사항

1단계

교수자는 아래의 역할 중 하나를 당신에게 맡길 것이다.

카페테리아 직원
연방 국토안보부
군(county*) 보안관
주지사
시 소방서장
주 재난관리국
시장
종합대학 혹은 단과대학 총장
지역 라디오 방송국
군(county) 공중보건 책임관
연방수사국(FBI)
911 출동대원
지역병원 병원장

---

* 미국에서 카운티는 도시보다 큰 행정 단위로, 한국의 도 개념에 가깝다. (역자주)

적십자
주 방위군 지휘관
연방재난관리청
주 순찰대
시 경찰
학내(campus) 경찰

2단계

다음 역할에 대해서는 양식 45와 46에 지시사항이 나와 있으니 이를 읽고
따르면 된다.

카페테리아 직원
지역 라디오 방송국

다른 역할에 대해서는 특별한 지시사항이 없다. 당신이 행동해야 할 것 같
다고 생각하는 때에 해야 한다고 생각하는 행동을 하면 된다.

3단계

교수자가 역할수행 보고 및 평가를 위한 토의를 이끌어 나갈 것이다. 양식
47의 질문을 이 토의에 참고할 수 있다.

양식 45

역할에 대한 정보: 카페테리아 직원

    당신은 카페테리아에서 학생, 교수, 기타 대학/단과대학 교직원들이 음식을 받고 계산하는 쪽에서 일하고 있다. 갑자기 부엌과 사람들이 앉아서 식사하는 쪽에서 총성이 울렸다. 온갖 비명과 사람들이 고통스러워하는 소리가 들린다. 당신은 휴대폰을 가지고 있다. 휴대폰을 사용하라.

양식 46

역할에 대한 정보: 지역 라디오 방송국

취재기자의 역할을 수행한다. 무슨 일이 일어나고 있는지에 대한 소문이나 단서를 쫓아 정기적으로 '긴급 속보'를 발표하며 롤플레이를 방해하라. 일부 선출직 공직자가 원하면 이들이 기자회견을 할 수 있도록 한다.

양식 47

질문

1. 신속하고 적절하게 임시조직을 편성했는가? 그렇지 못했다면 그 이유는 무엇인가? 중요한 기관인데 포함되지 않은 기관이 있었는가? 아니면 반대로 중요하지 않은 데 포함된 기관이 있는가?

2. 기관들은 서로 어떻게 의사소통하였는가? 무슨 일이 일어나고 있는지를 어떻게 알 수 있었는가? 당신은 서비스를 어떻게 제공하였는가? 이것이 가장 효과적인 의사소통 방식이라고 생각했는가?

3. 다양한 연방정부기관의 역할은 무엇이었는가? 이러한 종류의 재난사태에서 연방정부기관이 이와는 다른 역할을 해야 한다고 생각하는가?

4. 재난관리와 실습문제 3, 5~8에서 다루었던 행정업무 사이의 차이점이 무엇이라고 생각하는가?

주

1 허리케인 진행상황과 여파를 시간 순서대로 보여 주는 뉴올리언즈 타임즈-피카윤(New Orleans Times-Picayune)의 2005년 8월 27일~9월 30일자 기사를 참고하라.

2 GWU 위기 및 재난, 위험관리 연구소(Institute for Crisis, Disaster, and Risk Management), "법으로 명시된 권한: 21세기의 위기관리(Statutory Authority: Disaster Management in the 21st Century)", *EMSE* 232, p. 2, ch. 3, www.seas.gwu.edu/-emse232/emse232book3

3 *결단력의 실패: 허리케인 카트리나 대비 및 대응 조사를 위한 엄선된 양당 위원회의 최종 보고서*(A Failure of Initiative: The Final Report of the Select Bipartisan Committee to Investigate the Preparation for and Response to Hurricane Katrina), 미국 하원, 2006년 2월 15일, www.katrina.house.gov 및 "허리케인 카트리나: 미시시피 지역 주택 유지관리 계약에 대한 FEMA의 허술한 감독으로 인해 수백만 달러어치의 폐기물과 잠재적 사기 발생(Hurricane Katrina: Ineffective FEMA Oversight of Housing Maintenance Contracts in Mississippi Resulted in Millions of Dollars of Waste and Potential Fraud), 감사원(General Accountability Office), 2007년 11월

PART 3

인적자원관리

EXERCISE 10   직무분석 및 직무기술서
EXERCISE 11   성과평가
EXERCISE 12   직무분류 및 보상
EXERCISE 13   승계계획
EXERCISE 14   모집 및 선발
EXERCISE 15   단체교섭

인적자원관리란 무엇인가?

정부기관을 포함한 어떤 조직에 있어서든 그 핵심에는 직원이 있다. 한 기관이 그 사명을 얼마나 효과적으로 수행하는지는 직원의 기술, 결단력 및 사기에 의해 크게 좌우된다. 이것은 인적자원관리의 주된 관심사인데, 때로는 '인사행정'이라고 알려진 공공행정의 하위 분야이다.

인사행정가의 주된 임무는 기관이 가능한 한 가장 유능한 사람들을 위해 일하고 있는지 확인하는 것이다. 이는 각 직무에 가장 적합한 후보자를 고용하는 것뿐만 아니라 이미 어떤 기관에서 근무하는 사람들이 자신의 업무를 효과적으로 수행하는 데 필요한 지식, 기술 및 능력을 갖추고 있는지 확인하는 것을 의미한다. 따라서 인적자원관리에는 조직의 필요성 결정, 적절한 직원모집 및 고용, 성과평가, 직원교육 및 개발, 직원 징계 및 보상 등 모든 행정절차가 포함된다. 제3부의 실습은 인적자원관리자가 사용하는 기법 중 일부를 직접 배울 수 있는 기회를 제공하기 위해 마련되었다. 그리고 물론 이것은 당신에게 채용되는 것과 직장을 십분 활용하는 방법을 배울 수 있는 기회를 제공한다.

직위분류제 대 계급제

그러나 특정 기법을 배우기 전에 우리는 일반적인 이론을 고려해야 한다. 모든 기법이 흐르는 원천이자 인적자원관리의 기초는 *직무*에 대한 생각이다. 채용, 교육, 보상, 평가 등이 모두 이 기본 생각에 뿌리를 두고 있다. 이것은 지극히 분명한 것처럼 보일지 모르나 실제로 그렇지 않다. 이것이 의미하는 바는 인사행정가들의 마음속에는, 거의 모든 정부기관 및 대부분의 다른 조직은 사람들의 집합이 아니라 직무의 집합으로 간주된다.

미국 대부분의 정부기관 인사행정은 직위분류제를 기반으로 한다. 이러한 직위분류제는 두 가지 관련 가정을 수반한다. 첫째, 인사결정과 관련된 유일한 것은 사람이 직무에 가져다주는 지식, 기술 및 능력이다. 나머지는 무시된다. 둘째, 직원이 받는 지위와 보상은 전적으로 직원이 수행하는 직무의 기능이다. 직무는 직무를 맡은 자와 독립적으로 존재한다. 이는 내가 목수라는 직업을 원한다면 나의 목공기술만 고려될 것임을 의미한다. 즉 내가 분석화학에 학위를 갖고 7개 국어를 유창하게 구사하며 뛰어난 콘서트 피아니스트라 할지라도, 나는 목수로서(일을 하게 되었다고 가정할 때) 대우를 받을 것이다.

이와는 대조적으로, 인적자원관리의 주요한 대안적 체계로 계급제가 있다. 세계 여러 나라에서 사용되고 있는 계급제에서 좁게 정의된 직무는 거의 확정적이지 않다. 사람의 기술과 직업을 조화시키려는 노력이 있지만, 사람이 가진 일반적인 자격요건과 자산에 더 많은 주의를 기울인다. 특정 수준의 교육수준, 기술 또는 경력을 감안하여 사람에게 계급이 부여되며, 이는 수행하는 직무의 특성과는 상관이 없다. 독일, 프랑스, 영국 및 영연방 국가와 같은 국가에서 일반적으로 공무원(정치인이나 선출직 공무원이 직접 임명한 공무원을 제외하고)은 노무직(blue collar), 서기직(Clerical) 및 기술직, 전문직 및 고위직 또는 고위공무원으로 분류된다. 이 범주 중 하나에 들어가는 것은 주로 교육수준과 시험성적에 달려 있다.

미국의 모든 조직이 직위분류제를 사용하는 것은 아니지만 대부분은 그렇다. 몇 가지 예외를 언급하면 두 시스템 간의 차이점을 설명하는 데 도움이 될 수 있다. 군부, 교직 및 외무부가 두드러진 예이다. 경찰서 및 소방서와 같은 대부분의 준군사조직들도 계급제를 사용한다. 개인이 수송부에서 근무하든 사령부 사무원으로 근무하든, 이등병은 이등병이다. 어떤 사람이 미국정부론을 가르치거나 대학원에서 정치이론세미나를 수업하든 조교수는 여전히 조교수이다. 한 사람이 카이로에 있는 대사관에서 비자를 승인하거나 또는 국무부(the State Department*)의 책상에서 정치발전을 분석하는지에 상관없이 8급 외무공무원은 여전히 8급 외무공무원이다 이 모든 사례에서 급여와 지위는 그 사람이 수행하는 직무가 아닌 가지고 있는 계급과 함께 간다.

---

* 미국은 외교정책을 국무부(United States Department of State)에서 담당한다. (역자주)

왜 직위분류제인가?

다시 말해, 미국의 인사행정체계는 대부분 직위분류제를 기반으로 한다. 이 강조의 한 이유는 프레드릭 테일러(Frederick Taylor)와 공공경영에 대한 과학적 관리법 이론의 영향에서 기인한다. 테일러와 그의 제자는 정부와 산업체를 특정 목적을 달성하기 위해 설립된 기계로서 보았다. 엔지니어가 복잡한 기계장치를 만들기 위해 별도의 부품을 설계하고 조립하는 것처럼, 조직의 시공자는 직무를 결합하여 보다 폭넓은 목적을 달성하는 활동의 네트워크를 만든다. 두 경우 모두, 부분(기계부품 또는 직무)은 기계 전체의 효율적인 작동에 기여하는 경우에만 중요하다. 테일러는 산업체를 위한 조립라인을 개발했다.

사람들보다 직무에 초점을 둔 둘째 이유는 1960년대 시민평등권운동이 벌인 전투의 유산이다. 개혁자들은 고용주가 잠재적인 직원의 직무관련 특성에만 주의를 기울이도록 함으로써 성별, 인종 및 종교적 고려사항을 인사결정에서 제외할 수 있다고 생각했다. 1964년 민권법(시민적 권리에 관한 법률)이 시행되며 실제로 인사결정의 기초로 실적에 중점을 두는 '실적제도'가 만들어졌다. 1883년 펜들턴법(Pendleton Act)은 실적제의 원칙을 수립하는 데 기여했다고 여겨지며, 엽관제와 정당소속에 따라 사람들을 고용하거나 해고하는 것을 금하였다. 그러나 펜들턴법은 사람들을 선발하는 데 직무관련 기준을 고집하지는 않았다. 예를 들어 1964년이 되기 전까지는 공무원이 되려는 대부분의 지원자는 직무의 구체적인 자격요건에 관계없이 단일 시험만 치러야 했다.

이 모든 것이 인적자원관리자가 사람에게 무심하고 무정한 로봇 같은 존재임을 의미하는가? 물론 아니다. 이는 인사행정가가 직무와 관련이 없는 개인의 특성을 무시하기 위해 의도적으로 노력한다는 의미이다. 직무와 그 자격요건에만 중점을 두는 것으로 기관의 우수성과 직원의 공정한 대우를 보장할 수 있다고 주장한다.

추가 참고문헌

미국의 인적자원관리에 대한 포괄적인 개관은 여러 교과서에서 찾을 수 있다. Dennis L. Dresang, *정부기관 및 비영리조직 인사관리, 6판*(Personnel Management in Government Agencies and Nonprofit Organizations, 6th ed.) (New York: Routledge, 2017)과 Katherine C. Naff, Norma M. Riccucci와 Siegrun Fox Freyss의 *정부인사관리: 정치와 절차, 7판*(Personnel Management in Government: Politics and Process, 7th ed.) (New York: CRC Press, 2013)을 참조하라. 이 분야의 좋은 읽기자료 모음집은 Steven W. Hays, Richard C. Kearney와 Jerrell D. Coggburn이 편집한 *공공인사행정: 문제점 및 전망, 5판*(Public Personnel Administration: Problems and Prospects, 5th ed.) (New York: Routledge, 2008)에서 찾아볼 수 있다.

EXERCISE 10
직무분석 및 직무기술서

짧은 우화

　　자신이 보험회사 규제를 담당하는 중간규모의 정부기관의 책임자인 T. R. 하디라고 잠시 상상해 보자. 당신은 주말 전에 서류업무를 마치려고 금요일 오후 늦게까지 조용히 책상에 앉아 업무를 하고 있다. 갑자기 누군가 노크를 하더니 들어오라고 하기도 전에 인사책임자 프랭크 존슨이 사무실로 급히 들어왔다. "T. R., 문제가 생겼습니다." 그는 말했다. "방금 행정보조직원 대부분이 성차별로 우리를 고소하려고 한다는 말을 들었어요. 유지보수직 직원보다 자기들이 월급을 적게 받는 유일한 이유는 자신들이 여자이기 때문이라고 주장하고 있습니다. 그게 얼마나 어리석은 생각인지 설명해 주려고 했지만…"

　　"T. R.? 저기, 말씀드릴 게 있습니다. 오, 미안해요, 프랭크. 여기에 있는지 몰랐네요." 금방 T. R.과 프랭크의 대화에 끼어든 사람은 보험요율분석부 수석 이코노미스트인 소니아 플레처다. "중요한 이야기 중에 끼어든 게 아니면 좋겠습니다만, 정말 급한 건이라서요." 그녀는 당황해하는 프랭크를 쓱 쳐다보고는 바로 이야기를 이어 나갔다. "선임 이코노미스트 중 한 명이 일을 그만두겠다고 하고 있어요. 받아야 할 만큼의 성과급을 못 받았다면서요. 기준을 충족할 만큼 그 사람이 일을 잘했다고 생각하지 않는다고 설명하려고 했지만 그는…"

　　"프랭크? 소니아? 오늘 오후에 직원회의가 있는 줄 모르고 있었군요." 고용기회 평등 담당자 Alan Bateson이 재빨리 사무실로 들어왔다. "어쨌든,

모두 여기 모인 것 같군요. 지난번에 주니어 보험요율분석가를 채용했던 것 다들 기억하시죠? 그때 채용되지 못한 지원자 중 한 명이 채용과정에 대해 문제를 제기하려고 한다는 소식을 들었습니다. 법정으로 갈 수도 있을 것 같아요. 이 직무에 석사 이상의 상위학위를 요구해서는 안 되며, 이 자격사항은 업무와 관련이 없다는 주장을 굽히지 않고 있습니다…"

"Alan, 잠깐만요. 저 아직 안 끝났어요." 소니아가 끼어들었다.

"당신 말이 아직 안 끝났다고?" 프랭크가 언성을 높였다. "내가 먼저 말하고 있었는데 당신이 방해했잖아요!"

보좌관 세 명의 목소리가 왁자지껄한 불협화음으로 들리기 시작하면서, 당신은 자리에 앉아 눈을 감고 집중하려고 애쓴다. 성차별? 불공정한 평가? 비합리적인 채용기준? 어떻게 해야 하지? 평화롭고 느긋한 주말은 물 건너간 것 같다.

교훈

우리는 당연히 T. R. 하디의 심정에 공감할 수 있다. 이 문제 중 그 어느 문제도 간단히 해결할 수 없을 것이다. 그러나 T. R.이 통찰력 있는 관리자이고 이들 문제에 대해 잘 생각해 본다면 향후에 발생할지도 모르는 문제를 미연에 방지할 수 있는 유용한 교훈을 얻을 수 있을 것이다. 하나하나가 어려운 문제지만 이들 문제에 일맥상통하는 점이 있는데, 이는 이 기관 인사구조의 근본적인 간극을 잘 반영하고 있다. 각각의 논란이 해당 직무의 본질에 대한 의견 불일치를 수반하고 있음에 주목하라. 행정보조직원들은 적어도 유지보수직원의 일에 비교했을 때, 기관이 자신들이 하는 일을 과소평가하고 있다고 주장하고 있고, 프랭크 존슨은 이에 동의하지 않는다. 선임 이코노미스트는 자신의 업무성과가 적절하게 평가되지 않았다고 생각하지만, 소니아 플레처는 이에 반대한다. 주니어 보험요율분석가 직위에 채용되지 못한 지원자는 상위학위를 요구하는 것이 비합리적이라고 생각한다. 그 요구사항을 정한 사람은 이 주장에 동의하지 않는다. 사례마다, 필요한 자격요건(주니어 보험요율분석가)이나, 기대되는 행위(선임 이코노미스트) 혹은 직원이 기울이는 노력의 수준이나 가치(행정보조직원) 면에서 특정 직무에서 요구되는 바가 무엇인지에 대한 의견 불일치가 발생했다. 여기에서 한 가지 시사점은 바로 이 기관이 직무를 제대로 분석하지 않았다는 점일 것이다. 즉, 각 직무에 있는 직원이 수행해야 하는 모든 업무를 체계적으로 파악하지 않았다는 말이다. 체계적으로 업무를 파악하지 못하면 관리자로서, 직원으로서 혹은 지원자로서 기준으로 삼을 것이 별로 없다. 직무 자체와 연관된 기준이 없기 때문에 당연히 누군가의 업무성과를 공정하게 평가할 수 없다. 한 종류의 직무가 다른 종류의 직무와 비교하여 어떤 업무를 수반하는지를 제대로 이해하지 못하기 때문에 어느 수준의 보수를 지급해야 할지 정할 수 없다. 일상적인 업무에 무엇이 요구되는지를 모르고서는 채용에 사용할 적절한 자격사항을 정할 수도 없다. 무슨 근거로 고등학교 졸업장이 아니라 박사학위가 필요하다고 주장할 수 있겠는가?

직무분석이란 무엇인가?

직무분석은 기관의 여러 직무에서 수행되는 업무에 관한 정보의 수집 및 분석이자 업무를 성공적으로 수행하기 위해 필요한 지식, 기술, 능력에 대한 평가라고 공식적으로 정의될 수 있을 것이다. 좀 더 간단히 말하자면, 직무분석이란 특정한 직무에 수반되는 것이 무엇인지를 알아내고 그 직무를 수행하기 위해 어떠한 자격요건이 필요한 지를 알아내는 것이다. T. R. 하디의 이야기에서 명확히 알 수 있듯이, 직무분석은 중요하다. 기타 모든 인사절차가 여기에 달려 있기 때문이다.

직무분석은 어떻게 하는가?

직무분석을 실시하는 방법에는 여러 가지가 있다. 어떤 기법은 정량적인 방식으로, 근로자(현직자, job incumbent)가 수행한 과업을 사전에 정해진 전면적인 직무과업 체크리스트를 사용하여 평가하는 일을 수반한다. 해당 직무에 무엇이 필요한 지를 알아보기 위해 현직자와 그들의 상사가 함께 상대적으로 구조가 정해져 있지 않은 면담을 하는 방식도 있다. 정량적이고 구조적이든, 정성적이고 비구조적이든, 완벽한 직무분석을 위해서는 분석을 하는 사람이 분석대상인 직무에 대해 최대한 많이 알고 있어야 한다.

　　지금까지 알려진 직무분석에 있어서 최고의 정보 출처는 현재 그 일을 하고 있는 사람이다. 현직자는 직무에서 요구되는 일상적 업무와 계절별 업무, 업무를 잘하기 위해 필요한 것, 그리고 업무 성과에 영향을 미치는 것이 무엇인지에 대해 자세한 정보를 줄 수 있다. 그러나 현직자와의 면담은 반드시 그들의 상사와의 면담을 통해 보충되어야 한다. 해당 부서의 책임자는 현직자가 자신에게 주어진 업무를 잘 수행하고 있는지를 알려줄 수 있다. 또한 상사는 구조조정이나 새로운 기술, 업무절차 도입 등으로 인해 업무에 변화가 있을지 여부에 대해 직무분석가에게 알려 줄 수 있다. 어떤 경우에는 현직자와 그들의 상사로부터 얻은 정보를 보충하거나 잘못된 정보를 조정하기 위해 실제로 업무를 어떻게 하는지를 관찰하는 것도 유용하다.

　　직무분석을 위해 조직도와 사명선언문도 숙지해야 한다. 기존 직무기술서를 검토하는 것도 유용하지만, 기존 직무기술서가 오래되었거나 부분적으로만 정확할 가능성도 있음을 고려하는 것이 중요하다. 많은 직무의 경우, 미 노동국이 발간한 미국직업사전(Dictionary of Occupational Titles (www.occupationalinfo.org)이 좋은 참고자료가 될 수 있다. 이 사전은 25,000개 이상의 직업에 대한 일반적인 설명을 제공한다.

추가 참고문헌

직무분석 및 직위분류제에 대한 연구자료는 일반적으로 상당히 전문적이다. 제3부 도입부에서 인용된 인사행정 교과서에서 개괄적인 내용을 읽어볼 수 있을 것이다. 그리고 Sidney A. Fine과 Steven F. Cronshaw의 *실용적인 직무분석: 인적자원관리의 기초*(Functional Job Analysis: A Foundation for Human Resource Management) (New York: Psychology Press, 1999)를 참고하라. 주로 미국 연방공무원 직무에 대한 유용한 책은 Susan Custard, Ann Garrett, Sandra Rouse, 리사 샌드스트롬의 *직위분류제 및 직위관리 가이드* (Your Guide to Position Classification and Position Management) (Lightfoot, VA: Blue Dragon Publishing, 2013)이다.

미국의 직위분류제를 주요대안인 계급제와 비교해 보고자 한다면, 대안적인 인사체계를 훌륭하게 소개하고 있는 Ferrel Heady의 *공공행정: 비교관점, 7판*(Public Administration: A Comparative Perspective, 7th ed.) (New York: CRC Press, 2015)과 Jos Raadschelders과 Eran Vigoda – Gadot의 *공공행정 및 거버넌스에 대한 글로벌 차원*(Global Dimensions of Public Administration and Governance) (Hoboken, NJ: Jossey – Bass, 2015)을 참고하라.

온라인 자료

www.opm.gov 연방정부 및 특정기관의 인사관리처에 직무분석 및 분류 정보가 나와 있다.

www.occupationalinfo.org 연방노동부의 직업사전(Dictionary of Occupational Titles)은 대부분의 공공 및 민간 분야 기관에서 직무분석과 관련하여 중요한 역할을 하고 있다.

• 실습문제 개요

이번 실습문제에서는, 직무분석을 하고 직무기술서를 작성해야 한다. 교수자는 학교나 동네의 실제 직무분석하기를 요구할 수도 있다. 그런 경우, 현직자와 면담을 하고(대개 30분 정도 소요) 현직자의 상사와 해당 직무에 대해 이야기를 나누어야 한다(추가 15분 소요). 기존의 직무기술서, 조직도, 사명 선언문 등도 입수해야 한다. 양식 49를 면담과 정보수집의 기반으로 사용하라.

혹은 교수자가 이 실습문제를 수업 내 활동에서 실시할 수도 있다. 그런 경우, 실제로 해당 일을 하는 동료 학생들이 '현직자'로 지정될 것이다. 나머지 학생들은 '직무분석가'로 지정된다. 소규모 조로 나누어, 직무분석가들은 현직자 한 명과 면담을 하고 양식 49 '직무분석 설문지'를 작성한다. 그후 각 직무분석가는 분석한 직무에 대해 직무기술서(양식 52)를 작성한다. 수업 내 활동에서 이루어지는 활동은 현직자와의 1회 면담 만을 기초로 하는 것이기 때문에 실제 직무분석의 요약버전임에 주의하라. 분석 대상이 되는 직무에 대해 교수자가 도서관에서 배경조사 하기를 지시할 수 있으며, 현직자가 일하는 모습을 관찰하거나 그들의 상관 및 동료직원과 면담을 할 필요는 없다. 만약 당신이 전문 직무분석가로서 활동한다면, 직무분석을 착실하게 실시하고 타당한 직무기술서를 작성하기 위해 이러한 추가적인 단계를 모두 밟아야 한다는 점을 기억하기 바란다.

수업 내 활동에서 이 실습문제를 하든, 수업 외 활동에서 하든, 당신은 분석가이지 기록관이 아님을 명심하는 것이 중요하다. 양식 49에 당신이 기재한 정보는 현직자(가장 중요한 정보원), 현직자의 상사, 조직 웹사이트 등을 통해 알아낸 정보를 통합하고 평가한 내용을 대변해야 한다. 분석가로서 당신이 조정할 수 없는 모순되는 정보를 얻게 된다면 양식 49의 관련 섹션에 서로 이질적인 메시지를 기재하고 정보가 서로 상충된다는 메모를 남겨야한다. 당신이 얻은 정보가 직무보다는 사람과 더 연관이 있거나 단순히 앞뒤가 맞지 않는 경우가 있을 수도 있다. 특정 업무를 하기 위해서 정해진 기간만큼의 경력이 있어야 한다거나 특정한 학위가 있어야 한다는 정보를 획득하는 경우가 대표적인 예이다. 이러한 요구사항은 종종 임의적이며, 해당 직무에서 실제로 요구되는 사항이 아닌 현직자가 보유하고 있는 사항을 반영할 뿐이다. 기껏해야 해당 직무에는 4년의 경력 혹은 석사학위가 요구되는 것이 아니라 어느 정도의 경력이나 특정한 교과목 이수 등의 훈련을 요구하고 있을 수도 있다. 분석가로서 당신은 모든 정보에 의심을 품고 자신만의 평가를 해야 한다.

수업 외 활동 실습문제를 위한 지시사항

1단계

정부기관이나 비영리기관의 직무 하나를 골라 현직자 및 현직자의 상관과 면담 약속을 잡는다.

2단계

해당 기관의 사명 및 구조에 대한 정보를 수집하고 당신이 분석하는 직무에 대해 알아본다.

3단계

양식 48 및 50을 읽어 본다.

4단계

양식 49에 필요한 정보를 얻을 수 있도록 현직자와 현직자의 상관과 면담을 한다. 만약 기존 직무서술서가 있다면 현직자나 현직자의 상관에게 직무기술서 사본을 요청한다.

5단계

양식 49를 작성한다.

6단계

양식 52를 작성한다.

7단계

양식 53의 질문에 답한다.

수업 내 활동 실습문제 지시사항

1단계

현직자 역할을 할 학생으로 실제로 해당 업무를 하고 있는 학생을 고를 것이다. 나머지 학생들은 직무분석가 역할을 한다.

2단계

직무분석가는 양식 48, '직무분석을 위한 지시사항'을 상세히 읽어 보고 양식 49의 항목을 숙지한다.

3단계

현직자 한 명마다 직무분석가팀이 지정되어야 한다. 분석가는 지정된 현직자를 면담하고 양식 49를 작성한다.

4단계

직무분석가는 양식 50, '직무기술서 작성을 위한 지시사항'을 읽고 양식 51의 직무기술서 샘플을 검토한다. 현직자 역할을 하는 경우, 교수자는 당신에게 잠시 역할을 멈추고 당신이 맡은 직무나 다른 현직자가 맡은 직무에 대해 양식 49와 직무기술서를 작성하라고 지시할 수도 있다.

5단계

각 직무분석가는 자신이 분석한 직무에 대해 양식 52, '직무기술서'를 작성해야 한다.

6단계

양식 53의 질문에 답한다.

양식 48

직무분석가를 위한 지시사항

　　직무분석가의 중요임무는 현직자가 하는 업무를 가능한 한 정확하고 자세하게 기술하고 이러한 업무를 성공적으로 시행하기 위해 필요한 기술, 지식, 능력을 평가하는 것이다. 양식 50은 당신이 분석하는 직무의 중요요소에 주위를 돌리게끔 함으로써 당신이 직무분석가의 임무를 잘 수행할 수 있도록 도움을 줄 것이다. 다음의 상세한 지시사항은 양식 50 작성법에 대한 설명이다.

A. *일반정보*: 기관명, 직위명, 현직자의 이름을 적는다.

B. *직무에 따른 업무*: 별개의 업무를 각각 적은 후 현직자가 각 업무를 수행하는 데 사용하는 시간을 예측한다. 실제 업무행위에 초점을 맞추어 최대한 구체적으로 업무를 파악한다. 예를 들어, 행정보조직원의 업무는 '서신 및 보고서 타이핑, 전화응대, 복사기 사용, 팩스기 사용' 등을 포함할 것이다. 시간 기준이 일별, 주별, 월별, 연도별인지를 명시하고 모든 업무에 대해 동일한 기준을 적용한다.

C. *직무관계*

1. *현직자가 받는 감독*: 현직자의 직속 상관의 이름을 쓰고 현직자가 얼마나 밀접한 감독하에 있는지를 설명한다. 현직자는 업무를 수행하는 데 얼마만큼의 자율성 혹은 독립성을 가지고 있는가?

2. *현직자의 하는 감독*: 현직자의 감독하에 있는 직원의 직무 및 직원의 수를 적는다. 현직자가 이들 외에 다른 직원, 자원봉사자, 재소자, 학생 등등을 감독하는지 여부를 명시한다.

3. *기타 직무관계*: 현직자가 업무수행에 있어 다른 직원이나 고객과 맺는 관리 감독 관계가 아닌 중요한 관계가 있다면 이를 기술하라. 예를 들어, 현직자가 해야 하는 업무는 다른 직원과의 폭넓은 협력을

필요로 하는가? 현직자는 일반 대중과 광범위하게 관계를 맺는가?

D. *직무 자격요건*

1. *필요한 지식, 기술, 능력*: B에서 식별된 각 업무에 요구되는 지식, 기술, 능력을 서술하고 가능한 경우 허용 가능한 업무성과 수준도 서술한다. 행정보조직원의 예를 다시 들자면, 현직자의 경우, 1분에 65개의 단어를 타이핑할 수 있는 능력, 전화문의에 친절하고 상세하게 응답할 수 있는 능력, 그리고 기본적인 사무실기기를 사용할 수 있는 능력이 요구될 것이다. 특정한 업무가 동일한 기본기술을 필요로 하는 경우('복사기 사용'과 '팩스기 사용'), 해당 기술 혹은 기술들을 한 번만 언급하면 된다('기본적인 사무실 기기 사용').

2. *요구되는 교육이나 훈련*: 업무수행을 위해 요구되는 학력수준(예: 고등학교졸업장, 토목공학학사, 화학박사 등)이나 훈련의 종류(실험 기술 및 간호 관련 직업교육과정 등)를 기술하라. 명시하는 교육수준이나 훈련의 종류가 무엇이든지 간에 업무와 연관되어야 함을 명심해야 한다. 예를 들어, 회계 업무를 하기 위해 지원자는 회계 수업을 들었어야 하지만 반드시 대학교 학사학위를 받아야 할 필요는 없다. 지원자가 해당 직무에 채용된 후 받을 수 있는 훈련이나 교육을 명시하라(예: 직장 내 훈련(OJT) 제공).

3. *요구되는 경력*: 업무수행에 필요한 과거 근무(또는 비근무) 경력을 서술하라(예: 중급 회계 경력 필요). 교육훈련의 경우처럼 명시하는 경력은 반드시 업무와 관련된 경력이어야 한다. 예를 들어 기준 없이 임의로 경력의 햇수를 명시하기보다는 경력의 종류나 수준을 명시하는 것이 훨씬 정확하다.

4. *다른 요구사항*: 업무수행을 위해 필요한 추가사항을 기술한다. 추가사항으로는 특정한 자격증이나 허가증 보유, 전근할 의향 혹은 자동차소유 등이 있을 수 있다.

양식 49

직무분석 설문지

A. 일반 정보

   1. 기관/조직명: _____

   2. 직위명: _____

   3. 현직자명: _____

B. 직무에 따른 업무

업무	업무에 할애하는 시간 백분율 기준시간(일별/주별/월별/연도별)
1.	
2.	
3.	
4.	
5.	
6.	
7.	
8.	

C. 직무 관계

   1. 현직자가 받는 감독:

     a. 상관의 직무:

     b. 감독의 범위:

2. 현직자가 하는 감독:

   a. 감독받는 직원의 직무(자원봉사자, 재소자 등등)

      i.

      ii.

      iii.

      iv.

      v.

   B. 감독받는 직원의 총 인원수:

3. 기타 직무 관계

D. 직무 자격요건

   1. 요구되는 지식, 기술, 능력:

      a.

      b.

      c.

      d.

      e.

      f.

      g.

      h.

   2. 요구되는 교육이나 훈련:

   3. 요구되는 경력:

   4. 추가 요구사항:

제출자: ＿＿＿＿＿＿＿＿＿

(직무분석가 성명)

양식 50

직무기술서 작성을 위한 지시사항

직무기술서란 특정 직무의 업무와 책임을 요약해서 설명한 것으로 해당 직무를 성공적으로 수행하기 위해 필요한 자격요건을 함께 명시한 것이다. 직무기술서는 채용, 성과평가, 보상 결정 등을 포함한 다양한 인사 절차의 근간을 제공한다.

직무기술서는 직무분석에 기초하기 때문에 직무기술서와 완성된 양식 49 사이의 차이점이 무엇인지 궁금할 것이다. 차이점은 주로 내용이 어떻게 구성되고 기술되는지에 대한 점이다. 본질을 따져 보면 둘은 매우 비슷하다. 직무기술서는 상당한 양의 정보를 요약한다. 실제 인사관리에서 사용되는 것은 직무분석을 하면서 산더미처럼 생성된 서류가 아니라 이 직무기술서다. 따라서 직무기술서를 명확하고, 정확하고, 간결하게 작성할 것을 배울 필요가 있다.

아래의 일반적인 규칙을 지켜야 한다.

1. 직무관계를 포함하여 직무에 따른 업무와 책임에 대한 일반적인 진술로 시작한다. 양식 51에 예시되어 있는 '일반적인 책임'에 대한 진술 내용을 참조하라.
2. 중요한 순서대로 직무에 따른 주요 업무를 목록화하고 관련 있는 성과 기준을 함께 제시한다. 양식 51의 예시에 있는 '주요 업무'를 참고하라.
3. 요구되는 관련 지식, 기술, 능력을 명시한다. 양식 51의 예시에 있는 해당 부분을 참고하라.
4. 채용을 위해 요구되는 학력수준, 훈련, 경력을 명시한다. 관련이 있는 경우 직장 내 훈련을 언급한다. 명시된 자격요건은 직무에 적절한 요건이어야 한다.

5. 불필요한 말을 사용하지 않음으로써 기술서를 가능한 한 간단 명료하게 작성한다. 전보식문체*(telegraphic writing style)를 사용하라. 기술서 내용의 주어로 현직자가 가정되어 있다. 따라서 간단한 목적어−동사 형태의 문장(예: '재무 데이터를 분석한다', '유지보수 직원 3명을 관리 감독한다')을 사용할 수 있다.

---

* 전보를 치는 것처럼 군더더기 단어들은 생략하고 핵심적인 단어만 연결하여 문장을 구성하는 것. 명사와 동사, 형용사, 부사 등의 내용어는 포함하고 조사, 전치사, 접속사 등의 기능어는 생략된다. (역자주)

양식 51

직무기술서 샘플

직위명: **경찰배치요원**

일반적인 책임: 일반적인 감독하에, 배치요원은 911 긴급전화 및 긴급상황은 아니지만 경찰의 도움을 요구하는 요청에 응대하기, 전화통화내용의 특성과 긴박성 판단하기, 경찰 및 기타 비상대응인력을 기동시키고 대응사항 및 필요한 지원 요구사항을 모니터하기 위해 현장유닛과 연결 유지하기 등을 포함한 숙련된 긴급서비스 업무를 수행한다.

이 직무는 공무원 직무이며 계급이 있는 경찰관은 지원할 수 없다.

주요 업무: 1. 긴급전화 및 긴급이 아닌 전화를 받고 응대한다.

2. 얻은 정보를 평가하고, 전화의 우선 순위를 결정하여 필요한 경찰 부서 및/혹은 기관을 출동시킨다.

3. 경찰 부서의 활동을 모니터한다.

4. 공공안전통신 일지를 작성하고 유지한다.

요구되는 지식, 기술, 능력: 1. 통신 기술 및 장비에 대한 지식

2. 다양한 통신장비 사용기술

3. 지도를 읽고 해석하는 기술

4. 명확하고 명료하게 말하는 능력

자격 요건: 이 직무는 하급직으로 경찰배치업무와 관련한 경력이나 훈련을 요구하지 않는다.

양식 52

직무기술서

직위명:

책임:

주요 업무:

요구되는 지식, 기술, 능력:

자격 요건:

양식 53

질문

1. 직무분석 및 직무기술서 작성 시 특정 업무를 명시함에 있어 최대한 명료하게 표현해야 하는 것이 왜 중요한가?

2. 이러한 방식으로 직무에 대한 정의를 내리는 것에 단점이 있다고 생각한다면, 그 단점은 무엇인가? 해당 직무에 있는 사람들을 무시하는 것이 정말 가능한가, 혹은 바람직한가?

3. 직무를 매우 세심하게 서면으로 작성한 기관에서 일하고 싶은가? 아니면 좀 더 조정의 여지가 있도록 작성한 기관에서 일하고 싶은가?

EXERCISE 11
성과평가

성과평가: 무엇을, 왜, 어떻게?

    일단 직무분석이 완료되고 직무기술서가 작성되면 해당 자리를 채울 누군가를 바로 채용하면 될 듯이 보일 수도 있다. 어쨌든 해당 직무에 필요한 업무와 지식, 기술, 능력이 무엇인지 파악했으니 말이다. 그러나, 이력서를 받아보고 지원자와의 면접을 하기 전에, 우리는 해당 직위에서 일을 잘하는 사람들이 어떤 사람들인지 잘 알고 있어야 한다. 가능하다면, 현직자의 업무성과를 먼저 평가해야 한다. 업무성과를 평가하는 데에는 여러 가지 이유가 있는데, 직원채용을 위한 준비는 그중 하나이다.

    관리자이거나 직원이거나 상관없이 조직원 대부분은 성과평가를 마치 심각한 독감처럼 싫어한다. 자신이 한 일을 평가받기를 즐기는 사람은 거의 없다. 특히 임금, 승진기회, 심지어 일자리 그 자체가 평가결과에 달려 있다고 할 때는 더욱 그러하다. 다른 사람이 한 일을 평가하기를 즐기는 사람도 그리 많지 않을 것이다. 다른 직원들이 무엇을 잘못하고 있는지를 알고 있다고 하더라도, 그리고 그들의 일을 감독할 책임이 자신에게 있다고 하더라도, 당신의 비판이 얼마나 건설적인가와 관계없이 다른 직원에게 이러한 내용을 말해주기 위해 용기를 내는 것은 쉽지 않은 일이다. 업무평가를 해야할 때 대부분 사람들이 이를 하기 싫어하는 큰 이유는, 공공부문에서만 그러한 것은 아니지만 특히 공공부문에서 이러한 성과평가가 보상과 연결되지 않기 때문이다. 주로 성과평가와 연결되는 것은 징계와 해고이며 따라서 성과평가는 부정적인 맥락에서 묘사된다. 더구나 조직은 단순한 권한계통

(line of authority)과 조직도에 나와 있는 깔끔한 사각형들로만 이루어지지 않는다. 조직에서는 사회관계가 빠르게 형성된다. 상호작용의 비공식 규범이 마련되고 이러한 규범은 공식적인 조직 역할에 방해가 되기도 하는 긴밀한 업무관계, 심지어 우정을 통해 단단해지기도 한다.

그렇지만 성과평가를 피할 수는 없다. 많은 정부기관에서는 법에 따라 매년 평가를 해야 한다. 또한 우리는 자연스럽게, 그리고 본능적으로 서로의 성과를 평가하게 되어 있다. 우리는 피드백을 두려워하는 만큼 피드백을 받기를 원한다. 그리고 사실 기회나 처벌에 대한 인사결정은 최소한 부분적으로라도 성과에 기초한다.

대부분의 조직이 직원의 성과를 평가하지만, 모두가 체계적이고 상세하게 평가하지는 않는다. 유효한 성과평가를 하기 위해서는 시간과 가이드라인이 필요하다. 관리자들은 평과 결과가 조직의 목표를 달성하는 데 유용할 것으로 생각해야 하고 직원들은 평가 방식이 공정하고 편파적이지 않다는 것을 믿어야 한다. 직원 성과 중에 기본적으로 통과−탈락(pass−fail) 기준으로 평가되는 성과도 있음을 명확히 해야 한다. 당연히 횡령, 절도, 태업* 등은 범죄행태일 뿐 아니라 해고의 근거가 된다. 어떤 직무에 대해서는 수용 가능한 직원의 업무성과 기준이 가장 높은 수준으로 설정되어 있고 실수나 잘못이 허용되지 않는다. 예를 들어, 경찰배치요원의 경우 일부 비상사태에서 즉각적이고 적절한 대응을 하는 것이 요구된다. 실수하면 누군가가 죽을 수도 있는 것이다. 그러나 이러한 예시에서도 긴급한 비상상황에 적용되는 통과−탈락 기준은 일지 작성과 같은 다른 업무와는 분리되어 적용될 수 있다. 성과평가는 직무에 실수가 허용되지 않는 책임이 포함된 경우조차도 필요하다.

'체계적인 성과평가'란 정확히 무슨 뜻인가? 무엇이 직원성과를 평가하는 좋은 방법과 나쁜 방법을 구분 짓는가? 모든 조직의 모든 직무에 적합한 단 한 가지의 방법은 존재하지 않지만, 성과평가라고 부를 수 있는 모든 평

---

* 태업에는 조합원들이 일부러 불성실하게 근무함으로써 작업능률을 저하시키는 '소극적 태업(work slowdown)'과 고의로 생산설비를 파괴하거나 불량품을 생산해 내는 '적극적 태업(sabotage)'으로 나눌 수 있으며, 본문에서의 태업은 적극적 태업의 의미에 가깝다. (역자주)

가제도는 한 가지 주된 아이디어로 다른 제도와 구별된다. 직원의 자질이나 행태 중 업무수행과 관련된 자질이나 행태만이 측정된다. 따라서 평가자는 두 가지 정보가 필요하다. 첫째, 평가자는 직무의 성격을 정확히 이해할 필요가 있다. 둘째, 평가자는 현직자가 실제로 어떤 업무를 해 왔는지에 대한 정확한 지식이 있어야 한다. 첫째 필요사항은 선행한 실습문제로 충족된다. 철저한 직무분석을 바탕으로 한 유효한 직무기술서를 읽어 봄으로써 평가자는 직무의 성격을 알 수 있다. 더 정확히 말하자면, 직무기술서에는 업무의 자세한 내용이 담겨있다. 성과평가 용어로는 직무차원(job dimension)이라고 불리는 각각의 세부업무는 현직자의 실제 업무성과를 측정하는 척도로 사용될 수 있다.

그러나 이러한 척도의 성격은 크게 달라질 수 있다. 사실, 광범위하게 보아 크게 두 가지의 성과측정제도가 있는데, 각각은 서로 매우 다른 성과측정에 초점을 맞추고 있다.

성과평가에 대한 두 가지 접근 방식

첫 번째 접근방식은 직원의 행태에 초점을 맞추는 방식이다. 이 방식은 직원이라는 사람 자체가 아니라, 직원이 무슨 행태를 보였는지를 평가한다 (이러한 구분은 아동심리학에서 가져왔다. 집이 엉망진창이 되었다면 조니의 엄마는 "조니는 나쁜 어린이가 아니다. 그저 나쁜 행동을 하고 있을 뿐이다"라고 기록하는 것이다). 가장 널리 사용되는 행태기반 평가제도인 행태기준평정척도법(Behaviorally Anchored Rating Scales, BARS)에서는 가상의 현직자가 하는 행태를 직무분석에서 파악된 각 업무차원에 대해 '훌륭함'에서 '형편없음'까지의 각각의 단계를 행태서술문으로 기록한다. 실습문제 10에 사용된 경찰배치요원(양식 51)에 대한 BARS를 작성하고자 한다면, '전화를 받고 응대한다', '전화의 우선순위를 정하여 경찰부대를 출동시킨다', '대응활동을 모니터한다', '일지를 작성한다'라는 네 가지 업무차원에 대한 '기준' 행태서술문을 기록해야 할 것이다. 전화의 우선순위를 정하는 업무차원에 대한 예로 '항상 적절하게 긴급함의 정도를 구별한다', '가끔 긴급하지 않은 상황을 비상사태로 착각한다', '상황대응과 관련된 경찰부대와 의사소통하는 데 늘 실패한다' 등을 들 수 있다.

가중치를 적용한 척도로 배열된 서술문은 평가절차에서 상대적으로 객관적인 비교지점이 된다. 상사는 서술문을 읽고 해당 직원의 행태를 가장 잘 설명하는 것이 무엇인지를 정하면 된다. 각 업무성과 단계마다 점수를 부여하여 BARS 평가를 쉽게 정량화할 수 있다(예: '훌륭함'에 5점, '양호함'에 4점 등의 점수를 부여하고, 직무에서 해당 업무차원이 가지는 상대적 중요성이나 비중을 반영하는 승수를 적용시킴). 일단 직원별로 각 업무차원에 대해 평가하면, 성과 총점은 쉽게 구할 수 있다.

이러한 행태적 접근법을 옹호하는 사람들은 이 방식이 상대적으로 객관적일 뿐 아니라 교육적인 성격도 있다는 점을 근거로 이 접근방식을 지지한다. BARS 양식이나 이와 비슷한 도구를 검토함으로, 직원은 자신의 직무에 대해 정확히 어떤 행태가 기대되는지를 알 수 있고 이에 맞추어 처신할 수 있다.

그러나 행태적 접근방식에 단점이 없는 것은 아니다. 먼저, 행태적 접근방식 성과평가를 설계하는 데는 오랜 시간이 걸린다. 그러나 초기에만 이렇게 시간 투자를 하면 된다. 수정은 비교적 쉽게 할 수 있다. 좋은 BARS 시스템을 설계하기 위해서는 각 직무에 대한 기준 행태서술문을 많이 작성해야 한다. 그리고 각 직무 종류마다 새로운 척도의 세트가 필요하다. 사회복지사에 대해 개발된 기준 행태서술문 세트는 용접공에 대해 사용될 수 없다. 행태적 접근법 체계가 지나치게 융통성이 없고 지시적이라고 비판하는 사람들도 있다. 직무가 매년 변화할 뿐 아니라, 이 접근법에서 가정하듯이 직무수행을 위한 단 한 가지 '최선'의 방법만이 있는 경우는 없다는 것이다. 이들은 실제로 무엇을 성취했느냐가 아니라 직무를 어떻게 수행했느냐가 중요하다는 행태적 접근법에서 필연적으로 사용되는 가정은 핵심이 무엇인지를 놓치고 있다고 주장한다.

성과평가에 대한 둘째 접근방식은 최소한 부분적으로라도 결과를 중요시한다. 이 접근방식에서는 직원의 행태에서 직원이 성취한 것으로 초점이 옮겨간다. 판매원이 잠재 고객과 어떻게 관계를 맺는지를 명시하는 대신('부재중 전화에 거의 응답하지 않는다', '고객방문기록을 정확하게 남긴다'), "(예를 들어) 젠더가 지난 분기에 장비를 몇 개 팔았는가?"를 물어보면 되는 것이다. 만약 젠더가 장비를 많이 팔았다면 그의 판매 '행태'에 대해서는 크게 신경 쓰지 않아도 될 것이다. 높은 판매량을 유지할 수만 있다면 그는 마음대로 고릴라 옷을 입고 있어도 되고, 손님에게 오행시로 말해도 되고, 고객과의 약속장소에 외바퀴 자전거를 타고 나가도 된다.

이러한 결과지향형제도 중 가장 널리 사용되고 잘 알려진 제도가 목표관리제(Management by Objectives: MBO)이다. MBO마다 절차의 정도가 다르기 때문에 여러 가지 형식이 있을 수 있지만, 대부분의 MBO 체계는 네 가지 기본 절차로 이루어진다.

1. 목표와 목적을 정한다.
2. 목표와 목적을 달성하기 위해 일한다.
3. 성과를 검토한다.
4. 성과를 보상이나 제재와 연결 짓는다.

논리상, MBO에서는 직원들이 목표설정에 많이 참여하지 않아도 되지만, 대부분의 제도에서는 직원들이 목표를 심리적으로 받아들여야 한다고 가정하고 있다. 사실 직원을 참여시키고 이들에게 권한을 부여함으로써 직원의 업무 동기와 창의성이 높아진다는 점이 MBO 같은 결과지향적 제도의 큰 장점으로 인용되어 왔다.

행태기준 접근방식과 마찬가지로 결과지향적 제도에도 문제점이 있다. 제도설계에 따라 공통된 측정기준으로 직원의 성과를 비교하기가 어려워질 수도 있다. 결국 직원마다 목표가 서로 다를 것이다. 따라서 적어도 공평하게 보이는 방식으로는 평과결과를 임금 및 승진결정과 연결시키기가 어려울 수 있다. 또한 결과를 지나치게 강조하면 어떻게 업무를 해야 하는지에 대해 직원이 헷갈려 하고 불확실성을 가지게 될 수 있다. 더 최악의 경우, 직원은 목표를 달성할 수만 있다면 도덕성이나 합법성을 무시해도 된다는 '무엇이든 허용된다'는 철학을 가지게 될 수도 있다. 어떻게 업무수행을 하느냐도 중요하다. 그리고 결과지향적 제도에서는 평가자가 평가를 작성할 때 직원의 통제 밖에 있는 외부요소의 가중치를 정하고 걸러내는 추가적인 노력을 기울여야 한다.

조직과 직무는 서로 다르다. 당신이 행태적 접근법을 선호하든, 결과지향적 접근법을 선호하든, 같은 접근법을 모든 직무에 적용하는 것은 적절치 않다. 예를 들어, 사회복지사나 교사를 평가하는 경우, 우리는 완료된 케이스 수나 학생의 표준화된 시험성적 등과 같은 일부 결과를 측정 가능하다는 것을 알지만, 이러한 결과는 경제상황, 가족의 영향, 고객이나 학생의 건강상태나 능력 등 교사나 사회복지사가 통제할 수 없는 중요한 요인들에 영향을 받기도 한다. 이러한 상황에서는 행태기준 접근법을 사용하면서 업무 행동이 훌륭하면 원하는 결과를 성취하는 데 도움이 될 것이라는 추론을 하는 것이 더 나을 것이다. 또한 특정 직무에 대한 성과평가제도에 결과지향적 측정치 일부와 행태기준척도 일부가 섞여 있어서는 안 된다는 법도 없다.

추가 참고문헌

행태기준평정척도에 대한 논의는 Frank J. Landy와 Jeffrey M. Conte의 *21세기의 일. 산업 및 조직 심리학 개론, 3판*(Work in the 21st Century. An Introduction to Industrial and Organizational Psychology, 3th ed.) (Hoboken, NJ: Wiley, 2010) Ricky Griffin의 *경영학원론, 8판*(Fundamentals of Management, 8th ed.) (Boston: Cengage Learning, 2016), David A. DeCenzo, Stephen P. Robbions과 Susan L. Verhulst의 *인사관리원론, 12판*(Fundamentals of Human Resource Management, 12th ed.) (Hoboken, NJ: Wiley, 2016) 등에서 찾을 수 있다. 목표관리제에 대해서는 Can Akdeniz의 *목표관리제에 대한 설명*(Management By Objectives Explained) (Bad Bodendorf, Germany: Business School Books, 2015), Richard L. Daft의 *관리, 12판*(Management, 12th ed.) (Cincinnati, OH: South-Western College Publishing, 2015), Andrew S. Grove의 *높은 성과를 내는 관리, 2판*(High Output Management, 2nd ed.) (New York: Vintage, 2015)을 참조하라.

온라인 자료

www.opm.gov   미연방 인사관리처는 성과평가제도 설계와 관련하여 정부기관 및 주와 지방정부에 도움을 제공하고 있다.

• 실습문제 개요

이번 실습문제에서는 실습문제 10에서 분석하고 직무기술서를 작성한 직무에 대해 성과평가체계를 만들 것이다. 직원의 실제 업무성과를 관찰할 기회가 없기 때문에, 평가도구를 사용하기보다는 이를 설계하는 것이 당신이 할 일이다.

지시사항

1단계

실습문제 10에서 자신이 작성한 직무기술서를 검토한다. 만약 당신이 현직자 역을 맡았기 때문에 직무기술서를 작성하지 않았다면 직무분석가 역할을 맡았던 친구로부터 양식 49와 양식 52 모두를 받아야 한다.

2단계

이 직무에 대한 평가수단을 설계할 때 행태기준과 결과기준 평가방식 중 어떤 방식을 사용할지 결정한다. 이때, 접근법에 내재된 요소나 문제의 직무에만 특별히 해당하는 요소 등 다양한 요소에 대한 가중치를 정해야 한다. 이 실습문제 개요에서 논의된 각 접근법의 장단점을 생각해 보라.

• 행태기준 시스템을 사용하기로 선택하였다면 양식 54를 검토한다.
• 결과기준 시스템을 사용하기로 선택하였다면 양식 56을 검토한다.

원하면 두 시스템을 혼합하여 사용해도 되는데, 이런 경우 당신만의 평가양식의 작성을 시작하기 전에 두 양식 모두를 검토해 보아야 할 것이다.

3단계

적합한 워크시트(양식 55나 57)를 사용하여 자신만의 평가양식을 설계하라.

4단계

양식 58의 질문에 답한다.

양식 54

행태-기준 체계 설계하기

이 양식은 간략한 버전의 행태기준평정척도법(BARS) 작성방식을 알려 주고 있는데, BARS는 가장 대표적인 행태-기준 성과평가체계의 한 예이다.

1. 자신의 직무분석내용과 직무기술서를 꼼꼼히 읽어 보고 주요 업무차원을 파악한다.

2. 각 업무차원의 상대적 중요성을 결정하고 이를 백분율로 나타낸다. 예를 들어, 경찰배치요원의 네 가지 업무차원이 '전화 응대하기', '대응의 우선 순위 정하기', '대응 활동 모니터하기', '일지 작성하기'라면, 직무분석내용 을 읽어본 후 전화 응대에 30%, 대응 우선순위 정하기에 40%, 활동 모니 터링하기에 20%, 일지 작성에 10%의 가중치를 두기로 정할 수 있다.

3. 각 업무차원마다 양식 55(혹은 원한다면 자신이 설계한 양식) 한 부를 작성한 다. 다섯 가지의 업무차원을 다루고 있다면 빈 양식 다섯 부를 작성해야 하고 세 가지의 업무차원을 다루고 있다면 양식 세 부를 작성해야 한다.

4. 자신이 마련한 각 양식 55의 상단에 적절한 정보를 기재한다. 직무명, 업 무차원, 요소 가중치(두 번째 단계에서 정한 가중치)를 표시한다.

5. 각 업무차원에 대해 '훌륭함'에서 '수용불가'에 이르기까지의 범위로 직원 의 행동을 기술하는 일련의 행태서술문을 작성한다. 창의력을 발휘하여 서술문을 작성하라. 예를 들어, 웨이터 직무에 대한 행태서술문을 작성하 고 있다면('식품 서비스'라는 업무차원에 대해), '손님에게 종종 음식을 쏟는 다'던가 '특별 메뉴에 대해 언급할 것을 항상 기억하고 있다' 등의 서술문

을 작성할 수 있을 것이다. 여기서 중요한 점은 해당 직무에 있는 사람 (직무분석에서 분석의 대상이 되었던 사람일 필요는 없다)이 실제 상황에서 하는 관찰 가능한 행동을 기술하는 서술문을 작성해야 한다는 점이다.

6. 복사한 양식 55의 빈칸에 5단계에서 작성한 행태서술문을 적절히 기재한다. 평가 척도가 나와 있는 이들 양식 사본을 클립이나 스테이플러로 한데 철하면 당신의 성과평가 양식이 완성된다.

양식 55

행태–기준 평가 워크시트(모델)

현직자: _____

직무명: _____

업무차원: _____

요소 가중치: _____

5. 우수   _____

_____

4. 양호   _____

_____

3. 보통   _____

_____

2. 불량   _____

_____

1. 수용불가 _____

_____

양식 56

결과–기준 체계 설계하기

이 양식은 MBO 형식의 결과 지향적인 성과평가체계를 작성하는 방법을 설명하고 있다.

1. 자신의 직무분석내용과 직무기술서를 꼼꼼히 읽어 보고 주요 업무차원을 파악한다.

2. 각 주요 업무차원마다 한 개 이상의 측정 가능한 성과목표를 작성하고 이를 양식 57의 적절한 공간에 기재한다. 목표는 업무차원과 직접 관련되어야 하고, 객관적이며 정량화될 수 있는 방식으로 측정 가능해야 한다. 예를 들어 행정 보조직원이라는 직무인 경우 문서작성, 복사, 전화응대라는 업무차원에 대해 '4분마다 최종 기술 보고서 한 장을 타이핑할 수 있다'라거나 '최우선순위의 서류 복사 요청을 평균 한 시간 이내로 수행한다'등의 목표를 정할 수 있을 것이다.

3. 가능하다면 현직자(직무분석의 기반이 되는 내용을 제공한 사람)와 함께 목표에 대해 논의하라. 기대되는 성과수준은 개별 직원차원과 조직차원 모두의 관점에서 합리적이어야 한다.

양식 57

결과–기준 평가 워크시트(모델)

MBO 워크시트

현직자: _____

직무명: _____

성과평가					
성과 목표	목표 가중치(%)	훌륭함	양호함	겨우 통과	수용불가

양식 58

질문

1. 현직자가 당신이 만든 평가도구나 당신이 선택한 평가방식에 어떤 반응을 보일 것 같은가? 그들의 상관은 이를 유용하다고 여길 것 같은가?

2. 당신이 한 일을(당신이 학생으로서 수행한 일이라도) 이러한 방식으로 평가한다면 어떨 것 같은가?

3. 이 실습문제에서 논의한 다양한 성과평가 방식의 장단점은 무엇인가? 더 좋다고 생각하는 접근법이 있는가? 그렇다면 그 접근법은 왜 다른 접근법보다 좋다고 생각하는가?

4. 성과평가에서 얻은 어떠한 정보를 직무지원자들의 순위를 정하는 데 사용하겠는가?

EXERCISE 12
직무분류 및 보상

실습문제 10에 등장했던 난관에 둘러싸인 책임자 T. R. 하디는 사실상 모든 조직에서 공통적으로 발생하는 일련의 문제에 직면했다. 직원들이 자신들의 업무와 월급을 다른 직원들과 비교하는 것이다. 사람들은 공평한 대우를 받기 원한다. 만약 내가 맡은 책임이 당신의 책임보다 더 많은 기술, 더 많은 노력을 필요로 하고 조직에 있어 더 중요한 기여를 해야 한다면, 나는 더 많은 보상을 받아야 한다고 생각한다. 또한 나는 다른 조직에서 비슷한 업무를 하는 사람들과 같은 수준의 보상을 받아야 한다. 제도주의 경제학자들은 이러한 비교를 내부시장과 외부시장이라고 일컫는다.

직무분류

이러한 일로 발생하는 문제를 다루기 위해 실습문제 10에서 분석한 것과 같은 특정 직무들은 유사한 업무와 책임, 그리고 유사하게 요구되는 지식, 기술, 능력에 따라 범주화된다. 각 범주에 속해 있는 개별 직원들은, 실습문제 11에서 평가된 것 같은 뛰어난 성과에 대한 보상을 제외하고는, 동일한 보상을 받아야 하며 경력의 가치를 생각하여 연공서열이 높을수록 더 많은 보상을 받아야 한다는 것이 주된 이유이다.

직무분류의 범위는 정부기관마다 다르다. 전통적인 영국식 분류방식은 모든 서기직 직원들을 한 그룹으로 분류하고, 모든 중간급 행정관 및 전문 인력을 한 그룹으로, 그리고 모든 상급 관리자들을 한 그룹으로 분류하는 굉장히 광범위한 분류방식이다. 여러 유럽국가와 영연방 국가는 이러한 방식을 따르고 있다. 미국에서는 범주의 정의가 매우 세분화되어 있다. 지나치게 세분되어 있는 경우도 있다. 어떤 주에서는 분류된 여러 범주의 약 70%의 경우 범주당 하나의 직무만이 속해 있다. 이는 의미 있는 분류라고 볼 수 없을 것이다.

직무분류는 인사행정을 위한 보편적인 틀을 제공한다. 분명, 보상은 직무분류에 기초하여 정해진다. 또한 경력이동은 범주 내에서 이루어진다. 승진, 전근, 해고는 일차적으로 비슷한 직군 내에서 발생한다. 어떤 직위에 대해 채용, 시험, 직원선발 시 동일한 범주 내의 직위에서 사용되는 절차와 같은 절차를 효율적으로 사용할 수 있다. 좁은 범위의 정의로 직위를 분류하면 채용, 승진, 보상 지급에서의 정확도를 더욱 기할 수 있지만, 직원의 유동성 및 관리의 유연함을 포기해야 한다. 20세기 후반부터 시작된 미국의 공공인사관리분야 개혁을 위한 노력 중 하나가 브로드밴딩(broadbanding)으로, 세밀하게 분류된 것 중 서로 연관된 직무 범주를 공통적이고 좀 더 일반적인 하나의 범주로 모으는 것이다. 반면에, 광범위한 범주를 사용해 온 국가에서는 특히 기술의 발전과 관련된 직무인 경우 직무 범주를 좀 더 구체적인 범주로 세분하려는 추세를 보인다.

보상

가장 가시적인 보상의 요소는 실수령액으로, 소비하거나 예금계좌에 저축할 수 있는 돈을 말한다. 이는 재량소득* 혹은 기본급이라고 부른다. 일부 공공부문 직무에서의 기본급은 임금률로 정해진다. 즉, 연공서열이나 성과수준과 관계없이 모두에게 정해진 액수가 주어진다. 이러한 형식은 기술직이나 단순직에서 가장 많이 이용되는데, 해당 지역에서 가장 지배적인 임금률에 따라 보상이 주어진다. 대부분의 정부기관 직무에서는 임금률이 아니라 임금범위가 사용된다. 각 직무 범주에는 최저임금과 최고임금을 포함하며 경력과 성과에 따라 직원이 해당 임금범위 내에서 위로 올라갈 수 있도록 호봉(steps)이 존재하는 임금범위가 지정된다.

예를 들어, 당신은 졸업 후 시 정부의 정책분석가로 채용될지도 모른

---

* 가처분소득(근로나 사업을 통해 벌어들인 소득에 세금·사회복지 등의 영향을 더해 계산한 실제로 쓸 수 있는 소득)에서 기본 생활비를 뺀 잔액. (역자주)

다. 처음 받는 임금은 분석가 범주에 지정된 임금범위에서 최저임금이 될 것이다. 아마도 주당 $800에 복지혜택을 받게 될 것이다. 일을 시작하고 수습기간을 거친지 6개월 후, 당신은 주당 $7.5를 추가로 지급받게 되는 호봉 승급을 받게 될 것이다. 이후 12개월이 지나면 또 호봉 승급을 받고, 만약 업무 성과가 뛰어나면 한 번 더 호봉 승급을 받게 될 것이다. 다시 말해, 일을 시작한 지 18개월이 지나면 당신은 주당 $822.5를 받을 수 있는 것이다. 범주 내의 최고임금에 도달할 때까지 계속해서 호봉 승급을 받을 수 있는데, 최고임금은 주당 $1,000가 된다. 시 정부가 최저 기본급을 인상하거나 호봉 승급 액수가 인상되면 임금이 추가로 인상될 수 있다.

기본급은 두 가지 비교군에 따라 결정된다. 하나는 지방, 주 혹은 연방 정부 내의 보상수준이고 하나는 경쟁대상이 되는 공공이나 민간부문의 고용주가 제공하는 보상수준이다. 일반적인 모델에 따르면 분석가 직무에 대한 임금범위를 정하고자 하는 시 정부는 먼저 시 업무에서 차지하는 중요도, 복잡성 수준, 요구되는 기술과 능력 등에 따라 직무 범주의 순위를 정해야 한다. 아마도 십중팔구는 여러 범주가 순위표에서 상대적으로 동일한 위치에 있을 것이다. 이 순위는 내부적인 형평성과 공정성을 위한 것이다.

그리고는 이제 시 정부는 유능한 직원을 두고 공공 및 민간분야의 다른 고용주와 경쟁을 벌여야 하는 직무를 파악해야 한다. 이러한 직무를 기준직무(benchmark jobs)라고 부르는데, 이는 외부 비교에 사용된다. 시 정부는 다른 고용주가 얼마나 임금을 지급하는지를 알아내서 시장시세(market rate)보다 높은 임금을 줄지, 시장평균임금을 줄지, 혹은 시장시세보다는 낮지만 사람을 채용하고 현 직원들을 유지할 수 있을 정도의 임금을 줄지에 대한 정책 결정을 내릴 필요가 있다.

대부분의 경우, 어떤 범주는 시 정부가 유일하거나 주된 고용주인 직무로 구성될 것이며 따라서 이러한 범주에서는 시장에서 임금을 결정하기 위한 의미 있는 가이드라인을 얻을 수 없을 것이다. 이러한 직무에 대한 보상은 내부 비교를 통해 결정해야 한다.

때로 시장시세는 사회적 통념의 영향을 받는다는 점을 인식해야 한다. 전통적으로 어떤 직무에는 대부분 여성이 채용되어 왔고 어떤 지역에서는 소수 인종이 채용되어 왔다. 이러한 직무에 대한 임금에는 역할과 지위에 대한 오래된 통념이 포함되어 있다. 예를 들어, 여성은 독신이거나 가정의 부수적인 수입원으로 여겨졌고 따라서 상대적으로 돈이 그다지 많이 필요하지 않다고 여겨졌기 때문에 더 낮은 임금을 받아 왔다. 서기직, 간호직, 도서관직, 교직, 보육직에서의 과거 임금은 현재 임금에 영향을 미친다. 이는 미국뿐만이 아니라 여러 유럽 국가에서도 문제가 되고 있다. 이러한 관습을 조정할 수 있는 한 가지 방법은 주로 여성이 채용되는 직무의 경우 외부 비교가 아니라 내부 비교 순위에 맞추어 임금을 결정하는 것이다.

공공부문 직원 수입의 약 30% 정도나 되는 액수가 현금이 아니라 복지혜택의 형식으로 지급된다. 이러한 복지혜택에는 건강보험, 퇴직기금, 휴가, 병가, 훈련 등이 포함된다. 복지혜택을 제공하기 위해 고용주가 부담하는 비용은 때로는 미뤄질 수 있다(은퇴). 건강보험 복지혜택을 위한 비용을 알기 위해서는 리스크에 대한 계산을 해야 한다. 고용주는 몇 명의 직원이 병에 걸릴 것이며 치료비가 얼마나 들지를 예측한다. 액수를 너무 낮게 예측할 경우에도, 고용주는 여전히 그 비용을 부담할 의무를 가지고 있다.

점점 더 많은 공공 및 민간부문 고용주가 복지혜택 제공의 범위를 넓히고 있다. 퇴직금제도(retirement plan)와 의료비용은 공통적으로 제공되는 혜택이다. 추가로 보육에서 학교 등록금 보조, 생명보험, 그리고 주택 보조에 이르기까지 모든 혜택에 대한 선택권이 주어진다. 어떤 고용주는 *카페테리아 방식** 복지혜택(cafeteria-style benefits)을 제공한다. 이들 고용주는 보육 혜택이 일부의 직원들에게만 중요할 뿐 다른 직원들은 좀 더 포괄적인 건강보험 보장을 선호한다는 사실을 인지하고 있다. 출퇴근하는 직원에게는 주차가 중요하다. 여행할 여유가 있고 또 여행을 좋아하는 직원들에게는 더 많은 휴가 일수가 매력적으로 느껴질 것이다. 따라서 직원은 고용주가 제공하는 다양한 선택 가능한 복지혜택 중에 원하는 혜택을 골라서 사용할 수 있도록 하는 일정 금액의 현금이나 바우처를 받게 된다.

보상 결정은 예산 수립과 (해당이 있는 경우) 단체교섭의 일부분이라고도 할 수 있다. 이 장에 나와 있는 분석적인 실습문제는 예산이 편성되거나 노

---

* 몇 가지 복지 계획 중에서 종업원이 자유로이 선택할 수 있는 선택적 복지제도를 의미한다. (역자주)

동조합과 경영진 간에 계약협상이 있을 때마다 실행되는 것은 아니다. 그보다는 이러한 실습문제는 새로운 직무 생성이 동반되는 조직개편이나 새로운 사명 혹은 기술에 대한 조정의 일환으로 실행된다. 또한 정부는 지속적으로 경쟁력과 내부적 형평성을 유지하기 위해 정기적으로 직무분류 평가와 임금 조사를 시행한다. 이러한 분석이 완료되면 분석자료는 최소 수년 동안 해마다 임금과 복지혜택 제공의 인상 여부를 결정하는 데에 근간이 된다.

추가 참고문헌

실습문제 10의 직무분석 관련자료는 직무분류도 다루고 있다. 보상 결정 전략은 Howard Risher와 Charles H. Fay의 *공공부문 임금에 대한 새로운 전략*(New Strategies for Public Pay) (Hoboken, NJ: Jossey-Bass, 1997)과 Edward E. Lawler III의 *탁월함에 대한 보상: 신 경제를 위한 임금 전략* (Rewarding Excellence: Pay Strategies for the New Economy) (Hoboken, NJ: Jossey-Bass, 2000)에서 다루고 있다. 미국과 유럽의 임금평등에 대한 논의가 궁금하면 Jacqueline Goodman이 편집한, *양성과 일에 대한 전 세계적 관점* (Global Perspectives on Gender and Work) (Lanham, MD: Rowman and Littlefield, 2000), Stephanie R. Thomas의 *직원에게 공정하게 보상하기: 내부임금평등을 위한 가이드*(Compensating Your Employees Fairly: A Guide to Internal Pay Equity) (New York: Apress, 2013), Damian Grimshaw의 *최저임금, 임금평등, 비교노사관계*(Minimum Wages, Pay Equity and Comparative Industrial Relations) (New York: Routledge, 2013) 등을 참고하라.

• 실습문제 개요

이번 실습문제에서는 실습문제 10에서 당신과 동료 학생들이 분석한 직무의 순위를 정하고 내부적으로나 외부적으로 공평한 보상계획을 설계하기 위한 임금 설문조사를 실시한다. 실습문제 10에서 분석한 직무가 모두 하나의 기관에 속한다면 현실 세계에서는 그 기관은 매우 이상한 기관일 것이다. 그렇다고 하더라도 여기서는 그렇게 가정하라. 첫째로 해야 할 일은 직무가 기관의 사명에서 차지하는 중요도에 따라 순위를 매기는 것이다. 예를 들어 허리케인이나 지진 피해자 구호를 담당하는 기관의 사회복지사는 피해자에게 어떤 도움을 주는 것이 가장 효과적일지를 진단할 수 있어야 한다. 그들이 하는 일은 수표를 작성해서 보내는 업무보다 더 복잡하다. 두 업무가 다 중요하지만, 전자가 후자보다 더 높은 순위에 있어야 한다.

급여조사는 한 기관의 직무를 공공 및 민간부문 다른 기관의 유사한 직무와 연관시키기 위해 필요하다. 임금조사는 기준직무처럼 다른 고용주가 같은 종류의 직원을 고용하고 보유하기 위해 경쟁하고 있는 직무에만 초점을 맞춰야 한다. 아마도 순위 목록에는 당신의 기관이 유일하거나 주된 고용주인 직무도 있을 것이다. 이러한 직무는 기준직무가 아니다. 이러한 직무에 대한 임금은 기준직무와 비교했을 때 해당 직무가 상대적으로 어떤 순위에 있는지에 따라 결정된다. 현재 우리 사회에 만연한 편견이 임금결정에 영향을 미치지 않도록 전통적으로 주로 여성이나 특정 소수 그룹의 사람들이 채용된 직무는 기준직무에 포함시켜서는 안 된다.

혼자 실습문제를 수행한다면 실습문제 10에서 자신이 분석한 직무에 대한 임금조사만 하면 된다.

급여조사 시에 가장 근본적으로 신경 써야 할 부분은 기준직무가 다른 고용주의 기준직무와 비교 가능해야 한다는 점이다. 여러 조직은 비슷한 직무에 대해 서로 다른 직위명을 사용하고 있다. 비교되고 있는 직무들이 서로 일치하는지를 최대한 확인하기 위해 약간의 조사를 할 필요가 있다. 마찬가지로 보상에 대한 완전하고도 정확한 데이터를 얻는 것이 중요하다. 이미 지적했듯이 복지혜택 패키지가 자그마치 총 보상의 1/3을 차지할 수도 있다. 기본급만을 비교하는 것은 오해를 불러일으킬 수 있다. 고용주마다 제공하는 복지혜택이 다르고 이러한 복지혜택의 가치도 다르다. 다양한 복지혜택의 가치를 정확하게 계산하는 것이 때로는 어렵고 혹은 불가능할 수도 있지만, 대략적인 예측치와 약간의 설명을 덧붙이는 것만으로도 유용할 수 있다. 공공부문 고용주에 대한 정보는 거의 즉시 입수 가능하다. 민간부문 사업체와 기관들은 보상에 대한 자세한 자료를 기밀로 하는 경우가 있다. 가장 좋은 접근방법은 상대를 존중하며 최대한의 협조를 이끌어 내는 것이다.

지시사항

1단계

양식 59와 양식 60의 워크시트에 기술된 정량적 평가를 사용하여 실습문제 10에서 당신과 동료 학생들이 평가한 직무의 순위를 정하고 이를 양식 61에 기재하라. 교수자는 감당 가능한 수준까지 목록에 있는 직무의 수에 제한을 둘지도 모른다. 동일한 직무를 두 번 포함시킬 필요는 없다.

2단계

양식 62의 지시에 따라 급여조사를 실시한다.

3단계

정량적 직무평가 시스템에 기반한 직무 순위와 기준직무에 대한 급여조사 결과를 이용하여 실습문제 10에서 분석한 모든 직무에 대한 급여를 제안한다.

4단계

양식 63의 질문에 답한다.

양식 59

정량적 평가 및 직무 순위

　　양식 60에 실습문제에서 분석한 직무를 나열한다. 지금 시점에서는 직무를 아무 순서대로 나열한다. 정량적 평가시스템을 적용한 후 기관에서 차지하는 직무의 중요성에 따라 목록이 재구성될 것이다. 다음 순서에 따라 작업하라.

1. 이들 직무가 속하는 기관의 일반적인 사명에 동의한다. 직무가 꽤 다양할 수 있고 사명을 파악하는 데 창의력을 많이 사용해야 할 수도 있다. 양식 60의 상단에 사명을 쓴다.

2. 사명을 염두에 두고 각 직무를 다음 요소를 기준으로 평가한다.

　　　　요구되는 기술
　　　　허용되는 재량
　　　　업무의 복잡성
　　　　요구되는 신체적 노력

　　요소마다 1에서 5 사이의 점수로 각 직무를 평가하는 데, 1이 가장 낮은 점수다. 양식 60에 각 직무 옆에 점수를 기재한다.

3. 조직 운영에 대한 각 요소의 상대적 중요성을 반영하기 위해 10이 가장 높은 점수인 1에서 10까지의 점수로 직무가 아닌 각 요소에 가중치를 부여한다. 한 기관의 모든 직무에 대한 요소 가중치는 모두 동일함을 기억하라. 정책분석 기관에서 '신체적 노력'이 1에서 10까지 중 2점을 받는다면 비록 유지관리 업무에 더 많은 육체적 노동이 요구되지만, 신체적 노

력의 가중치는 분석가나 유지관리 직원 모두에게 2점이 부여된다. 이는 실습문제 1에서 양식 5에 했던 내용과 유사하다. 예를 들어 규제, 분석, 교육을 주로 하는 기관에서는 신체적 노력의 가중치가 낮을 것이고 공원을 유지·관리하거나 자전거 도로를 건설하는 기관에서는 이 요소에 대한 가중치가 높을 것임에 주목하라. 양식 60의 '요소 가중치'열에 가중치를 기재하라.

4. 직무별로 기본 점수에 각 가중치를 곱한다. 각 직무에 대한 총점을 정하기 위해 요소 점수의 총합을 구한 후 그 점수를 양식 60의 각 직무 옆에 기재한다.

5. 총점에 따라 직무 목록을 재조정하고 이를 양식 61에 적는다.

양식 60

정량적 평가 워크시트(모델)

기관명:					
기관 사명:					
직위명	요구되는 기술 점수×가중치	재량 점수×가중치	복잡성 점수×가중치	신체적 노력 점수×가중치	총점

양식 61

직무의 순위

직위명	총점

양식 62

급여조사

양식 61에 나열되어 있는 기준직무를 식별한다. 기준직무란 직원채용을 위해 당신의 기관이 다른 고용주와 경쟁을 벌여야 하는 직무를 말한다. 예를 들어, 당신의 기관에 회계사가 있다고 하면, 공공 및 민간부문의 다른 고용주도 회계사를 고용하기 때문에 회계사는 기준직무가 될 것이다. 당신의 기관에는 있지만, 직무가 특이하여 다른 고용주의 기관에는 이에 해당하는 직무가 없는 직무의 예로는 공공복지프로그램에 대한 자격을 판단하는 직무나 환경규제를 집행하는 직무를 들 수 있을 것이다. 사회적 차별 효과를 포함시키지 않기 위해 전통적으로 여성이나 당신이 사는 지역의 소수집단이 주로 채용되는 직무는 포함시키지 않는다.

다음으로 공공이나 민간부문에서 기준직무와 같은 직무에 직원을 채용하는 기관 고용주 약 세 군데에 연락을 해 본다. 이 세 기관의 고용주로부터 정보를 얻지 못하면 가능한 한 많은 고용주에게 연락한다. 정부기관의 보상관련 정보는 공개된 정보이며 인터넷에서 구할 수 있지만, 모든 민간기관이 정보를 제공하지는 않을 것이다(제공할 의무가 없다).

보상정보를 수집하고 기록하기 위해 양식 63의 질문을 사용하라. 고용주가 직무에 대해 급여율 대신 급여범위를 사용하는 경우, 급여에 대한 연공서열이나 성과의 효과를 통제하기 위해 급여범위에서 최소임금을 기록한다.

당신이 권고하는 급여계획을 보여 주기 위해 양식 64를 사용한다. 기준직무에 대한 권고안을 작성하기 위해 급여조사를 활용한다. 시장평균급여, 시장평균급여보다 높은 급여, 시장평균보다 낮은 급여를 선택할 수 있지만, 모든 직무에 대해 일관성이 있어야 한다. 기준직무가 아닌 직무에 대해서는 임금을 권고하기 위해 직무평가점수를 사용한다. 기준직무가 아닌 직무의 임금과 기준직무의 급여 간의 차이는 이러한 직무들의 직무평가점수 간의 차이와 같아야 한다.

아래와 같은 보고서를 작성하기 위해 양식 65를 사용하라.

1. 당신의 기준직무조사에서 표시한 시장급여수준으로, 시장급여수준보다 낮게, 시장급여수준보다 높게 급여를 권고하는 이유를 설명한다.
2. 건강보험, 휴가기간, 퇴직금제도 등과 같이 다른 고용주가 제공하는 복지혜택에 대해 당신이 수집한 정보를 요약한다. 여기에 어떤 패턴이 보이는가?

양식 63

급여조사를 위한 질문

기준직무로 잠재적인 경쟁관계에 있는 고용주로부터 아래의 내용을 입수한다.

1. 기준직무에 있는 직원의 수
2. 급여범위에서의 최소임금과 최대급여, 적용 가능한 경우 급여율
3. 급여범위에서 호봉 승급을 받기 위해 일해야 하는 기간
4. 개인건강보험 및 가족건강보험에 대하여 직원이 부담하는 비용
5. 직원개인보험 및 가족건강보험에 대한 환자부담금이나 기초공제액 액수
6. 퇴직금제도:
    a. 직원 기여
    b. 고용주 기여
    c. 복지혜택
7. 휴가기간
8. 유급병가
9. 기타 주요 복지혜택

양식 64

권고하는 급여계획

(상근직, 1년 기준)

직위명	점수 순위	기준직무에 대한 시장 임금	권고하는 급여

양식 65

급여위원회 보고서

20○○년 ○○월 ○○일

수신자: 급여위원회

발신자: 보상분석가

양식 64에 우리 기관의 급여에 대한 권고안이 담겨 있습니다. 기준직무에 대해서는 경쟁적 지위에 있는 고용주로부터 얻은 급여정보를 첨부하였습니다. 이들 기준직무에 대해 시장 임금수준/그보다 높게/그보다 낮게 책정하기를 권고하며 그 이유는: _____입니다.

시장 기준치가 없는 직무에 대한 권고안은 기준직무와 비교하여 정해진 이들 직무의 상대적인 순위에 기초하여 정해졌습니다.

우리의 권고는 급여에 초점을 맞추었음에 주의하십시오. 물론 부가 복지혜택은 총 보상에서 중요한 부분입니다. 경쟁 고용주가 제공하는 복지혜택을 조사한 결과, 아래와 같은 패턴의 복지혜택 패키지를 제공하고 있음을 알게 되었습니다.

양식 66

질문

1. 기준직무에 대해 다른 고용주로부터 급여정보를 구하고자 했을 때 어떤 어려움을 겪었는가?

2. 카페테리아 방식 복지혜택에 어떤 복지혜택을 포함시키고 싶은가?

3. 공평한 보상정책을 어떻게 정의하겠는가? 공평성(fairness)에 대한 대안적인 정의를 생각해 볼 수 있겠는가?

EXERCISE 13

승계계획

퇴직의 여파

2016년, 미국 역사상 인구수가 가장 많은 세대가 노년기에 접어들었다. 이 세대의 15%가 65세 이상이었다. 베이비붐 세대 중 가장 젊은 사람들이 65세가 되는 2030년에는 미국 전체 인구의 20%가 노인이 될 것이다. 이러한 패턴은 캐나다, 일본, 그리고 대부분의 유럽 국가에서도 비슷하게 나타나고 있다.

공공부문과 민간부문의 일부 고용주들을 이미 직원의 약 1/3 정도에 대해 퇴직 파티를 열어 주고 있는 실정이다. 어떤 직종에서는 다른 직종에 비해 퇴직에 따른 빈자리 문제가 더욱 심각할 것이다. 미 연방정부에서 인력공급이 가장 필요한 분야는 금융 및 프로그램 분야이다.[1] 이 패턴은 주정부에서도 비슷한 양상을 보이고 있다. 일부 직종, 특히 관리직, 교통직, 환경직, 그리고 보건직에서는 퇴직률이 50%에 이르게 될 것이다.[2]

이러한 인구통계적 사실은 우려와 기회를 동시에 제공한다. 조직이 직면한 문제는 가장 경험이 많은 상급 직원을 대체할 인력을 구하는 것이다. 젊은이들 입장에서는 즐겁게도 일자리가 상당히 늘어나는 현상을 경험하게 될 것인데, 특히 최근에 대학을 졸업한 사람들이 여기에 해당한다.

승계계획

퇴직이 가져오는 효과를 평가하고 임박한 공석을 채우기 위한 전략을 세우는 의식적인 노력을 '승계계획'이라고 한다. 처음에 승계계획은 미국에

- 251 -

서 중간급 및 상급 직위에 더 많은 여성과 소수민족을 채용하기 위한 방식으로 사용되었다. 임박한 퇴직사태를 해결하기 위해 승계계획을 세우는 일이 증가하고 있으나, 이러한 일이 아직 일반적이지는 않다.[3]

승계계획은 다음과 같은 기본 단계를 따른다.

1. 예상되는 빈자리를 파악한다.
2. 중요 직위 및 기능을 결정한다.
3. 현 직원 중 빈자리를 채울 수 있는 인력으로 발전할 가능성이 있는 직원을 파악한다.
4. 잠재력 있는 현 직원의 능력 개발을 위해 훈련과 멘토를 제공한다.
5. 현 직원을 활용할 수 없는 직무에 필요한 기술과 능력을 갖춘 직원을 채용하기 위한 전략을 마련한다.
6. 결과를 평가하고 더 필요한 조치가 무엇인지 결정한다.

승계계획은 예상되는 퇴직으로 인해 빈자리로 남을 직위의 목록을 작성하는 것뿐만이 아니라 조직이 필요로 하는 것이 무엇인지를 평가하는 것으로부터 시작한다. 퇴직하게 될 사람들의 수를 생각해 봤을 때, 기관과 기업은 발생할 모든 빈자리를 채우려 하기보다는 지금까지와 다른 방식으로 업무를 수행하는 방법을 생각해 봐야 한다. 총체적 품질관리 실습(실습문제 5)에서 했던 것처럼 조직평가를 해 보면 업무 흐름을 다시 설계해야 할 필요성을 알게 될지도 모른다. 새로운 기술을 사용하고자 할 수도 있다. 또는 일부 업무를 다른 회사와 계약을 맺어 이들에게 맡기는 것이 답이 될 수도 있다.

공석이 생겼을 때의 일반적인 반응은 이를 개별적으로 다루고 최근까지 재임자와 비슷한 사람을 찾으려 하는 것이다. 이때, 직무분석 및 선발 실습(실습문제 10, 14)에서처럼 주로 직무 그 자체에 초점이 맞추어진다. 개별 직위와 개별 직원이 조직의 구성요소임은 확실하다. 중요한 점은 승계계획을 통해 개별적인 부분의 문제를 해결할 때 전체에 대해 생각해 볼 수 있게 된다는 점이다. 직무분석은 현직자가 떠나는 경우 조직이 잃게 되는 기술과 능력에 대한 목록을 작성하는 데 매우 중요하다. 현 직원과 채용 후보자들을 평가하는 것은 조직이 어떤 능력과 경력을 지닌 인재풀을 보유하고 있는지, 그리고 어떤 빈자리를 채워야 하는지를 알기 위해 필요하다.

개별경력계획

조직이 시행하는 승계계획의 일부는 재직 중인 직원의 퇴직으로 인해 비는 직위를 맡게 될 수 있도록 직원을 대비시키고, 필요한 기술과 능력을 지닌 사람을 조직 외부에서 채용하는 것이다. 그러나 현 직원, 혹은 미래의 직원으로서 당신은 이 과정에서 수동적인 객체가 될 필요가 없다. 사실 적극적으로 행동하는 것이 좋을 것이다. 고용주가 느끼는 필요성이 곧 당신에게는 기회가 된다. 모든 기관과 조직이 승계계획을 세우지는 않으며 승계계획을 잘 세우는 것도 아님을 기억하라.

퇴직이 가져다주는 기회를 십분 활용하기 위해 당신은 자신만의 계획을 스스로 세워야 한다. 이렇게 함으로써 당신은 분석가가 조직을 위해 하는 일과 비슷한 절차를 밟게 될 것이다. 당신은 개인적 목표, 자신의 장점과 관심 분야, 그리고 당신이 가장 바람직하다고 생각하는 경력을 가질 가능성을 높이기 위해 해야 하는 일이 무엇인지를 체계적으로 생각해 볼 필요가 있다.

채용과정에서 인사관리자는 직무에 알맞은 사람을 채용하기 위해 직무를 분석하고 지원자를 평가한다. 마찬가지로, 당신도 자신의 흥미에 맞는 경력을 가지기 위해 직무를 분석하고 자신을 평가할 수 있다. 물론 딱 한 가지 직무에만 당신의 모든 희망과 노력을 쏟아붓기에는 당신이 통제할 수 없는 너무나 많은 요인들이 존재한다. 단일 직위에만 초점을 맞추어 대비하기보다는 하나의 직업 범주에 맞추어 대비하는 것이 좋을 것이다.

추가 참고문헌

베이비붐 세대의 퇴직으로 인한 영향을 간략하게 다룬 설명이 Shari Caudron의 "다가오는 리더십 위기(The Looming Leadership Crisis)", Workforce, September 1999, pp. 72~80에 나와 있다. 연방감사원은 2003년 10월, *승계계획 및 관리는 조직변화에 있어 중요한 동력*(Succession Planning and Management Is Critical Driver of Organizational Transformation)이라는 보고서에서 다가오는 노동력 부족현상을 승계계획과 연관 지었다.

승계계획과 관련하여 가장 널리 인용되고 실제 조직에서 사용되고 있는 지침서로는 William J. Rothwell의 *효과적인 승계계획, 5판*(Effective Succession Planning, 5th ed.) (New York: American Management Association, 2015)과 Mark R. Sobol, Phil Harkins, Terence Conley가 편집한, *링키지 사의 승계계획 모범 사례*(Linkage Inc.'s Best Practices for Succession Planning) (Hoboken, NJ: Pfeiffer, 2007)가 있다.

빈자리를 채우려는 관리자 입장이 아니라 일자리를 구하고 있거나 업종 변경을 원하는 사람의 입장이라면 Shoya Zichy와 Ann Bidou의 *경력 매치: 자신을 하고 싶은 일과 연결시키기*(Career Match: Connecting Who You Are with What You'll Love to Do) (New York: AMACOM, 2007), Nicholas Lore의 *개척자: 평생 만족과 성공을 위해 커리어를 선택하거나 바꾸는 법*(The Pathfinder: How To Choose or Change Your Career for a Lifetime of Satisfaction and Success) (New York: Touchstone, 2012), Richard N. Bolles의 *당신의 낙하산 색깔은? 2015: 구직자 및 전직자를 위한 실용적 매뉴얼*(What Color Is Your Parachute? 2015: A Practical Manual for Job−Hunters and Career−Changers) (Berkeley, CA: Ten Speed Press, 2014)을 참고하라.

온라인 자료

www.opm.gov　연방 인사관리국은 승계계획에 대한 정보 및 도움을 제공하고 있다.

• 실습문제 개요

이 실습문제는 경력을 준비하기 위한 기본 계획을 세울 좋은 기회가 될 것이다. 이번 실습문제는 고용주가 실시하는 승계계획 절차와 비슷한 절차로 이루어져 있다. 또한 다른 기관이나 회사의 도움 없이 자신이 스스로 실행할 수 있는 계획이다. 현실적이고 실행 가능한 계획을 세우기 위해 가까운 미래(5~10년 후)에 무엇이 되고 싶은지, 그리고 어디에서 일하고 싶은지를 생각해 보는 것이 가장 중요하다. 물론 장기적인 계획에 대해서도 생각해야겠지만, 단기적인 계획에 대해 생각하는 것이 중요한 데, 왜냐하면 그렇게 함으로써 지금 해야 할 일이 무엇인지를 알 수 있기 때문이다.

아마도 자신의 경력계획에 지금 수강하고 있는 수업 외부의 사람을 관여시키는 것이 중요할 것이다. 이상적으로는, 이 실습문제를 하고 나서 그 결과를 가족 및 친구들과 공유하고, 해당되는 경우 믿을 만한 직장동료, 상사, 그리고 누구보다 자신의 멘토와 공유해야 한다. 이는 솔직하고 현실적인 피드백을 받기 위해서만 중요한 것이 아니라 당신이 함께 살고, 함께 일하고 있는 사람들에게 당신의 경력개발 및 자기계발 목표를 알려 주고 그들이 도움을 줄 수 있는 부분을 알려 주기 위해서도 중요하다.

지시사항

1단계

양식 67의 질문에 답하라. 이들 질문은 당신의 경력목표와 개인적인 우려점에 대한 중요한 정보를 담고 있다.

7번 질문에 대한 답은 직무분석 및 직무기술서(실습문제 10에서 작성한 것과 같은 직무분석 및 직무기술서)및 채용공고(실습문제 14의 채용공고와 유사)에서 찾을 수 있다. 양식 68에 역량을 나열한다.

2단계

양식 68을 작성한다. 양식 68에서는 채용되고 싶은 종류의 직무에 필요한 역량을 당신이 어느 정도까지 가졌는지 평가하고, 필요한 역량이지만 현재 가지고 있지 않은 역량을 어떻게 키울 수 있을지를 자세히 명시한다.

3단계

양식 69를 작성한다. 양식 69는 전문직과 관리직에서 성공하는 데 일반적으로 도움이 되는 것으로 알려진 기술과 능력을 보여 주고 있다. 이들 요인 중 당신의 경력목표와 관련된 요인을 표시하고 당신이 스스로를 더욱 발전시켜 나가야 하는 분야에서 어떻게 자신을 준비시킬 것인지에 대해 명시하라. 기술과 능력을 향상시키는 방법의 예로 업무와 책임을 익히기 위해 특정 강좌 수강, 훈련받기, 경험 쌓기, 자원봉사하기 등을 들 수 있다. 가능한 한 상세하게 작성하라.

4단계

양식 70의 질문에 답하라.

양식 67

경력 목표

1. 원하는 직위의 직함 및 이에 대한 간단한 설명

2. 기관 혹은 조직의 종류

3. 원하는 지역사회의 위치(지리적 장소나 지역사회의 종류)

4. (필요한 경우) 동거인이나 배우자가 가질 수 있는 경력기회의 종류

5. 원하는 직위가 결원이 될 때까지 주어진 시간(자신을 준비시킬 수 있는 기간)

6. 원하는 직위에 결원이 생길 때쯤에 발생할 수 있는 사명, 기술, 조직 구조상의 변화

7. 원하는 직위에서 요구되는(요구될 가능성이 있는) 기술, 능력, 기타 역량

양식 68

직위 자격요건 및 개인 역량

개인 역량				
직위 요구사항	보유	필요한 경우, 어떻게 역량을 키울 것인가	시기	비용

양식 69

종합적인 성공요인

성공요인	경력목표에서 요구되는 요인	보유	개인적 능력	
			향상시켜야 하는 역량	향상 계획
프로젝트 관리하기				
조직화하기				
기획하기				
직원 감독하기				
예산관리하기				
의사결정하기				
소통하기				
프로그램평가하기				
혁신하기				
다른 사람에게 영향미치기				
조직 대표하기				

양식 70

질문

1. 승계계획과 개인의 경력계획 간의 비슷한 점과 다른 점은 무엇인가?

2. 자신보다 20~30세 많은 사람의 경력경로를 생각해 보라(알아보라). 이 사람들은 어느 정도까지 자신들의 경력에 대해 미리 계획했으며 취업기회를 최대한 활용하기 위해 얼마나 준비했는가? 이들의 경험으로부터 어떤 점을 배울 수 있는가?

3. 당신이 알고 있는 조직은 급증하는 퇴직자로 인해 어떤 어려움을 겪고 있는가? 이들 조직은 이러한 어려움에 어떻게 대응할 수 있는가?

주

1 "연방인력: 연방의 민간인 채용 및 보수에 대한 최근 추세(Federal Workforce: Recent Trends in Federal Civilian Employment and Compensation)", 감사원 (General Accountability Office), GAO−14−215 (2014년 1월)

2 www.bls.gov/opub/ted/2015/Aug/wk4/art04.htm.

3 감사원(General Accountability Office), "승계계획 및 관리(Succession Planning and Management)", 2013년 11월, pp. 4~8

EXERCISE 14
모집 및 선발

불안과 취업면접: 1/2 연기자 연극

시간: 멀지 않은 미래
장면: 대학 취업사무실

당신은 자신의 옷 중 가장 좋은 정장을 입고 있다. 긴장한 기색이 역력한 당신은 이름이 불리기를 기다리면서 너무나 빈약해 보이는 이력서를 백 번째 훑어보고 있다. 꼭 이 일을 하고 싶다고 당신은 생각한다. 나에게 어떤 질문을 할까? 내 성적은 충분히 좋은가? 그건 그렇고 왜 이 면접에 나를 불렀지? 이 조직에 기여할 수 있는 기술을 내가 진짜 가지고 있는 걸까?

진정하라. 면접을 앞두고 조금 불안해하는 것은 당연하다. 당신이 그 일에 알맞은 자질을 가지고 있다는 증거가 없었다면 당신은 거기에 앉아 있지도 않을 것이다. 어쨌든, 면접 테이블 반대쪽에 앉아 있는 사람의 시점에서 세상이 어떻게 보일지를 생각해 보라. 이 자리에 가장 적합한 사람을 어떻게 구하지? 내가 이 후보를 정말 잘 파악하기 위해 어떤 질문을 해야 할까? 이 직무와는 관련없는 표면적인 특성만 보고 잘못 판단 내리지 않으려면 어떤 점을 유심히 봐야 할까? 학점에 너무 초점을 맞추다 보면 혹여나 우리 조직에 딱 들어맞는 후보까지도 걸러내 버리는 일이 발생하지는 않을까?

후보자를 채용하고 선발하는 일은 후보자나 고용주 모두에게 쉽지 않다. 양측 모두 서로 어울리는 상대를 찾는다는 데 공통된 이해를 가지고 있지만, 대개 이를 위해 필요한 정보를 구하기란 힘든 일이다. 제3부의 서문에서 이미 언급했듯이, 인사 결정은 사람의 능력만을 참고하여 이루어져야 한다. 이렇게 함으로써 불법적인 차별 문제를 피할 수 있고, 더욱 중요하게 는 공석을 적합한 인물로 채울 수 있다. 해당 자리가 요구하는 지식, 기술, 능력이 후보가 가지고 있는 지식, 기술, 능력과 일치하는지를 자문해야 한 다. 직무분석을 잘했다면, 해당 직위에 요구되는 지식, 기술, 능력이 무엇인 지를 잘 알고 있을 것이다. 이제 문제는 방정식의 나머지 반을 푸는 것이다. 후보의 자질을 어떻게 평가할 것인가?

모집

좋은 직원을 채용하기 위해서는 좋은 후보자 풀을 보유하는 것이 중요 하다. 이는 대개 적극적이고 전략적이어야 함을 의미한다. 특히, 능력 있는 사람들이 부족한 경우 고용주는 구직광고를 함에 있어 다양한 접근방식을 사용할 필요가 있다. 링크트인(LinkedIn)과 같은 SNS 사용은 매우 중요하다. 마찬가지로 휴대용 기기를 통해 구직자들에게 다가가는 것도 필요하다. 사 무실 건물 게시판에 구직공고를 게시하는 것은 이제 더이상 충분치 않다. 관련 있는 전문가 협회, 대학의 프로그램, 특정 지역에 집중하는 것이 일반 적인 구인광고보다 더 효과적이다. 특수 직종이나 관리자 직급 채용을 위해 어떤 고용주는 잠재 후보를 대신 알아봐 주는 업체를 이용하기도 한다. 이 들 인재스카우트전문가(혹은 헤드헌팅회사)는 이미 고용이 되어 있는 사람과 학업이나 훈련 프로그램을 수료할 예정인 사람에게 접근한다.

일자리를 찾고 있는 경우에도 적극적인 태도를 가지는 것이 매우 중요 하다. SNS, 인터넷, 비공식적인 연락, 대학 취업사무실, 일반적인 구인공고 등을 사용하는 것이 좋다.

선발방식의 종류

고용주들은 잠재 직원의 자질을 평가하고 채용 결정을 내리는 데 도움 이 되는 광범위한 기술을 사용한다. 특정 기관이 사용하는 방식, 혹은 일련 의 방식들은 기관의 크기나 복잡성, 해당 관할 지역을 통제하는 일반적인 인사규칙, 구인하고 있는 직무의 특성에 따라 달라질 것이다.

　　대부분 조직의 경우, *입사지원서*를 검토하여 후보자 풀에서 1차로 후보를 추려 낸다. 일반적으로 입사지원서는 후보의 신원에 대한 일반정보, 교육 및 채용 이력, 그리고 추천인에 대한 내용을 묻는다. 비록 일부 기관은 다양한 직위에 망라하여 사용되는 일반적인 입사지원서를 사용하지만, 가장 효과적인 양식은 특정 직무를 위해 디자인된 입사지원서이다. 예를 들어, 회계사 자리를 채우려고 하는 경우, 회계 기술과 자질에 대한 일련의 질문을 하도록 권고받을 것이다. 이러한 질문은 세심한 직무분석을 통해 얻을 수 있고, 또 얻어져야 한다.

　　어떤 기관은 입사지원서 대신, 혹은 입사지원서와 함께, *이력서* 제출을 요구한다. 이력서는 보통 입사지원서와 동일한 일반적인 정보를 제공하지만, 고용주가 아닌 후보자가 설계한 형식으로 작성된다. 이력서는 표준화되어 있지 않기 때문에, 입사지원서를 제출한 후보자들보다 이력서를 제출한 후보자들을 체계적으로 비교하기가 어렵다. 입사지원서가 아닌 이력서를 사용하는 것은 전문적인 직종(예: 시 행정 담당관, 카운티 예산 책임자, 사회복지사)이나 특수한 직종(호소(湖沼)생물학자, 공익사업 경제전문가)의 인력을 뽑을 때 적절하다.

　　입사지원서를 사용하든, 이력서를 사용하든, 아니면 둘 다 사용하든, 구직자가 여기에 모든 관련 정보를 포함시키고 심지어 이를 강조하는 것이 중요하다. 전반적인 학점이나 전공명이 중요하지만, 수강했던 과목과 수행했던 프로젝트 중 어떤 것이 당신을 지금 지원하는 자리에 특히 적합한 사람으로 만들어 주는지도 적어야 한다.

　　또한, 이력서나 입사지원서를 검토하는 사람들이 후보의 적합성에 대한 판단을 내릴 때 적절한 기준을 적용하기 위해 노력해야 한다는 점도 중요하다. 적용되는 기준이 (1) 업무와 관련되고, (2) 모든 지원자에게 동일하게 적용되도록 하기 위해 모두가 합심하여 노력해야 한다. 이를 위해 고용주가 사용하는 방법으로 서면점수제를 개발하는 것이 있는데, 이 제도는 역시 직무분석을 하여 개발하는 것으로, 입사지원서나 이력서에 적용될 수 있다. 예를 들어, 관련 있는 대학강의 수강 1건마다 5점을 주거나, 특정한 기술을 습득하였음을 보일 때마다 10점을 주는 등으로 기준이 정해질 수 있다. 이러한 시스템은 선발 과정 초기에서 일어나는 편견문제를 막을 수 있다.

많은 기관이 선발과정의 일환으로 특정 양식의 필기시험을 시행하기도 한다. 이 기법은 1차 심사방식으로 사용되거나(모든 지원자는 시험을 쳐야 함) 심사 후반부에 제한적으로 사용될 수 있다. 직무의 특성에 따라, 시험은 성취도(이 분야에 대해 이미 얼마나 알고 있는가?)나 적성(얼마나 잘 배울 수 있는가?)을 평가하는 데 초점을 맞출 수도 있다.

필기시험말고도 다른 형태의 시험을 사용할 수 있다. 작업표본평가*(work Sampling)와 평가센터(assessment center) 두 가지를 예로 들 수 있다. 작업표본평가는 지원자가 실제 업무에서 필요한 업무를 하도록 시험하는 것이다. 회계 문제를 풀도록 하는 것이 좋은 예다. 지원자가 한 일은 정확도와 속도 측면에서 채점될 것이다. 평가센터는 모의업무경험이다. 센터라는 말은 오해의 소지가 있는데, 센터가 어떤 장소나 프로그램을 의미하지 않기 때문이다. 직무에 맞추어 지원자는 가상의 복잡한 문제에 대한 결정을 내려야 한다. 시간관리 능력을 보여 준다거나, 그룹활동에서 다른 사람과 효과적으로 의사소통하는 등의 모습을 보여야 한다. 평가센터는 비용이 많이 들기 때문에 소수의 전문직업군이나 관리자급 채용에서만 사용된다.

이쯤이면 "후보자의 자질을 어떻게 평가할 것인가?"라는 질문에 대한 답은 후보자에 대한 모든 정보를 가능한 한 많이 모으는 것 이상의 활동을 수반하는 활동임을 알게 되었을 것이다. 우리가 해야 할 일은 단순한 정보수집이 아니다. 업무와 연관된 정보를 수집해야 한다. 어떠한 채용방식이 사용되든지 간에 이 점을 반드시 마음속에 새겨야 한다. 업무연관성에 집중해야 하는 이유도 명확해졌을 것이다. 그렇게 함으로써 미래의 직원에게 어느 정도의 공평함을 보장할 수 있고 고용주는 조직의 사명에 가장 훌륭하게 기여할 수 있는 사람을 선택할 수 있다.

인증 및 제대군인 가점: 최종후보자 명단

신청서를 검토하고 시험을 실시한 후 인적자원전문가는 가장 우수한 지원자(보통 5~10명)를 뽑아 최종후보자 명단을 만들고 이들을 불러 채용결

---

* 워크샘플방법(work sample method), 실기시험(performance test)으로 표기하기도 한다. (역자주)

정자와 면접을 하게 할 것이다. 면접은 시간이 많이 소요되므로 감당할 수 있는 인원수만큼만 최종후보자 명단을 만드는 것은 필수적이다. 채용권을 가진 사람이 아닌 인사 전문가가 최종후보자 명단을 작성하는 것은 정치적 후원이나 편파성 문제를 피해야 하는 정부채용에서는 특히 중요하다. 정부 부문에서 최종후보자 명단을 작성하는 과정을 *인증*(certification)이라고 부른다. 관할권마다 고유의 인증규칙이 있다. 어떤 곳에서는 인증될 수 있는 후보자의 수를 명시하고 있고(점수가 높은 사람 순서대로 5명이나 10명), 어떤 곳에서는 백분율을 사용하며(상위 5% 혹은 10%), 어떤 곳에서는 두 가지 방식을 혼합하여 사용한다(점수가 높은 순서대로 10명이나 상위 5% 중 인원수가 적은 쪽). 공무원을 뽑는 절차에서는 인증된 명단에 있는 사람들만이 채용될 수 있다.

　미국에서 대부분의 정부 고용주는 지원자 중 제대군인에게 이익을 주는 정책을 시행하고 있다. 이는 시험 점수에 제대군인 가점을 더함으로써 이루어진다. 보통 제대군인은 가점 5점을 받는다. 장애를 입은 제대군인은 가점 10점을 받는다. 다시 말하지만, 관할구역별로 누가 제대군인이고 장애 제대군인인지, 그리고 가점이 어떻게 적용되는지를 정의하는 고유의 규칙이 있다. 대부분의 관할구역에서는 인증 이전에 점수를 더한다. 어떤 곳은 시험성적만으로 인증을 먼저하고 시험 점수와 제대군인 가점을 계산했을 때 시험성적만으로 인증된 사람들의 점수와 점수가 같은 제대군인들을 명단에 추가한다. 어떠한 방식으로든 제대군인 가점이 적용되어 인증된 후보자의 최종명단이 정해지면 면접 일정이 정해질 수 있다.

면접: 1/2 연기자 연극의 재개

　취업면접으로 돌아가자. 기본적으로 면접은 비구조화(unstructured)된 논의이다. 면접관은 모든 후보자들에게 똑같은 질문을 할 필요가 없다. 면접을 통해 고용주는 지원서나 시험에서 했던 질문보다 좀 더 미묘하고 상세한 질문을 할 수 있다. 또한 면접은 후보자의 개인적 특성이나 사회성 기술을 평가하는 기회가 되기도 한다. 면접에서 지켜야 할 유일한 점은 후보자를 인종, 종교, 성별 등으로 차별해서는 안 된다는 점이다.

자, 이제 리허설을 해 볼 수 있겠는가? 취업면접의 구체적인 내용은 다양하지만 우리는 다음을 예상할 수 있다.

1. 물론 (면접관이 직접적이거나, 심지어 명확하게 묻지 않는 경우도 종종 있긴 하지만) 가장 중요하게 물어볼 질문은 "당신은 왜 이 일자리를 원하는가?"이다.
2. 비록 면접은 30분 정도 걸리지만, 면접관은 대개 면접이 시작된 지 4분 이내에 최종 결정을 내린다.
3. 평가에 있어 부정적인 대답이나 인상이 긍정적인 대답보다 더 큰 영향을 미친다.
4. 언어적 신호보다는 시각적 신호나 바디랭귀지가 더 큰 효과가 있다.

면접 예행연습을 할 때, 당신이 면접관에게 묻고 싶은 질문 한두 개를 생각해 두는 것은 좋은 생각이다. 좋은 질의는 당신이 해당 기관에 대해서 어느 정도 알고 있고 해당 일자리에 정말 관심이 있음을 보여 줄 수 있다. 면접관은 당신이 해당 자리에 적합한 사람인지를 정하려고 하는 것이고 이러한 결정을 내리기 위해 많은 부분 태도나 헌신 등과 같은 주관적인 특성에 초점을 맞출 것임을 기억하라. 기술, 지식, 능력에 대한 객관적인 질문은 시험과 인증 과정에서 이미 답변되었다.

시보기간: 앵콜

당신은 입사 제의를 받았다! 축하한다! 그러나 잠깐… 아직 끝이 아니다. 선발절차의 마지막 단계는 시보기간(probationary period)이다. 사실, 이 마지막 단계가 최고의 단계다. 고용주는 당신이 좋은 직원이 될지를 더이상 당신의 자격, 시험성적 혹은 취업면접을 통해 추론하지 않아도 된다. 이제 당신은 실제 업무에 임하게 될 것이고 자신이 얼마나 유능한 직원인지를 직접적으로 보여 줄 수 있다. 마찬가지로, 당신은 자신이 이 일을 좋아하게 될 것인지를 추측하지 않아도 된다. 당신은 업무를 경험하고 기관의 다른 사람들과 함께 일하는 기회를 통해서 스스로 확인할 수 있다.

직원이 시보기간을 통과하지 못하면 고용주는 직원을 해고할 때 제시해야 하는 해고의 정당함과 증거를 제시할 필요가 없다. 시보기간을 통과하는 것은 시험을 통과하는 것이다. 고용주는 (시험)통과기준과 통과점수를 정할 수 있는 권한을 가진다. 직원이 수습기간을 통과하면 해고에 대한 규칙, 보호, 절차, 기준이 적용된다.

자, 그러니까 두 가지 파티를 준비하라. 하나는 입사 기념파티이고 하나는 수습기간 통과파티이다.

추가 참고문헌

직원선발 및 시험검증 분야의 연구자료는 인사관리에서 다른 분야의 자료보다 좀 더 기술적이고 전문적이다. 여기서는 꽤나 신비로운 인사심리학 질문들과 상대적으로 많은 사람을 대상으로 실시되는 시험의 타당성과 신뢰성을 정하기 위한 통계분석에 대해 다루고 있다. 이보다 좀 더 이해하기 쉬운 논의는 Mark Cook의 *직원선발: 사람을 통해 가치 더하기, 6판* (Personnel Selection: Adding Value Through People, 6th ed.) (New York: Wiley, 2016)과 Scott Highhouse와 Dennis Doverspike의 *직원평가 및 선발의 핵심, 2판*(Essentials of Personnel Assessment and Selection, 2nd ed.) (New York: Taylor & Francis, 2015)에서 찾아볼 수 있다.

Eric P. Kramer는 *적극적으로 면접하기*(Active Interviewing) (Boston: Cengage Learning, 2013)에서 채용 면접에 대한 연구를 훌륭히 다루고 있다. Bradford D. Smart의 *선발면접: 경영심리학자가 추천하는 접근방식*(Selection Interviewing: A Management Psychologist's Recommended Approach) (New York: John Wiley & Sons, 1983)도 있다.

온라인 자료

www.usajobs.opm.gov 이 웹사이트는 정부기관과 구직자들이 서로 적합한 상대를 찾을 수 있는 기회를 주고자 연방 인사관리국의 의뢰를 받아 운영되고 있다.

www.governmentjobs.com 이곳은 일부 연방기관과 전국의 주정부 및 지방정부 기관을 포함하는 구인사이트이다.

• 실습문제 개요

이번 실습문제에서 당신은 먼저 실습문제 10에서 분석한 직무에 맞는 지원자를 채용하기 위한 선발전략을 개발하고 논의해야 한다. 그 후 실습문제 10에 설명된 경찰배치요원 직무에 대한 지원자를 면접하면서 모의선발과정을 수행한다.

지시사항

1단계

실습문제 10의 직무분석과 직무기술서를 검토한다. 이 자리가 공석이고 당신이 이 자리를 채울 사람을 뽑는 책임을 맡았다고 가정하라. 양식 71을 사용하여 사용하고자 하는 선발과정을 대략적으로 설명하고 타당성을 입증하라.

2단계

양식 51의 경찰배치요원 직무기술서를 검토한다(실습문제 10). 교수자가 지시한 대로 2~4명씩 조를 짠다. 조원 중 한 사람은 면접관 역할을 하고 나머지는 취업지원자 역할을 한다. 교수자가 달리 시간제한을 두지 않는 한, 면접마다 약 15분간을 사용한다. 취업지원자는 자신의 배경과 지원준비과정에 대한 질문에 창의적으로 대답할 수 있다.

3단계

면접관 역할이 어땠는지를 비롯하여 면접에 대한 조별토론을 한다. 누구를 채용했을 것 같은가? 이유는 무엇인가?

4단계

양식 72의 질문에 답하라.

양식 71

직원선발전략

직명: _____

1. 어디서, 어떻게 잠재적 지원자들에게 이 직무에 맞는 사람을 구하고 있음을 알릴 것인가?

2. 지원자들이 지원서에 어떤 정보를 제공하기 바라는가? 지원자를 선별하고 그들 중 일부는 추가 고려대상이 되기에 적절치 않다고 결정하는 데 이 정보를 사용할 것인가? 그렇다면, 어떻게 사용할 것인가?

3. 이 자리에 알맞은 사람을 채용하는 데 어떤 시험이 가장 적합한가? 샘플문제나 실습문제를 제공하라. 합격－불합격 기준으로 채점할 것인가 아니면 성과에 기반하여 지원자들의 순위를 매길 것인가?

양식 72

질문

1. 방학이나 학기 중 아르바이트를 포함하여, 당신이 일했던(혹은 일하기를 원했던) 고용주는 지원자들을 선별하기 위해 어떠한 방식을 사용했는가? 이러한 직원선발과정이 좋은 직원(당신을 제외하고)을 식별하는 데 도움이 되었다고 생각하는가?

2. 앞으로 지원하게 될 일자리를 생각해 봤을 때, 어떤 선발방식이 사용되었으면 좋겠는가? 특히 공평하다거나 불공평하다고 생각하는 방식이 있는가?

3. 당신의 경험과 모의면접을 기초로, 취업면접을 준비하는 사람에게 어떤 조언을 하겠는가?

4. 일부 경험있는 관리자들은 사람에 대한 자신들의 주관적인 평가가 공식적인 시험제도나 정량적 점수제도보다 인사결정에 더 좋은 가이드가 된다고 생각한다. 이러한 생각에 장점이 있다고 생각하는가?

EXERCISE 15
단체교섭

양자주의(Bilaterism)와 공공관리

앞서 나온 다섯가지 실습문제를 마친 학생들은 공공인사행정이란 양복 입은 사무직 관리자들이 치밀하고 냉철한 분석 끝에 조직인사시스템의 형태와 구조를 결정하는 데 주도적인 역할을 하는 분야라는 인상을 가지게 되었을지도 모른다. 이러한 이미지가 어느 정도는 사실일지도 모르지만 1960년대에 비하면 요즘에는 별로 그렇지 않다. 공공인사행정은 일반적으로 이제 더이상 일방적인 관리업무가 아니다. 즉, 이제 인사관리자는 더이상 공무원들과의 충분한 협의 없이 일방적으로 규칙과 규정을 만들어 내거나, 보수 수준을 결정하거나, 해당 공무원들에게 영향을 미치는 기타 결정을 내릴 수 없다(적어도 예전만큼 자주 이러한 결정을 내릴 수는 없다). 물론 협의가 이루어지는 정도는 관할구역마다 크게 차이가 난다. 그러나 보통 전국의 공무원들은 조합이나 협회를 조직하여 학교 이사회, 시(市)나 주(州)정부, 그리고 기타 공공부문 고용주와 근로조건을 협상한다. 2010년부터 시작하여 약 10년간 이러한 공무원 조합의 조직을 제한하기 위한 정치적, 법적 노력이 있어 왔지만, 공무원 조합은 아직 완전히 사라지지 않았다. 필요한 경우 이들 조합은 자신들의 전략과 관심의 초점을 변경해 왔다.

단체교섭과 이전의 실습문제에서 다루어진 인사행정업무 사이의 접점은 연방법이나 주법이 허용하는 '교섭의 범위'에 의해 틀이 짜여졌다. 예를 들어, 어떤 관할구역에서는 공무원이 직위나 직급에 대해 교섭하는 것이 허용되고, 또 다른 관할구역에서는 사용되는 업무수행평가 시스템에 대한 교섭을 허용한 후, 공무원이 수행평가에서 낮은 점수를 받으면 이에 대해 항의할 수 있을지를 결정한다. 여러 주와 지방정부는 공무원이 임금, 급여, 부가혜택에 대해 협상하는 것을 허용한다(연방정부는 계속해서 이러한 이슈에 대한 협상을 금지해 오고 있다). 종종 교섭협약의 범위에 속하는 기타 이슈들로는 근무 일정, 징계 절차, 고충처리 절차, 교육 및 승진 기회, 노동조합 보장 규정(노동조합비 공제, 배타적 교섭대표권, 조합활동을 위한 공공시설사용 허용 등)이 있다. 따라서 인적자원행정가나 기타 공공기관의 관리자들은 자신들이 이제 양측이 권한을 가진 복잡한 환경 속에서 일하고 있다는 사실을 자각할 필요가 있다. 인사행정의 도구나 기술은 이러한 환경에 맞게 조정되어야 한다.

공무원 노동조합의 발전

1830년대부터 미국에 공무원 노동조합이 존재해 왔지만, 이들은 1960년대가 되어서야 공공인사행정에 영향을 미치기 시작했다. 그 이유 중 하나는 이전까지는 주 및 연방정부가 공무원 노동조합을 인정하지 않거나 이들의 활동에 강력한 제한을 두었기 때문이었다. 이들 조합은 로비활동을 펼쳤지만 협약을 협상하지는 않았다. 1959년이 되어서야 위스콘신주가 그 산하 지방자치단체는 직원이 조직한 노동조합과 협상을 하도록 요구하는 법을 통과시킨 첫 번째 주가 되었다. 1962년에 나온 일련의 행정명령에 따라 연방 공무원에게 교섭권이 제한적으로 수여되었음에도 불구하고 연방정부는 1978년 이전까지는 공무원들의 교섭권을 보호하는 법령을 제정하지 않았다. 교섭권의 범위는 넓어졌다가 다시 좁아졌다. 2002년에 국토안보부가 설립되었을 때 연방정부는 국토안보부 공무원을 교섭권이 허용된 공무원에 포함시키지 않았다. 2011년, 위스콘신주는 교섭의 범위를 극도로 줄이고 경찰공무원 대부분을 제외한 주정부 및 지역정부 공무원의 노동조합 조직권을 제한하였다. 미시간, 인디아나, 오하이오 같은 다른 주도 비슷한 노력을 펼쳤다. 주목적은 공무원 노동조합의 정치적 영향력에 제한을 두기 위함이었는데, 이들 노동조합은 압도적으로 민주당을 지지했기 때문이다. 그럼에도 불구하고 이러한 움직임들은 단체교섭 자체에 큰 영향을 미쳤다.

현재까지 37개 주가 공무원에게 어느 정도의 단체교섭권을 부여하는 법을 통과시켰다. 오늘날 대부분의 지방, 주, 연방정부 공무원은 노동조합 협약의 보호를 받는다. 공공부문에서는 노동조합이 늦게 결성되기 시작했음에도 불구하고, 이제는 민간부문 근로자에 비해 더 높은 비율의 공공부문 근로자들이 조합을 결성하고 있는 실정이다.

교섭과정

민간부문의 단체교섭과 마찬가지로 공공부문에서도 양자교섭이 이루어진다. 이는 교섭에 고용주 측과 고용인 측, 즉 별개의 두 당사자들이 참여한다는 뜻이다. 팽팽하지만 선의를 바탕으로 한 양측 간의 교섭을 통해 양측의 이해가 균형을 이루는 지점에서 합의 또는 협약이 이루어져야 한다. 그러나 공공부문의 관리자들, 특히 선출직 공직자들과 그들이 임명한 자들은 조합원을 항상 적으로 여기지는 않을 수도 있다는 점에 유의해야 한다. 결국에는 조합원들도 투표를 하기 때문이다. 이 때문에 민간부분에서는 발생하지 않는 복잡한 상황이 생겨나게 된다.

교섭과정의 첫 번째 단계는 교섭 당사자가 누구인지를 확실히 하는 것이다. 실제로, "누가 누구를 위해 교섭할 것인가?"라는 질문에 답해 볼 필요가 있다. 이는 '교섭단위*(bargaining unit)'를 정의하면서 이루어진다. 어떤 경우에는 한 기관의 모든 직원이 하나의 교섭단위로 뭉쳐진다. 또 다른 경우에는 직원들이 직업군이나 직위(사무직, 기술직, 교도소 간수 등) 단위로 나뉜다. 교섭단위가 정의되면 직원들은 조합이 자신들을 대표하기를 원하는지, 그렇다면 어떤 조합을 원하는지에 대한 투표를 할 수 있게 된다. '인증선거'라고 불리는 이 절차는 근로자들이 어떠한 방식으로도 위협을 받아 선거에 참여하는 일이 없도록 하는 역할을 맡은 주정부나 연방정부 특별기관의 감독을 받는다. 특정한 조합이 교섭단위의 직원들을 위한 교섭대리인으로 인증이 되면, 역시 해당 관할구역의 법률에 따라 이 조합은 해당 교섭단위의 모든 직원들로부터 조합비나 대리비용에 대한 각자의 '합당한 몫'을 징수할 수 있게 된다. 조합을 약화시키기 위한 방법으로는 인증선거를 매년

---

* 교섭에 나가는 대표로 결정된 조합. (역자주)

요구하기, 선거에 참여하는 직원의 과반수가 아니라 교섭단위에 속한 모든 직원 과반수의 지지를 받아야 함을 요구하기, 정부가 노동조합을 대신하여 조합비를 징수하는 것을 금지하기 등이 있다.

인증선거가 끝나면 협약 협상이 시작될 수 있다. 일반적으로 노동조합은 협상팀을 조직하게 되는데, 협상팀은 특별히 선출된(혹은 임명된) 일반 조합원, 조합 간부, 그리고 때로는 해당 지역 노동조합과 연계된 주 혹은 전국 노동조합의 협상 전문가 등에서 팀원을 데려온다. 이 협상팀은 협약 제안이나 요구사항 목록을 준비하여 자신들만의 제안사항을 마련한 관리자 측의 해당팀과 회의를 한다. 관리자 측 협상팀은 기관의 고위관료나 전문기관의 노사관계 관리자, 또는 이 둘 모두로 이루어질 수 있다. 중간중간 각각 팀 내부논의를 해 가면서, 양 당사자는 면대면 교섭 세션을 통해 합의점을 찾고 협약서에 작성될 내용에 합의하고자 노력한다. 양측이 잠정적인 협약서를 작성하면, 각 측은 이에 대해 자신들을 뽑은 유권자들의 공식적인 승인을 받아야 한다. 조합원 전체가 직원 입장에서 해당 협약을 승인하고, 학교 이사회, 시정부 위원회, 주정부 입법부, 의회 혹은 유사한 입법조직이 관리자 입장에서 협약을 승인한다. 때로 갈등이 일어날 수 있는데 그 원인은 일반적으로 입법기관은 행정부와는 구별되는 별개의 기관임에도 협상테이블에 참여하는 측은 행정부라는 점이다. 따라서 입법자들은 양자교섭 과정에서 자신들의 입장은 뒤늦게 추가된 사항정도밖에 안 된다는 느낌을 가질 수 있다. 그리고 대부분 실제로 그렇다. 단체교섭은 본질적으로는 노동조합과 행정부 간의 양자적 절차지만 사실 세 당사자(노동조합, 행정부, 입법부)의 합의가 있어야 공공부분에서 협약이 성립된다.

교착상태 해결절차

교섭의 결과로 언제나 쉽게 협약이 성립되지는 않는다. 때로는 양측이 단순히 합의에 이르지 못하기도 한다. 이러한 답보상태를 '교착상태'라고 부른다. 교착상태에 빠지게 되면 몇 가지 방법을 사용할 수 있다. 첫째, 직원들이 파업을 하거나 업무와 관련된 기타 다른 쟁의행위(소극적 태업, 병가, 준법 투쟁 등)를 할 수 있다. 대부분의 관할구역에서 공무원의 파업은 불법이지만 이러한 파업은 드물지 않게 발생하고 있다.

이보다는 '제3자 개입'을 통해 교착상태를 해결하려는 노력이 더욱 자주 시도된다. 이는 중립적이고 독립적인 자가 답보상태에 빠진 양자협상을 중재하는 것을 의미한다. 제3자 개입에는 세 가지 종류가 있다. 셋 중 가장 많이 사용되며 최소한의 개입이 일어나는 방식은 '조정(mediation)'이다. 조정자는 좀 더 유연한 태도를 가지도록 양 당사자 모두를 설득하여 이들이 다시 교섭에 진지하게 임하게 한다. 조정자는 합의를 강제할 수 있는 공식적인 권한이 없으므로 설득에만 의지할 수밖에 없고 공정하고 편파적이지 않은 사람이라는 자신의 명성을 이용해야 한다.

때로 조정에 실패하면 사용되는 두 번째 제3자 개입방식은 '진상조사(fact-finding)'라고 불린다. 조정인과 마찬가지로, 진상조사관은 교착상태 해결에 도움을 주는 중립적이고 양측과 이해관계가 없는 사람이다. 조사관은 그 명칭처럼 사실관계를 조사하는 것은 아니며, 양측의 제안을 검토한 후 이를 바탕으로 권고사항을 제시한다. 일반적으로 진상조사관은 공식적인 청문회를 연 후, 권고하는 합의사항을 공식적으로 발표한다. 진상조사관이 제시하는 권고사항을 지켜야 할 의무는 없으나 양측이 이를 받아들이고 교착상태를 끝내도록 공적인 압력을 가하는 데 그 목적이 있다.

세 번째 방식은 '중재(arbitration)'다. 중재는 중재인이 양측에 합의를 해야 할 의무를 부과할 수 있는 법적 권한을 가지고 있다는 점에서 조정 및 진상조사와는 다르다. 사실 중재에도 여러 가지 종류가 있다. 첫째, 주로 '일반적 구속중재'라고 불리는 방식은 중재인이 양측의 제안을 검토한 후 노동자 측과 관리자 측의 여러 제안 중 일부를 취사선택하여 중재인 자신이 공정하다고 생각하는 협약을 작성하는 방식이다. 필요하다고 여겨지는 경우, 중재인은 새로운 조항을 만들 수도 있고 아예 새로운 협약을 작성할 수도 있다.

좀 더 일반적으로 사용되는 두 번째 방식인 최종제안 중재(항목선택)는 중재인의 권한을 중요한 방식으로 제한을 둔다. 즉 중재인은 여전히 합의 의무를 부과할 수 있지만, 협약은 두 당사자들이 제안한 조항으로만 구성될 수 있다. 중재인은 여기서 창의력을 발휘하여 완전히 새롭거나 변경된 조항을 작성할 수는 없다. 많은 사람들은 중재인의 권한에 이러한 제한을 둠으로써 노동자 측과 관리자 측이 좀 더 합리적이고 절제된 제안을 제출하게끔 할 수 있다고 믿고 있다. 왜냐하면 당사자들은 자신들의 제안이 덜 합리적이고 덜 절제된 편이라면 중재인이 상대 측의 제안을 선택할 것이라는 우려를 하기 마련이기 때문이다.

세 번째 중재방식은 두 번째 방식의 변형이다. 최종제안 중재(일괄선택)라는 명칭이 그 차이점을 효과적으로 요약해 주고 있다. 이 방식에서는 중재인이 관리자 측이 최종안으로 제출한 최선의 제안 전체와 노동자 측이 최종안으로 제출한 최선의 제안 전체 중에 하나를 내용의 변경 없이 선택해야 한다. 이러한 방식의 중재는 양 당사자 간에 부담이 큰 일이다. 양측은 절제되고 합리적인 최선의 선택을 최종제안으로 제출해야만 한다는 점을 항목선정 방식에서보다 더 강력하게 깨닫게 된다. 그렇지 않으면 상대 측의 완승으로 끝나기 때문이다.

노사관계 전문가들 사이에서는 양자교섭을 선호하는 분위기가 아주 강하게 형성되어 있다. 제3자 개입은 최후의 보루, 즉 노동자 측과 관리자 측이 완전히 답보상태에 빠졌을 때만 사용되는 수단으로 여겨진다. 마찬가지로, 교착상태를 타파하기 위해 제3자가 필요하다고 결정되면 대개 가장 중재인의 개입이 덜 일어나는 방식을 선택하려는 경향이 있다. 가장 큰 이유는 양측의 근본적인 차이가 무엇이든지 간에 노동자 측과 관리자 측은 공존이라는 장기적 목표를 공유하기 때문이다. 외부심판에 의존하기보다는 자신들 스스로 일을 해결하는 편이 더 좋다. 결국, 한 해 동안 자신들의 조직이 업무를 해 나감에 있어 일상적인 업무환경에서는 심판이 존재하지 않을 것이기 때문이다. 또한 제3자는 대부분 노동자, 관리자, 그리고 입법자들처럼 합의의 결과를 실제로 받아들이고 이행해야 하는 커뮤니티의 일원이 아니다.

노동자 측이나 관리자 측에서 볼 때, 조정인이나 진상조사관의 도움을 받는 한이 있더라도, 중재인이 부과하는 합의의무를 이행하는 것보다는 자신들끼리 교섭하여 협약을 성사시키는 것이 나은 선택임이 확실하다. 대부분의 노사관계와 관련자들은, 중재는 파업을 막아야 하는 상황에서만 유용하다고 생각한다. 그리고 심지어 그런 상황에서도 어떤 사람들은 차라리 파업이 낫다고 생각할지도 모른다.

추가 참고문헌

공공부문 노사관계에 관해서는 광범위하고 다양한 연구가 존재한다. 먼저 참고하기 좋은 책은 Richard C. Kearney의 *공공부문 노사관계, 5판* (Labor Relations in the Public Sector, 5th ed.) (New York: CRC Press, 2014)인데, 이 책은 이 분야의 주요 쟁점에 대한 교과서적인 개요를 제공한다. Michael R. Carrell과 Christina Heavrin의 *노사관계와 단체교섭: 민간부문 및 공공부문, 10판*(Labor Relations and Collective Bargaining: Private and Public Sectors, 10th ed.) (Upper Saddle River, NY: Prentice-Hall, 2012)도 참고하면 좋다. Joyce Najita와 James Stern가 편집한, *공공부분에서의 단체교섭: 8개 주의 경험* (Collective Bargaining in the Public Sector: The Experiences of Eight States) (New York: M.E. Sharpe, 2001)도 훌륭한 편집자료이다.

온라인 자료

www.nlrb.gov 국립노사관계 위원회는 노사관계를 모니터하고 규제한다. 대부분의 주에는 이와 동등한 기관이 있으며, 이들은 주로 공공부문 노사관계에 대한 책임을 맡고 있다.

주요 공공부문 노동조합으로는 미국 주, 카운티, 지방 공무원 연합 (www.afscme.org), 연방공무원을 위한 미국공무원조합(www.afge.org), 미국교사연합(www.aft.org), 국립교육연맹(www.nea.org), 서비스근로자 국제연맹(www.seiu.org) 등이 있다. 공공부문 근로자를 포함하는 기타 다른 조합도 많은데, 이들 중 몇몇은 더 큰 조합의 일부이고, 몇몇은 상대적으로 소규모인 독립조직이다.

• 실습문제 개요

이번 실습문제에서는 반스왈로우시와 국제소방관연맹(IFF) 반스왈로우 지부 사이의 모의 단체교섭을 실시한다. 반스왈로우시의 교섭팀이나 노동조합 측 교섭팀의 일원 역할, 중립적 제3자인 조정인이나 중재인의 역할을 하면서 당신은 시와 노동조합 사이의 현재 협약을 바탕으로 새로운 협약을 협상하고자 시도해야 한다.

지시사항

1단계

이 실습문제에서 교수자가 당신을 아래와 같은 역할 가운데 하나로 지정할 것이다.

H. 로드리게스, 반스왈로우시 시장
J. 사임스, 반스왈로우시 인사국 국장
N. 리치, 반스왈로우시 예산국 국장
D. 로우처, 소방국장
T. 스위니, 국제소방관연맹 492 지역 대표
P. 제프리스, 소방관 연맹 교섭팀 일원
G. 랭크, 소방관 연맹 교섭팀 일원
F. 마틴, 국제소방관연맹 대표
I.M. 페어, 조정자
B. 저스트, 중재인

10명 이상의 학생들로 이루어진 반은 두 개 이상의 교섭팀으로 다시 나뉜다. 양식 73a에서 양식 73j에 걸쳐 제공된 맡은 역할에 대한 정보를 읽어 본다. 제공된 정보는 실습문제를 시행하면서 보여야 할 행동에 대한 일반적인 지침으로 참고하면 된다. 그러나 필요한 경우 맡은 역할을 자유롭게 윤색하여 행동해도 좋다. 상상력을 발휘하라!

2단계

현재 협약(양식 74)을 잘 읽어 보고 반스왈로우 시와 IFF 492 지부의 특성, 그리고 양식 75에 나와 있는 배경정보를 숙지한다.

3단계

속한 교섭팀의 다른 일원과 만나 초기 교섭입장을 확립한다. 현재 협약의 어떤 조항이 그대로 남아 있어야 하고, 어떤 조항이 변경되어야 하는지, 그리고 어떤 조항이 폐지되어야 하는지를 결정한다. 원한다면 완전히 새로운 조항을 제안할 수도 있고 심지어 완전히 새로운 협약을 작성할 수도 있다. 교섭팀의 각 일원은 반대 측 교섭팀을 상대함에 있어서 어떤 항목을 강조해야 할지, 어떤 입장을 취해야 할지, 그리고 전반적으로 어떤 전략을 취해야 할지에 대해 조금씩 다른 관점을 가지고 있다. 합리적인 절충안을 도출하려고 노력하라. 조정인이나 중재인 역할을 맡은 학생은 교수자의 지시가 있을 때까지 기다리고 있어야 한다.

4단계

반대 측 교섭팀과의 면대면 교섭 세션을 준비한다. 각 측은 자신들의 요구사항을 발표하고 상대 측의 반응을 살핀다.

5단계

상대 측이 제출한 제안을 자신이 속한 팀의 개별세션에서 검토한다. 적절하다고 생각하는 대로 당신의 입장을 재정립한다.

6단계

다음 교섭 세션을 마련하고 필요하면 자신의 팀과 개별회의를 한다. 자신의 팀이 만족할 만한 새 협약을 작성한다.

7단계

새 협약의 모든 조항에 대해 양측이 합의에 이르면 각 측은 양식 76을 작성한다. 양식 76에 적절한 서명을 한 후 교수자에게 제출한다.

8단계

교수자가 정한 시간까지 새 협약의 모든 조항에 대해 양측이 합의할 수 없는 경우, 교착상태가 발생한 것으로 공표된다. 이때, 협상 양 당사자는 몇 가지 교착상태 해결절차(조정, 일반적 구속중재, 일괄선택 최종제안중재, 항목선택 최종제안중재) 중 하나를 따라야 한다. 실습문제 시작부터 교수자는 당신의 협상에 어떤 방식의 교착상태 해결절차가 적용될 것인지를 알려 줄 것이다. 조정절차를 따라야 하는 당사자들은 조정자의 도움을 받아 개입을 받으며 교섭을 다시 시작한다. 교섭은 협약 협상이 완료되거나 혹은 정해진 시간이 끝날 때까지 중 먼저 도래되는 시기까지 계속된다. 협약 협상이 성공적으로 완료되면 양식 76을 작성하고 요구되는 서명을 한다. 중재절차를 따라야 하는 당사자들은 9단계와 10단계를 읽고 그대로 따른다.

9단계

교착상태가 공표되고 당신이 속한 당사자 측이 어떤 형태이든 중재절차를 따라야 하는 경우, 각 교섭팀은 각자 양식 76을 작성한다. 이제 이 양식은 협상 중인 각 조항에 대한 최종적인 최선의 제안을 대표하게 된다. 이 양식을 끝까지 신중하게 작성한다. 특히 조항을 추가하거나 변경된 조항의 전문을 제시할 수 있도록 하는 마지막 부분까지 빠짐없이 작성한다. 이 단계에서는 상대 측의 서명을 받을 필요가 없다. 이 양식을 작성하면 교수자가 지명한 중재인에게 제출한다.

10단계

양측으로부터 받은 제출안을 검토한 후 중재인은 교수자가 정한 시기에 청문회를 개최한다. 이 청문회에서 중재인은 각자 제출한 제안에 대한 진술을 양측으로부터 듣게 된다. 제출 내용에 대한 의문이 있으면 중재인은 이 청문회에서 질문을 할 수 있다. 청문회가 끝나면 중재인은 모든 자료를 검토한다. 자신의 판단을 요약하여 양식 76을 새로 작성해 서명하고 교수자가 정한 시간에 이 판단을 발표한다. 양 당사자의 대표는 중재된 양식 76에 서명한다.

11단계

양식 77의 질문에 답한다.

양식 73a

역할:
H. 로드리게스, 반스왈로우시 시장

로드리게스 시장은 반스왈로우시의 지속적인 경제호황이, 재계와 일반 시민들에게 유리한 세금환경이 조성되는지 여부에 달려 있다고 생각한다. 이를 위해 시장은 시 정부 행정공무원들에게 가능한 한 최대로 정부 지출을 줄이라고 지시했다. 로드리게스 시장은 일등급 소방서비스의 중요성을 인식하고는 있지만 지금의 소방국이 너무 규모가 크고, 소방관들은 이미 넉넉한 액수 이상의 보수를 받고 있다고 생각한다. 이번 협상에서 시장의 주요 목표는 소방국의 운영 예산을 최소한 조금이라도 줄이는 것이다. 로드리게즈 시장이 노동조합 대표와 직접 면대면 협상을 하지는 않지만 협약내용이 공식적으로 상대 측에 제안되려면 시장의 승인이 반드시 필요하다.

양식 73b

역할:
J. 사임스, 반스왈로우시 인사국장

   J. 사임스는 약 30년간 반스왈로우시를 위해 일해 왔고 시 정부의 인사 국장으로 약 15년간 일해 왔다. 사임스는 주로 경영진 위주로 돌아가는 인사시스템 속에서 일해 왔고 단체교섭의 복잡한 문제들에 아직 완전히 적응하지 못했다. 따라서 사임스는 협약이 보장하는 관리자 측의 권리와 특권에 대해 매우 민감하며, 관리자 측이 노동조합의 '개입' 없이 정책을 세울 수 있는 권한을 너무 많이 포기했다고 믿고 있다. 사임스는 소방관들이 부서의 결정에 항의하는 것을 더욱 어렵게 만들기 위해 고충처리 절차를 변경하는 데 특히 관심이 많다. 또한 사임스는 1년짜리 협약이 아니라 2년이나 3년짜리 협약을 맺고 싶어하며 전 인원에 걸친 임금인상보다는 순수한 성과주의 임금제를 선호한다.

양식 73c

역할:
N.리치, 반스왈로우시 예산국장

　　N. 리치는 J. 사임스보다 훨씬 젊고, 사임스처럼 시 공무원 노동조합에 대한 은근한 적대감 같은 것은 없지만, 그와 마찬가지로 전문적인 공공행정가이다. 리치는 '손익'에만 관심이 있다. 예산국장인 그의 목표는 시장처럼 비용축소이다. 시 정부의 장기적 재정건전성을 볼 때, 리치는 반스왈로우시의 노동협약에 존재하는 '시한폭탄'에 특히 관심이 있다. 지금은 많은 비용이 들지 않지만 나중에 비용이 폭발적으로 늘어날 항목 말이다. 따라서 예신국장인 그는 총 직원 수 수준과 연금수급권, 또한 단기임금 및 복지혜택 비용에 대해 우려하고 있다. 리치는 소방국에서 약 25개 직위를 없애고 싶어한다. 사임스처럼 리치 역시 장기협약을 선호한다. 예산국장인 그는 협약 기간이 길면 길수록 시의 지출을 더 많이 경감할 수 있다고 생각한다.

양식 73d

역할:
D. 로우처, 소방국장

D. 로우처는 반스왈로우 소방국에서 4년간 국장직을 맡아오고 있다. 커리어 대부분의 기간 동안 그는 인근 주의 대도시에서 소방관 및 소방 공무원으로 일했다. 로우처는 소방국의 모든 직원에 대해 상당히 공감을 느끼고 실제로 자신도 IFF 지부의 조합원으로 활동하였지만, 이제는 시 정부 관리자팀의 일원으로서 자신이 소방국장의 역할을 해야 함을 인식하고 있다. 소방국의 최고 행정가로서 로우처의 주요 목표는 관리자로서 자율성을 높이는 것인데, 특히 소방국 공무원의 업무교대 일정을 계획하고 필요한 경우 직원을 전근시킬 수 있는 권한을 강화시키는 것이 목표이다. 더구나 로우처는 소방국 운영 예산이 절감되는 대신 새 펌프차 및 사다리차를 비롯한 신규 소방장비에 대한 자본지출을 늘려 주겠다는 시장의 약속을 비공식적으로 받았다. 따라서 로우처 역시 협약 비용을 낮추는 데 상당한 이해관계가 있다.

양식 73e

역할:
T. 스위니, 국제 소방관연맹 492 지부 대표

T. 스위니는 2년 임기의 IFF 반스왈로우 지부(492 지역) 대표를 현재 세 번째 맡고 있다. 4선 대표가 되고 싶은 마음이 있지만 이번 협상 막바지에 "직위에서 물러나라"는 좀 더 젊고(스위니는 47세) 공격적인 소방관 무리의 압력을 받고 있다. 스위니의 주요 목표는 협약에서 상당한 임금 인상률과 복지혜택 증가를 얻어내어 조합원들의 지지를 확고히 하는 것이다.

양식 73f

역할:
P. 제프리스, 소방관 연맹 교섭팀 일원

P. 제프리스는 이 부서에 T. 스위니와 함께 입사한 48세의 엔지니어이며 스위니의 절친한 친구이자 지지자이다. 제프리스는 예전의 반스왈로우 소방관 협회(이 조합의 전신)에서 굉장히 활발한 활동을 하였지만 단체교섭이 등장한 이후로 현 지부에서는 주도적인 역할을 맡지 않아 왔다. 제프리스는 병가 임금 지급과 관련하여 최근 부국장과 논쟁을 벌이고 결국 고충해결 신청을 하게 되었다. 이후 노동조합과 조합의 역할에 대한 불만은 누그러뜨렸지만, 여태껏 여러 건의 조합회의에서 시정부와 IFF 사이에 협력이 부족함을 공개적으로 개탄스러워 해 왔다. 제프리스는 스위니의 부탁으로 교섭팀에 참여하기로 했다. 제프리스의 주요 목표는 연금과 관련한 협약조항을 개선하고 퇴직한 직원의 건강보험 담보범위(coverage)를 개선시키기를 요구하는 것이다. 제프리스는 고충처리 절차와 관련한 문제에도 민감하며 임금인상을 지지한다.

양식 73g

역할:
G. 랭크, 소방관 연맹 교섭팀 일원

G. 랭크는 5년간 반스왈로우 소방서에서 일해 온 27세 소방관이다. 랭크는 스위니 대표가 물러서기를 요구해 온 젊은 개혁파 중 하나이다. 그는 다음 선거에서 유력한 조합대표 후보자로 언급되어 왔다. 이번 협상에서 랭크의 주요 목표는 부가혜택 증가를 요청하는 것으로, 특히 직무교육훈련 분야에서의 혜택을 늘리고자 한다. 랭크 역시 상당한 임금과 급료 인상을 지지하며 IFF 대표 F. 마틴의 요구사항에 공감한다. 랭크는 특정한 생계비조정조항(COLA)이 협의되지 않는 이상 그 어떤 협약이라도 기간이 1년을 넘는 것에 반대한다.

양식 73h

역할:
F. 마틴, 국제 소방관연맹 대표

F. 마틴은 IFF 전국 대표 사무소에 고용된 전문 조합 협상가이다. 마틴이 하는 일은 협약 협상 및 IFF 연맹원에 영향을 미치는 기타 절차와 관련하여 반스왈로우 지부 같은 지부를 지원하는 것이다. 마틴은 강경하고, 터무니없는 협상은 하지 않는 사람으로 다른 곳의 지방정부 관료들로부터는 파업 및 기타 불법 쟁의 선동자라는 비난을 받아 왔다. 마틴의 목표는 사실상 협약의 모든 조항을 강화시키는 것이며 특히 노동조합원과 고충처리 절차와 관련한 조항을 개선하고자 한다. 마틴은 근로자의 동의 없이 근로자를 이 소방서에서 저 소방서로 전근시킬 수 있는 관리자 측의 특권에 제한을 두고, 자유 재량에 의한 능력제 임금인상을 일괄인상으로 대체하며, 승진 결정에 근속년수를 중시하도록 하고, 4교대 근무 시스템(24시간 근무, 72시간 휴식)을 의무화하고자 한다. 마틴은 인플레이션이 조금이라도 상승하면 더 낮은 임금률에 고정되는 것이나 마찬가지라며 노동조합은 기간이 1년을 넘어서는 협약은 거부해야 한다고 주장하고 있다.

양식 73i

역할:
I. M. 페어, 조정인

페어가 할 일은 교착상태가 발생하였을 때 중립적인 제3자로서 노동조합과 관리진이 서로 타협을 하고 합의에 이를 수 있도록 양측을 설득하는 것이다. 페어는 합의의무를 부과할 수 있는 권한이 없고 자신의 설득기술을 활용해야 한다. 교착상태가 공표되면 페어는 원하는 만큼 적극적으로 활동할 수 있다. 즉, 양측이 동의할 만한 조항을 양측에 제안할 수도 있고 답보상태에 빠진 논의에서 단순한 중개인 역할을 할 수도 있다.

양식 73j

역할:
B. 저스트, 중재인

교착상태가 공표되고 조정시도가 실패한 경우(혹은 조정절차를 건너뛰고 바로 중재에 들어가겠다고 결정되면) 저스트가 할 일은 양측으로부터 최종협약 제안을 받고 새로운 협약과 관련하여 공정하고 합리적인 판결을 내리는 것이다. 저스트가 중재인으로서 가질 수 있는 구체적인 권한은 미리 교수자가 결정할 것이다. 저스트는 다음 단계 중 한 종류의 권한을 가진다.

1. 새로운 협약을 작성할 수 있는 사실상 무제한의 권한(일반적 구속중재)
2. 각 측으로부터 한 세트의 여러 제안을 전부 받아들이는 것까지만 허용되는 권한(일괄선택 최종제안 중재) 혹은,
3. 양측이 제안한 여러 조항 중에서 취사 선택할 수 있는 권한(항목선택 최종제안 중재)

어떤 경우이든지 간에, 저스트는 공평한 합의결정을 내리기 위해 청문회를 열어 최대한 많은 정보를 얻어내야 한다.

양식 74

반스왈로우시와 국제 소방관 연맹 반스왈로우 지부 간의 협약

유효기간 2018. 1. 1. ~ 2018. 12. 31

제 1조 협약

이 협약은 2017년 12월 22일 반스왈로우시, 이하 '시', 와 국제소방관연맹 반스왈로우 지부, 이하 '조합' 혹은 'IFF', 사이에 이루어지고 체결되었다.

제 2조 인정

시는 IFF(반스왈로우 지부)가 임금, 급료, 근무시간, 휴가, 병가, 고충처리 절차, 본 협약에 명시된 기타 취업조건과 관련하여 노동부가 인증한 유일하고 배타적인 교섭대표임을 인정하며 IFF(반스왈로우 지부)는 1971년 4월 23일 동 노동부 인증에 의해 지정된 단체 교섭단위에 속한 모든 시 직원을 위한 대표임을 인정한다. 단체 교섭단위의 모든 직원이란 소방관, 호스 작업자, 엔지니어, 운전사로 분류되는 직종의 반스왈로우 소방서 직원 모두를 말한다.

단체교섭단위에서 제외된 자는 소방대장(Battalion Chiefs), 소방경(Captains), 소방위(Lieutenants)를 비롯한 모든 행정관 및 지휘관들이다.

제 3조 조합비

이 협약의 기간 동안 시는 시에 개별적, 자발적으로 서면동의를 한 모든 조합원들의 임금과 급여에서 각 급여지급 주기에 비례하는 월별 조합비를 공제하는 데 동의한다. 시는 지난달 월급에서 이렇게 공제된 조합비를 매월 10일이나 10일 이전에 조합의 재무부로 전달해야 한다. 공제된 돈이 조합의 재무부로 전달되면 조합은 이 돈의 양도에 대한 모든 책임을 지게 된다.

제 4조 관리자 권리

이하 특별히 명시되지 않는 한, 조합은 규칙을 제정하고 및 그에 따른 규정을 정하는 권리를 포함하여, 기타 반스왈로우 소방국의 운영과 행정에 대한 모든 권한이 반스왈로우시의 행정 대리인으로서 반스왈로우 소방국 국장 및 그가 지명한 자들에게 귀속됨을 인정한다. 이하 특별히 명시되지 않는 한, 이 협약의 그 어떤 내용도 주 혹은 반스왈로우시 법 및 법령 조항에 따라 반스왈로우 소방서 국장, 반스왈로우 시장 혹은 행정관이나 그들이 임명한 자에게 주어진 권환이나 의무를 위임하거나 포기하는 것으로 해석되지 않는다.

제 5조 조합 대표 및 특권

5.1 조합 및 조합간부, 조합원은 정상적인 시 운영 혹은 시의 직원으로서 조합원의 의무와 임무를 다하는 것을 방해하거나 중단시키는 일체의 조합 활동을 하거나, 시 소유 재산에서 회의를 열거나, 시 소유 시설을 사용해서는 안 된다.

5.2 조합은 소방국 직원에게 인정된 대표로서의 지위와 관련된 적절한 활동을 하기 위해 시 소유의 공간, 시설, 설비를 합리적으로 사용할 수 있는 권리를 가진다.

5.3 조합은 공식적인 조합업무와 관련된 공고 및 안내를 시 소방서의 적절한 장소에 게시할 권리를 가진다.

제 6조 고충처리 절차

6.1 고충이란 이 협약 모든 조항의 해석, 적용 혹은 위배 주장과 관련된 논쟁이나 의견의 차이라고 정의된다.

6.2 고충의 영향을 받은 당사자들 간의 회의를 통해 신속하고 비공식적으로 고충을 해결하려는 모든 시도를 다하여야 한다.

6.3 비공식적인 처리절차가 피해를 호소하는 당사자를 만족시키지 못하는 경우, 아래의 절차를 밟아야 한다.

1단계

고충을 호소하는 교섭단위 조합원(이하 '항고인')은 먼저 서면 항고에 자신의 서명을 하여 소방경에게 항고를 제출해야 한다. 소방경은 항고인과 함께 고충에 대해 논의해야 한다. 소방경은 조합에 이를 알리고, 조합은 항고인과 함께 고충이 논의되는 모든 회의에 대리인을 보낼 수 있다. 소방경은 항고에 대해 숙고한 후, 항고를 받은 후 7(근무)일 내로 항고에 대한 답을 하여야 한다. 이 절차의 목적상 토요일과 일요일은 근무일로 여겨지지 않는다.

2단계

문제가 해결되지 않으면 항고인은 1단계에서의 결정을 받은 후 7(근무)일 내로 소방대장에게 서면으로 항고하여야 하고, 소방경과 조합에 항고의 사본을 제출해야 한다. 소방대장은 소방경, 항고인과 함께 항고에 대해 논의해야 한다. 소방대장은 조합에 이를 알리고, 조합은 항고인과 함께 고충이 논의되는 모든 회의에 대리인을 보낼 수 있다. 소방대장은 항고에 대해 숙고한 후, 항고를 받은 후 7(근무)일 내로 항고에 대한 답을 하여야 한다.

3단계

문제가 해결되지 않으면 항고인은 2단계에서의 결정을 받은 후 15(근무)일 내에 반스왈로우 소방국장에게 서면으로 항고하여야 한다. 반스왈로우 소방국장은 항고를 받은 후 15근무일 내로 반스왈로우시 인사국에서 온 1명, 조합원이 지정한 2명으로 이루어진 패널과 함께 청문회를 열어야 한다. 이러한 청문회는 정당한 법적절차를 지켜 열려야 한다. 항고인은 진술, 문서 증거 제출, 자신을 대신할 증인을 출석시킬 수 있는 권리를 가진다. 반스왈로우 소방국장은 청문회가 열린 후 10근무일 내에 항고에 대한 결정을 서면으로 제시해야 하며 그 사본을 항고인과 조합에 제출해야 한다. 청문회 패널의 구성원들은 자신의 의견을 별도의견으로 진술할 수 있으며, 이는 반스왈로우 소방국장의 결정에 첨부되어야 한다. 언급된 별도의견은 권고사항일 뿐이며 반스왈로우시나 항고인에게 구속력이 있는 것으로 여겨지지 않는다.

4단계

문제가 해결되지 않으면 조합은 항고인을 대신하여 미국중재협회(AAA) 규정상 구속력이 있는 중재를 구하기 위해 7(근무)일 내로 AAA에 서면항고를 제출하여야 한다. 중재는 AAA 규정에 따라 선정된 중립적인 중재인에 의해 이루어지며 중재인의 결정은 최종적이고 구속력 있는 결정이다. 중재

비용은 양 당사자가 똑같이 나누어 부담한다.

제 7조 파업 및 직장폐쇄 금지

조합과 시는 이 협약하에 발생하는 모든 의견차이가 시 정부 서비스 제공을 중단시키지 않으면서 평화적이고 합법적인 방식으로 해결되어야 한다는 원칙에 동의한다. 따라서 조합은 조합이나 조합의 간부, 대리인, 직원, 조합원이 본 협약이 유효한 기간 동안 그 어떠한 파업, 조업중단 혹은 교섭단위에 속하는 직원이 단체로 업무수행을 거부하는 기타 행위를 선동, 시행, 지지, 용인하지 않는 데 동의한다. 시는 이 협약이 유효한 기간 동안 직장폐쇄를 하지 않는 것에 동의한다.

제 8조 임금 및 복지혜택

8.1 2019년 1월 1일부터 2019년 12월 31일까지 교섭단위의 조합원의 급여는 아래의 방식으로 조정되어야 한다.

A. 교섭단위의 각 조합원의 급여는 2018년 12월 31일 기준 기본급의 2%에 해당하는 액수만큼 인상되어야 한다.

B. 추가적으로, 교섭단위의 모든 직원의 2018년 12월 31일 기준 기본급의 1%에 해당되는 액수가 특별 실적제 풀에 할당되어야 한다. 이 풀은 교섭단위의 조합원들에게 추가적인 급여인상을 제공하는 데 사용되어야 한다. 실적제 풀의 돈을 할당하는 결정은 반스왈로우 소방국 국장만이 내릴 수 있으며, 국장은 휘하의 지휘관들의 의견을 구해야 한다.

8.2 직원은 아래의 10개 공휴일 중 4개 공휴일까지만 근무한다.

새해	독립기념일	크리스마스 및 새해 전날
추수감사절	부활절	현충일
성 금요일	노동절	마틴 루터 킹 Jr. 기념일

직원이 어느 공휴일에 근무할 것인지를 정하는 것은 관리자 특권으로 여겨진다. 상기 지정된 공휴일에 근무해야 하는 경우, 직원은 평소 시급의 1.5배의 시급으로 보상받는다.

8.3 직원은 다음 일정에 따라 유급휴가를 받아야 한다.

1년차에서 5년차까지	2주
5년차에서 10년차까지	3주
11년차에서 15년차까지	4주
16년차 이상	5주

8.4 직원은 각자 제복 및 개인 용품을 구매하고 유지할 책임이 있다. 그러나 시 차원에서 제복 구매 및 규지 비용을 부담해 주기 위해 제복을 착용해야 하는 모든 직원에게 연간 2,200달러의 제복 수당을 지급한다.

8.5 정해진 일상적인 교대 일정을 벗어난 시간에 출근해야 하는 직원은 정상 시급의 1.5배로 초과근무 수당을 지급받아야 한다.

8.6 시는 소방 및 소방안전과 관련하여 승인된 학업 코스에 등록한 모든 직원의 등록금 및 비용의 1/2을 부담하는 데 동의하며, 이는 직원당 연간 총 4,000달러까지 지급된다. 코스에 대한 승인은 반스왈로우 소방국장 혹은 그가 임명한 자 고유의 권한이다.

8.7 시는 직원의 BCBS(Blue Cross Blue Shield)*의 주요한 의료보험 담보범위에 대한 보험료 전액을 지불해야 한다. 직원이 가족 대상을 선택하는 경우, 해당 직원은 월 300달러의 보험료를 부담해야 한다.

8.8 시는 모든 직원을 위해 그룹 장애보험의 모든 비용을 부담해야 한다. 반스왈로우시가 선정해야 하는 상기 보험은 장애를 입은 모든 직원에게 월 최소 5,000달러를 지급해야 한다.

8.9 시는 직원의 연봉의 2배에 해당하는 보험금이 나오는 정기 생명보험을 직원들에게 무상으로 제공해야 한다. 보험의 종류와 보험사 선택은 반스왈로우시의 권한이다.

8.10 입사 첫해에는 연 5일의 유급 병가가 주어지고 그 다음해부터는 매년 10일이 주어진다. 미사용한 병가일은 다음해로 이월되지 않는다.

---

* 미국의 의료보험 연합. (역자주)

제 9조 연금수급권

시는 직원을 대신하여 각 직원 급여의 5%에 해당되는 액수를 주정부 직원 연금기금에 기여해야 한다. 각 직원은 급여의 최소 5%에서 최대 19%를 상기 기금에 기여한다. 60세가 되는 때 혹은 근무년수 30년이 지난 때 중 먼저 도래되는 때에 완전한 연금수급권을 가지게 된다.

제 10조 관례 유지

양 당사자는 서면으로 된 일련의 정책이 존재하며, 임금, 급여, 근무시간, 업무량, 병가, 휴가, 고충처리 절차, 전근, 정직, 그리고 본 협약에 명시적으로 다루어지지 않은 해고에 대한 행정 결정을 좌우하는 이러한 정책에 대한 일련의 관례와 해석이 존재함에 동의한다. 이러한 정책과 관례는 본 협약의 기간 동안 지속되어야 한다. 상기 정책이 과거에 적용되고 해석된 사례에 부합하지 않는 행정적 조치에 대해서는 불만을 신고할 수 있다.

제 11조 차별금지

시와 조합은 각각 자신의 권한범위 내에서 본 협약의 조항을 적용하는 데 있어 인종, 신념, 피부색, 성별, 성적 정체성, 종교, 국적, 참전용사나 장애인 신분 혹은 조합 가입여부 등의 이유로 조합원을 차별하지 않는 데 동의한다.

제 12조 협약기간 및 추가 협의

본 협약은 2019년 1월 1일부터 2019년 12월 31까지 양 당사자에 구속력이 있다. 양 당사자는 2019년 12월 31일 이후에 본 협약을 연장하거나 변경하기 위한 협약은 2019년 8월 1일 이전에 시작되어야 함에 동의한다.

양식 75

배경정보

시

　반스왈로우는 미들 아틀랜틱주에 있는 중간 규모(인구 35만 명)의 도시다. 시 재정이 지금은 꽤 안정적이지만, 북동부의 여러 오래된 도시와 마찬가지로 1960년대 중반에서 1990년대 후반까지 백인 중산층 다수가 교외로 이동하여 반스왈로우시의 세금인구가 심각하게 줄어듦에 따라 상당한 경제적 어려움을 겪었다. 도시 내 지역 낙후, 방화율을 포함한 범죄율 증가, 실업률 증가 등은 시 서비스에 굉장한 부담을 주었다. 미 전역의 다른 커뮤니티와 마찬가지로 반스왈로우도 2008년 주택위기 및 경기침체로 큰 타격을 받았다.

　2013년부터 반스왈로우시의 사정이 좋아지기 시작했다. 에너지 넘치는 젊은 변호사였던 H. 로드리게즈는 재선에 도전했던 당시 시장을 선거에서 이겼다. 이후 로드리게즈는 유능하고 전문적인 행정관들로 이루어진 소규모 팀을 꾸려, 종종 시 위원회의 강력한 반대에 부딪히면서도 반스왈로우시의 행정기구에 대한 개혁을 시작했다. 예산편성 절차가 합리화되었고, 시정부 근로자를 위해 공무원 시스템이 마련되었으며, 조달관행이 현대화되었다. 이러한 개혁을 통해, 그리고 거의 200명의 시정부 근로자들을 해고하면서, 로드리게즈는 시 예산 균형을 달성했고 시정 채권등급을 개선시켰다. 또한 전반적인 경기가 개선되고 젊고 부유한 직장인들이 시로 다시 돌아온 것도 반스왈로우의 재정이 양호해지는 데 도움이 되었다. 최근 반스왈로우 이브닝 크로니클과의 인터뷰에서 로드리게즈는 내년 시 예산 계획에 상당한 재산세율 인하를 포함할 것임을 넌지시 알렸다. 상황을 예의 주시하고 있는 사람들은 로드리게즈가 곧 재선 출마를 발표할 것임을 확신하고 있다.

노동조합

492 지부는 미국에서 가장 큰 소방관 노동조합인 국제소방관연맹(IFF)과 연계되어 있다. 반스왈로우의 소방관은 거의 60년간 노동조합을 조직해 왔지만 제복을 착용하는 지방정부 직원과의 교섭을 허용하는 것으로 주법이 바뀜에 따라 1970년대부터 시와 단체교섭을 하기 시작했다. 이 시기 이전까지는 492 지부의 전신인 반스왈로우 소방관연합이 사회적 조직이자 소방안전 및 반스왈로우시 소방관에 대한 기타 문제점과 관련하여 비공식적인 로비단체로 활동했다. 이 노동조합은 현재 18개 소방서 296명의 근로자를 대표한다. 중장년층 소방관과 청년층 소방관 사이에 틈이 점점 벌어지고 있기는 하지만 조합원들은 조합을 크게 지지하고 있다. 젊은 소방관들은 조합 지도부가 로드리게즈 행정부의 예산정책에 더 강경하게 대응하기를 요구해 왔고 시를 상대함에 있어 파업처럼 좀 더 전투적인 쟁의를 하기 원해 왔다.

시-노동조합 관계

단체교섭이 시작된 이후 첫 25년간은 시와 노동조합 간의 관계가 상대적으로 좋았던 편이다. 반스왈로우의 선출직 공직자에 대한 조합원의 지지는 관대한 협약으로 보답받았다. 협약은 시 공공서비스에 대한 심각한 중단 위협 없이 신속하고 순조롭게 협상되었다. 로드리게즈 행정부가 들어서면서 이 관계는 나빠지기 시작했다. 2015~2017년 협약(2년 협약)에 대한 협상은 노동조합이 로드리게즈 행정부가 "시정부 근로자의 희생을 바탕으로 시 예산 균형을 달성"하려 한다고 주장하면서, 독설과 상대 측에 대한 불신으로 얼룩졌다. 2015년에는 시가 소방서 3군데를 폐쇄하고 직원 37명을 해고하겠다는 제안을 꿈쩍도 하지 않고 고수하자 소방관들은 파업(주법상 아직 불법행위임)을 하겠다고 위협했다. 2018년 협약(1년 협약)은 주 공공근로자 노사관계 위원회가 개입하여 문제를 중재인에게까지 가져간 결과, 마침내 성사되었다.

반스왈로우 소방국: 조직 및 직원

반스왈로우 소방국의 대표는 소방국장으로 시장이 임명하고 시 위원회가 인정한 관료이다. 소방국장은 소방국의 기획 및 업무편성에 책임이 있다. 국장 휘하의 직속 부하는 각각 화재예방, 화재진압, 재정 및 예산편성, 훈련, 장비, 인사를 담당하는 전문적인 소방행정관들이다. 이들 행정관들 중 가장 중요한 사람은 소방서장으로, 이는 화재진압부서를 책임지는 공무원이다. 소방서장은 소방국의 최고 '소방관'이며 반스왈로우의 소방활동 및 구조작업을 직접 지휘한다. 소방서장 아래에는 다섯 명의 소방대장이 있는데, 이들은 반스왈로우시의 소방경 34명을 관리 감독한다. 소방경들은 각각 1개 소방중대를 지휘한다. 반스왈로우시의 34개 소방중대는 18개의 소방서에 배치되어 있다.

표 15.1 지부 조합원 분포 및 급여

직무	직원수	평균급여 (2018)
소방관	127	$51,000
엔지니어	40	53,500
호스 작업자	74	51,000
운전사	55	53,000

IFF 492 지부가 대표하는 296명의 직원은 소방서에 소속된 특별 소방중대(펌프차, 호스, 사다리, 구조 등)로 조직되어 있다. 관리하는 구역의 넓이에 따라 각 소방서에는 1~4개의 소방중대가 있다. 492 지부는 기본적으로 소방관, 엔지니어, 호스 작업자, 운전사 등 4개 직무로 이루어져 있다. 표 15.1은 직무별 인원수와 각각 평균 연간 급여에 대한 명세이다.

현재 협약비용

반스왈로우 소방국의 기본급 비용은 표 15.1에 제시된 자료를 이용하여 추정될 수 있다. 2019년 협약 및 협의되고 있는 제안에 대한 비용을 가늠하기 위해 사용될 수 있는 추가정보는 다음과 같다.

1. 현재 소방국 절차하에서는 각 소방중대는 A, B, C로 지정된 3개의 소방소대로 이루어져 있다. 각 소방소대는 24시간 교대로 근무하고 48시간 동안 휴식한다. 직원이 72시간 동안 24시간 이상 근무해야 되면 초과근무 급여율이 적용된다. 직원들은 보통 연간 평균 60시간 동안 초과근무를 한다.

2. 연평균 42명의 직원이 등록금 지원 조항의 혜택을 받아 왔다. 이들 중 34명은 학업에 소요되는 비용이 협약에서 정한 금액과 같거나 그 금액을 초과하여 최대 지원금인 4천 달러를 받았다. 나머지 8명은 각각 평균 1,075달러를 지급받았다.

3. BCBS 개인 주요 의료보험 담보범위 비용으로 시는 직원당 일 년에 16,000달러를 사용했다. 블루크로스 블루쉴드 가족 담보범위 비용은 일 년에 22,000달러이다(협약 조항 8.7 참조). 현재 직원 210명이 가족 담보범위를 선택하고 있다.

4. 시의 현 장애보험 보험료 비용은 일 년에 직원 한 명당 650달러이다. 월 보험금 혜택이 100달러 늘어나면 연 보험료는 35달러 인상된다.

5. 현재 복지혜택 구조하에서는 시의 정기 생명보험 보험료로 직원 한 명당 일 년에 350달러가 소요된다(협약 조항 8.9 참조). 직원 한 명당 연보험료와 예상되는 평균 보험금 혜택 사이에는 직접적인 관계가 있다. 보험금이 연봉의 3배로 늘어나면 직원 한 명당 보험료가 600 달러로 높아지고, 연봉의 4배로 보험금이 늘어나면 직원 한 명당 보험료가 750달러로 높아진다.

6. 이 실습문제를 위해, 물가상승률 및 국민경제에 대한 기타 총량지표는 실습문제의 모의 협상을 실시하는 때의 실제 지표와 동일하다고 가정한다. 이 정보는 2019년 협약의 비용에 직접적인 관련은 없지만, 새로운 협약을 위한 협의 방향에 영향을 줄 수도 있다.

양식 76

반스왈로우시와 국제소방관연맹 반스왈로우 지부 간 협약 개요

지시사항: 이 양식은 반스왈로우시와 IFF 492 지부 간의 현 협약(2018) 에 대한 대략적인 개요를 제공한다. 양식에 있는 각 숫자는 현 협약의 조항 에 해당된다. 방금 협의를 마친(혹은 중재를 위해 제출한) 내용이 2019년 협약 과 어떻게 다른지에 따라 각 숫자 뒤에 있는 빈칸에 '유지', '삭제', 혹은 '변 경'이라고 표시하면 된다. '변경'이라고 표시할 때마다(예를 들어 새로운 조항 이 이전 조항과 다르면) 변경사항에 대한 간략한 내용을 설명한다. 이 양식의 말미에 협의해야 할(혹은 제안할) 변경된 조항과 완전히 새로운 조항을 기입 한다. 요구되는 바와 같이 서명을 한다.

Ⅰ. 협약 _____

_____

Ⅱ. 인정 _____

_____

Ⅲ. 조합비 _____

_____

Ⅳ. 관리자 권리 _____

_____

Ⅴ. 조합 대표 및 특권 _____

_____

Ⅵ. 고충처리 절차 _____

_____

Ⅶ. 파업 및 직장폐쇄 금지 _____

_____

Ⅷ. 임금 및 복지혜택 _____

_____

Ⅸ. 연금수급권 _____

_____

Ⅹ. 관례 유지 _____

_____

Ⅺ. 차별금지 _____

_____

Ⅻ. 협약기간 및 추가 협의 _____

_____

ⅩⅢ. 추가조항 및/혹은 변경된 조항전문 _____

_____

서명

서명인은 반스왈로우시와 국제소방관연맹 반스왈로우 지부(492 지부)의 적법한 대표다.

이상을 증명하기 위하여 본 협약 당사자는 20___, ___(월) ___(일)에 서명하고 날인했다.

시	조합
J. 사임즈	T. 스위니
N. 리치	P. 제프리스
D. 로우처	G. 랭크
	F. 마틴

중재절차를 밟는 사례에만 해당

주 공공부문 근로자 노사관계위원회의 적법한 인정을 받은 대표이자 노사분쟁의 교착상태를 해결하기 위해 주법령 섹션 317.6(a)에 따라 권한을 부여받은 인증된 중재인인 서명인은 이로써 첨부된 문서가 명시된 기간 동안 양측에게 구속력이 있는 공정하고 합법적인 협약임을 보장한다.

B. 저스트

양식 77

질문

1. 당신의 교섭팀은 얼마나 효과적이었는가? 협약에서 목표들 중 무엇이라도 이루었는가? 성공이나 실패의 원인이 무엇이라고 생각하는가?

2. 당신의 수업에 양자교섭팀이 2개 조 이상 있었다면, 협의된 협약들 간의 가장 큰 차이점은 무엇이었는가? 사용된 교착상태 해결방식이(그러한 방식이 사용된 경우) 결과에 체계적인 영향을 주었는가?

3. 만약에 제3자 개입이 있었다면, 어떤 방식의 개입이 교착상태 해결에 가장 적절하다고 생각하는가? 어떠한 방식의 중재절차라도 중재를 받는 것을 지지하는가?

4. 공무원이 파업을 할 수 있도록 허용되어야 한다고 생각하는가? 공무원의 파업이 불법화되어야 한다고 생각한다면, 공공행정관 입장에서 직원들이 불법임에도 불구하고 파업을 하는 경우 어떻게 할 것인가?

PART 4
예산관리

EXERCISE 16   품목별 예산제도
EXERCISE 17   성과주의 및 프로그램 예산제도
EXERCISE 18   결과기반 예산제도

예산이란 무엇인가?

예산은 돈이 어떻게 쓰이는가를 제시하는 문서이다. 예산마다 그 형태와 규모가 놀랄 만큼 매우 다양하지만 모든 예산에는 공통적으로 들어가는 단순하고 중요한 요소가 있다. 그것은 무엇을 구매할 것인지에 대한 계획과, 그 비용이 어느 정도 되는지에 대한 계산이다.

예산은 일반적으로 회계연도(fiscal year: FY)라고 하는 일정 기간 동안 작성되며, 회계연도는 조직에서 지출 계획을 세우는 데 사용하는 연속된 12개월 기간을 의미한다. 미국 정부예산관리의 복잡한 특징은 각기 다른 수준의 정부들이 기금을 위해 서로 의존하지만, 정부 관할권의 회계연도는 보통 서로 일치하지 않는다는 것이다. 연방정부의 회계연도는 10월 1일부터 9월 30일까지이다. 반면 많은 주정부와 지방정부의 회계연도는 7월 1일부터 6월 30일까지이다. 또 다른 정부들은 1월 1일부터 12월 31일까지를 사용한다. 그래서 역년*을 기준으로 일하는 도시는 연방 및 주정부로부터 어떤 지원을 받을지 모른 채 예산을 편성해야 한다.

왜 예산을 세우는가?

우리가 원하는 만큼 돈이 충분히 있다면 예산을 작성할 필요가 없다. 즉, 한도가 없는 예금계좌가 주어진다면, 매달 지불해야 할 월세준비에 걱정할 필요가 없다는 의미이다. 그러나 현실은 우리가 하고 싶은 모든 일을 할 만큼 돈이 충분하지 않다. 돈은 유한하다. 결과적으로, 우리는 우리가 반드시 가져야 하는 것을 위해 원하는 것을 포기하거나 추후로 미뤄야 한다. 화폐를 발행할 수 있는 중앙정부조차도 무엇을 사야 할지, 사지 말아야 할지를 선택해야 한다. 이것이 예산의 역할이다. 구매해야 할 모든 것을 분명하고 체계적으로 열거함으로써, 우리는 지출해야 할 월세를 잘 확보하면서 합리적인 구매를 할 수 있다.

그러나 재정적 무분별함을 경계하는 것이 예산을 세우는 유일한 이유만은 아니다. 정부가 예산관리를 하는 둘째 이유는 특정한 공공목적에 따라

---

* 역년(曆年)은 1월 1일에서 12월 31일까지를 의미한다. (역자주)

돈이 지출되어야 하기 때문이다. 즉, 예산은 시민과 공무원이 공공기금의 지출을 통제하거나 설명할 수 있는 수단을 제공한다. 매 회계연도 초마다 재무부에서 정부청사로 현금을 한 트럭 보내고 "가서 집행하십시오"라고 말하는 것이 아니다. 재무부에 무엇을 구입해야 하고 이를 위해 얼마를 지출해야 하는지 상세하게 명시한 예산을 재출해야 한다. 그렇게 하면 재무부에서 "집행하십시오."라고 말하며 덧붙인다. "영수증을 꼭 증빙해 주세요!"

제4부의 실습문제들에서 명확히 알 수 있듯이, 예산이 유용한 셋째 이유는 우리가 결정을 내리는 데 도움이 되기 때문이다. 체계적인 비교를 가능하게 하는 방식으로 대안적 지출을 분류함으로써, 어떤 공적자금의 투자가 최상의 결과를 약속하는지에 대해 잘 알고 결정할 수 있다. 예를 들면, 공무원이 두 가지 직업훈련계획의 상대적인 장점을 평가하거나 새로운 주립 공원 건설의 비용적 가치가 있는지 결정하는 데 도움이 되는 예산제도를 고안하는 것이 가능하다.

어떻게 예산을 세우는가?

조직마다 예산 수립의 방법을 찾는 만큼, 예산수립 방법에는 여러 가지 방식이 있다. 그러나 예산관리를 배우는 학생에게는 다행스럽게도, 다양한 정부부처에서 사용하는 여러 가지 구체적인 접근방식은 실제로 몇 가지 간단한 테마를 변형한 것이다. 이 실습문제들은 모든 예산제도의 구성요소가 되는 핵심적인 접근법들을 소개한다. 이러한 제도들의 논리가 숙달되면 사실상 모든 예산제도를 이해하고 재현할 수 있다. 즉, 하나의 예산제도에서 몇 가지를 구성하고, 또 다른 제도에서 한두개의 개념적 내용을 추가하는 방식이다. 다음과 같이 네 가지 기본적인 예산제도가 있다.

- 품목별 예산제도(Line-item budgeting)
- 성과주의 예산제도(Performance budgeting)
- 프로그램 예산제도(Program budgeting)
- 결과기반 예산제도(Outcome-based budgeting)

이러한 네 가지 예산제도는 예산관리에 대한 아이디어의 역사적 진보를 보여 주는 결과물이다. 품목별 예산제도가 가장 먼저 나왔고, 결과기반 예산제도가 가장 최근에 소개되었다. 이는 나중에 나온 아이디어가 이전 아이디어를 완전히 대체한다는 뜻이 아니다. 품목별 예산제도는 모든 예산제도의 핵심적 구성요소이다. 성과주의 및 프로그램 예산제도의 개념 중 많은 부분이 예산관리에 대한 오늘날의 접근방식에 광범위하게 통합되어 있다. 총괄해서 말하자면, 우리가 예산제도에 더 많은 업무를 수행하도록 요청해 왔기에, 예산제도 진보의 노선은 더욱 복잡해지고 있다.

추가 참고문헌

미국의 공공예산제도에 관한 유용한 토론은 Robert D. Lee Jr., Ronald W. Johnson, Philip G. Joyce의 *공공예산제도, 9판*(Public Budgeting Systems, 9th ed.) (Sudbury, MA: Jones and Bartlett, 2013); Charles E. Menifield의 *공공예산 및 재정관리의 기초: 학업 및 실무자를 위한 안내서, 2판*(A Handbook for Academics and Practitioners, 2nd ed.) (Lanham, MD: University Press of America, 2013); Irene Rubin의 *공공예산 정치학: 획득과 지출, 7판*(The Politics of Public Budgeting: Getting and Spending, 7th ed.) (Washington, DC: Congressional Quarterly Press, 2013). 다른 국가의 공공예산제도에 대해서는 George M. Guess와 Lance T. LeLoup의 *공공예산제도 비교: 세금 및 지출에 관한 글로벌 관점*(Comparative Public Budgeting: Global Perspectives on Taxing and Spending) (Albany, NY: 뉴욕 주립대학교, 2011)을 참조하라.

온라인 자료

www.omb.gov 미국 관리예산실(Office of Management and Budget: OMB)은 연방정부의 예산을 집계하고 대통령을 대신하여 의회에 제출할 책임이 있는 연방기관이다. 또한 OMB는 의회가 통과시킨 예산관리에 중심적인 방향을 제시한다.

www.cbo.gov 미국 의회예산처(Congressional Budget Office: CBO)는 초당파적인 전문기관으로 행정부가 제시한 분석과는 별도로 의회에 분석을 제공한다.

주정부 및 지방정부는 OMB 및 CBO와 유사한 기관을 두고 있다.

두 개의 전문협회가 공공예산절차에 대한 분석, 권고 및 지원을 제공한다.

www.nasbo.org 전미 국가 재정담당관 협회(National Association of State Budget Officers: NASBO)

www.gfoa.org 정부 재무담당관 협회(Government Finance Officers Association: GFOA)

이러한 종합적인 자료는 예산제도의 서로 다른 접근법에 관하여 이후에 제시된 모든 예산제도 실습과 관련이 있다.

EXERCISE 16
품목별 예산제도

통제를 위한 예산제도

품목별 예산제도는 가장 예전부터 사용되어 왔고 가장 흔히 사용되는 예산제도 방식이다. 사실, 이 방식은 너무나 널리 사용되기 때문에 품목별 예산제도라는 용어를 들어본 적이 없다고 하더라도 대부분 사람들에게 예산제도란 품목별 예산제도를 의미한다.

표 16.1은 품목별 예산제도의 예를 보여 주고 있다. 여기에는 구매해야 할 *상품*(직원 급여, 사무용품, 컴퓨터 등)과 *비용*이라는 두 가지 기본적인 요소가 포함되어 있음에 주목하라. 품목별 예산이 여러 가지 다른 방식으로 정리될 수 있다고 하더라도 유사한 상품은 보통 함께 분류된다. 이렇게 함으로써 예산을 알아보고 해석하기가 쉬워진다.

일부 품목별 예산은 다른 품목별 예산에 비해 좀 더 자세하게 작성되어 있고 더 많은 정보를 담고 있다. 예를 들어, 공원과 레크리에이션국의 '사무용품'이라는 카테고리는 다른 조직에서라면 '연필', '종이 클립', '스테이플러' 등등으로 나뉠 수 있을 것이다. 품목별 예산이 얼마나 상세한 지는 중앙예산 행정가들이 운영 단위에 대해 얼마나 많은 통제력을 가지고자 하느냐에 달려 있다. 더 많은 자율성과 재량이 주어질수록 품목별 예산이 덜 상세해진다. 통제라는 개념이 품목별 예산제도의 핵심인 것이다. 품목별 예산제도 방식은 애초에 특히 공공부문 지출을 통제하기에 매우 효과적인 방법으로 개발되었고, 이와 같은 이유로 지금까지 널리 사용되고 있다. 품목별 예산에서 얻을 수 있는 정보는 비용이나 지출에 대한 추가적인 데이터를 제공함으로써 더욱 확대될 수 있다. 표 16.1의 예산은 FY(회계연도) 2017~ 2018의 실제 지출내역과 FY(2018~2019) 예산안을 보여 준다. 어떤 품목별 예산에서는 해당 조직의 전년도 지출(예: FY 2016~2017)내역을 보여 주던지, 전년 대비 변동액을 백분율로 보여 주는 열을 포함시켜야 한다. 이러한 종류의 정보는 공무원, 특히 입법가들이 예산안을 수락할 것인지를 결정하는 데 도움이 된다.

표 16.1 예산안 양식: 공원과 레크리에이션국

항목	FY 2017~2018	FY 2018~2019 (예산안)
급여		
직무 분류		
행정직	$84,000	$92,000
비서직	32,000	34,000
유지관리	53,000	56,500
미분류 직무		
계절성 레크리에이션	23,600	25,300
계절성 유지관리	17,000	19,400
총 급여	**$209,600**	**$227,200**
기타 운영비		
컴퓨터 용품 및 서비스	$11,600	$13,000
전화 및 우편 요금	2,750	3,200
출력 및 광고	12,300	14,000
사무 용품	2,600	3,250
기기 유지관리	9,350	10,300
잔디 씨앗 및 비료	4,500	5,750
비상금	3,700	4,800
총 기타 운영지출	**$46,800**	**$54,300**
총 지출	**$256,400**	**$281,500**

추가 참고문헌

품목별 예산제도는 제4부 전체에 대한 참고 자료에 포함되어 있다.

더 많이 알고 싶은 학생이라면 1912년 태프트 위원회 보고서와 1921년 예산회계법을 꼼꼼히 읽어 보라. 연방정부 예산제도의 형식을 마련했다고 할 수 있는 이 두 문서는 Albert C. Hyde와 Jay M. Shafritz가 편집한, *정부 예산제도: 이론, 절차, 정치*(Government Budgeting: Theory, Process, Politics) (오크파크, IL: 무어(Moore), 1978)에 나와 있다.

• 실습문제 개요

애덤스 카운티 감리위원회는 카운티 도서관 서비스를 통합하려는 계획을 최근 승인했다. 내년에는 비용을 줄이고 서비스를 향상하기 위한 노력의 일환으로 카운티에 포함된 여섯 개 타운, 네 개 빌리지, 한 도시의 공공도서관을 단일 시스템으로 통합하여 운영할 예정이다. 카운티 관료 및 지방 관료, 그리고 두 공무원 조합이 복잡한 협상을 한 결과, 애덤스 카운티 도서관이라고 알려진 새로운 단일 조직을 위한 협의가 이루어졌다.

카운티 예산 부국장으로서 당신의 책임은 새로운 통합 도서관 체계를 위한 초기 품목별 예산안을 작성하는 것이다. 예산안 작성에 토대가 될 만한 것이 하나도 없기 때문에 이 업무는 복잡할 수 있다. 이는 새로운 체계이므로 기본적으로 당신은 완전히 처음부터 시작해야 한다. 그러나 참고할 수 있는 두 가지 정보의 원천이 있기는 하다. 첫째는 새로운 도서관 체계에 대해 카운티 감리위원회와 자신이 기대하는 바를 간략히 설명한 예산 담당관의 보고서이다. 둘째, 당신은 통합되어야 할 11군데 도서관의 운영비에 대한 품목별 예산을 알고 있다.

지시사항

1단계

예산국장의 보고서(양식 78)를 읽고 당신의 예산조사 자료를 검토하라(양식 79A~79K).

2단계

양식 80의 예산안을 사용하여 새로운 애덤스 카운티 도서관에 대한 품목별 예산안을 작성하라. 예산국장 존슨의 지시를 염두에 두고 예산안을 작성한다. 비고: 교수자가 허락하는 경우, 이 단계에서 사용 가능한 스프레드시트를 사용하는 것이 좋을 것이다.

3단계

양식 81의 질문에 답한다.

양식 78

20○○년 ○○월 ○○일

수신자: A. C. 앤드루스
          예산 부국장

발신자: 새라 T. 존슨
          예산 국장

답변: 도서관 예산

이미 알고 있겠지만, 어젯밤 감리위원회가 카운티 도서관 시스템 통합 계획을 승인했습니다. 위원회가 검토할 수 있도록 첫해에 대한 예비 예산안 작성 책임을 맡아 주면 좋겠습니다.

예산안은 다음을 염두에 두고 작성해야 합니다.

1. 웨인스필드 시 도서관을 포함하여 카운티의 모든 기존 도서관은 계속해서 개관됩니다.

2. 지방정부와 카운티 간의 비용 분담 협약은 기존 도서관 예산을 통합함으로써 예산이 전체적으로 3%가량 절약될 것을 가정하고 있습니다.

3. 직원 감축이든, 근무시간 단축이든 간에, 도서관 상근직 직원에 대한 예산 삭감은 전문직원 단계에서는 5명, 보조직원 단계에서는 8명으로 제한됩니다. 기타 비용 부문에서의 삭감에는 제한이 없습니다.

4. 카운티와 공무원 조합 간의 협약에 따라, 직무분류 내에서의 급여체계는 새롭게 통합되는 단위 중 어느 단위에서든 현재 지급되는 가장 높은 수준으로 표준화되어야 합니다. 이 정책은 모든 직무에 적용됩니다.

5. 이전에 '책임 사서'로 임명했던 타운과 빌리지의 사서는 '지점 사서'로 재임명하고 이에 맞는 보수를 주어야 합니다.

6. 카운티 도서관 관장이라는 새로운 직위가 마련되며 이에 대한 예산은 $90,000입니다.

새로운 시스템 시작일이 7월 1일이므로, 이를 정규 예산 주기에 포함할 것입니다. 12월 15일까지 모든 서류작업을 마무리해 주십시오.

양식 79a

애덤스 카운티 도서관 예산, 회계연도 1

웨인스필드시	직위명	급여	근무시간	비용
전문직원				
상근직	책임 사서	$70,000.00	1	$70,000.00
	지점 사서	$55,000.00	6	$330,000.00
	참고(정보제공) 사서	$51,000.00	5	$255,000.00
	보조 사서	$46,000.00	9	$414,000.00
시간제	참고(정보제공) 사서	$24.5/시간	2,100시간	$51,450.00
	보조 사서	$22.5/시간	3,000시간	$66,000.00
보조직원				
상근직	행정 보조	$34,000.00	1	$34,000.00
	안내데스크 직원	$24,960.00	8	$199,680.00
	컴퓨터 기술자	$30,000.00	3	$90,000.00
	비서	$22,880.00	2	$45,760.00
	유지관리 직원	$22,880.00	4	$91,520.00
	견습생	$16,640.00	3	$49,920.00
시간제	안내데스크 직원	$10/시간	7,000시간	$70,000.00
	유지관리 직원	$11/시간	2,000시간	$22,000.00
	견습생	$8/시간	13,250시간	$106,000.00

기타 비용

자료입수 – 도서, DVD 등	$400,000.00
컴퓨터 용품 및 서비스	$180,000.00
공공요금	$120,000.00
유지관리	$40,000.00
이동식도서관	$21,000.00
학교 프로그램	$11,000.00
여름방학 어린이 프로그램	$6,500.00
출장	$4,500.00

양식 79b

애덤스 카운티 도서관 예산, 회계연도 1

클리어 크릭 빌리지	직위명	급여	근무시간	비용
전문직원				
상근직	책임 사서	$55,000	1	$55,000.00
보조직원				
시간제	유지관리 직원	$9.00/시간	780시간	$7,020.00
기타 비용				
자료입수 – 도서, DVD 등등				$4,500.00
컴퓨터 용품 및 서비스				$1,000.00
공공요금				$4,200.00
유지관리				$1,500.00

양식 79c

애덤스 카운티 도서관 예산, 회계연도 1

울포드 빌리지	직위명	급여	근무시간	비용
전문직원				
상근직	책임 사서	$57,000.00	1	$57,000.00
	보조 사서	$41,000.00	2	$82,000.00
보조직원				
상근직	안내데스크 직원	$21,000.00	1	$21,000.00
	유지관리 직원	$20,000.00	1	$20,000.00
시간제	견습생	$7.00/시간	1,040시간	$7,280.00
	컴퓨터 기술자	$12.00/시간	1,040시간	$12,480.00

기타 비용

자료입수 – 도서, DVD 등등	$16,000.00
컴퓨터 용품 및 서비스	$2,500.00
공공요금	$4,400.00
유지관리	$3,750.00

양식 79d

애덤스 카운티 도서관 예산, 회계연도 1

이스트 울포드 빌리지	직위명	급여	근무시간	비용
전문직원				
상근직	책임 사서	$55,000.00	1	$55,000.00
	보조 사서	$39,500.00	1	$39,500.00
보조직원				
상근직	안내데스크 직원	$19,760.00	1	$19,760.00
	유지관리 직원	$19,500.00	1	$19,500.00
시간제	안내데스크 직원	$9.50/시간	850시간	$8,075.00
	컴퓨터 기술자	$10.00/시간	1,044시간	$10,400.00

기타 비용	
자료입수 - 도서, DVD 등등	$20,000.00
컴퓨터 용품 및 서비스	$3,500.00
공공요금	$4,700.00
유지관리	$2,000.00

양식 79e

애덤스 카운티 도서관 예산, 회계연도 1

글렌리지 빌리지	직위명	급여	근무시간	비용
전문직원				
상근직	책임 사서	$54,000.00	1	$54,000.00
보조직원				
시간제	유지관리 직원	$9.75/시간	600시간	$5,850.00

기타 비용

자료입수 – 도서, DVD 등등	$1,600.00
컴퓨터 용품 및 서비스	$600.00
공공요금	$2,500.00
유지관리	$300.00

양식 79f

애덤스 카운티 도서관 예산, 회계연도 1

리틀턴 타운	직위명	급여	근무시간	비용
전문직원				
상근직	책임 사서	$62,000.00	1	$62,000.00
	참고(정보제공) 사서	$50,000.00	1	$50,000.00
	보조 사서	$43,680.00	2	$87,360.00
시간제	보조 사서	$21.00/시간	1,200시간	$25,200.00
보조직원				
상근직	안내데스크 직원	$19,760.00	4	$79,040.00
	컴퓨터 기술자	$19,850.00	1	$19,850.00
	유지관리 직원	$19,500.00	1	$19,500.00
	견습생	$15,080.00	1	$15,080.00
시간제	안내데스크 직원	$9.50/시간	550시간	$5,225.00
	견습생	$7.25/시간	1,500시간	$10,875.00

기타 비용

자료입수 – 도서, DVD 등등	$30,000.00
컴퓨터 용품 및 서비스	$6,500.00
공공요금	$2,700.00
유지관리	$1,500.00
노인센터 프로그램	

양식 79g

애덤스 카운티 도서관 예산, 회계연도 1

킬러 타운	직위명	급여	근무시간	비용
전문직원				
상근직	책임 사서	$54,500.00	1	$54,500.00
보조직원				
시간제	안내데스크 직원	$9.50/시간	1,200시간	$11,400.00

기타 비용	
자료입수 – 도서, DVD 등등	$1,500.00
컴퓨터 용품 및 서비스	$1,200.00
공공요금	$2,300.00

양식 79h

애덤스 카운티 도서관 예산, 회계연도 1

마운트 탐 타운	직위명	급여	근무시간	비용
전문직원				
시간제	책임 사서	$27.00/시간	1,600시간	$43,200.00
보조직원				
시간제	견습생	$7.25/시간	600시간	$4,350.00

기타 비용	
컴퓨터 용품 및 서비스	$650.00
공공요금	$1,800.00
도서 기증행사	$500.00

양식 79i

애덤스 카운티 도서관 예산, 회계연도 1

워렌 타운	직위명	급여	근무시간	비용
전문직원				
상근직	책임 사서	$56,500.00	1	$56,500.00
시간제	보조 사서	$22.00/시간	1,040시간	$22,880.00
보조직원				
상근직	안내데스크 직원	$19,760.00	1	$19,760.00
시간제	컴퓨터 기술자	$10.50/시간	1,000시간	$10,500.00
	유지관리 직원	$9.60/시간	1,000시간	$9,600.00

기타 비용

자료입수 – 도서, DVD 등등	$16,000.00
컴퓨터 용품 및 서비스	$2,200.00
공공요금	$3,500.00
유지관리	$2,750.00

양식 79j

애덤스 카운티 도서관 예산, 회계연도 1

랜스데일 타운	직위명	급여	근무시간	비용
전문직원				
상근직	책임 사서	$60,000.00	1	$60,000.00
	참고(정보제공) 사서	$49,920.00	1	$49,920.00
	보조 사서	$45,760.00	1	$45,760.00
시간제	참고(정보제공) 사서	$24.00/시간	900시간	$21,600.00
	보조 사서	$22.00/시간	750시간	$16,500.00
보조직원				
상근직	안내데스크 직원	$20,500.00	1	$20,500.00
	컴퓨터 기술자	$27,600.00	1	$27,600.00
	유지관리 직원	$20,100.00	1	$20,100.00
시간제	견습생	$7.25/시간	3,300시간	$23,925.00

기타 비용

자료입수 – 도서, DVD 등등	$165,000.00
컴퓨터 용품 및 서비스	$35,000.00
공공요금	$7,000.00
유지관리	$3,600.00
외국 영화 시리즈	$12,500.00

양식 79k

애덤스 카운티 도서관 예산, 회계연도 1

뉴 브레멘 타운	직위명	급여	근무시간	비용
전문직원				
상근직	책임 사서	$57,500.00	1	$57,500.00
	보조 사서	$46,650.00	1	$46,650.00
보조직원				
상근직	안내데스크 직원	$19,760.00	1	$19,760.00
	컴퓨터 기술자	$28,000.00	1	$28,000.00
	유지관리 직원	$19,800.00	1	$19,800.00
시간제	안내데스크 직원	$9.50/시간	1,600시간	$15,200.00
	견습생	$7.25/시간	2,500시간	$18,125.00

기타 비용

자료입수 – 도서, DVD 등등	$41,000.00
컴퓨터 용품 및 서비스	$4,250.00
공공요금	$3,800.00
유지관리	$5,650.00
카운티 총 예산	$4,673,905.00

양식 80

예산안 양식

행정 단위: 애덤스 카운티 도서관

항목	FY 1 예산안

양식 81

질문

1. 통합 이전 애덤스 카운티 도서관의 총 예산은 얼마였는가?

2. 정해져 있는 3% 예산 삭감을 달성했는가? 달성하지 못했다면 그 이유는 무엇인가?

3. 자신이 감리위원회 위원이라고 가정해 보자. 이 품목별 예산을 보면 어떤 질문거리가 생각날 것 같은가? 이 예산안에는 없지만 추가로 포함시키고 싶은 정보가 있는가?

4. 일반적으로 품목별 예산 양식의 장단점은 무엇인가?

EXERCISE 17
성과주의 및 프로그램 예산제도

효율성을 위한 예산

지출의 통제와 책무 유지 측면에서 품목별 예산이 매우 유용하긴 하지만, 일부 의사결정권들이 파악하기 원하는, 정부가 돈을 어떻게 쓰는지에 대한 정보를 항상 제공하는 것은 아니다. 예를 들어, 예산은 공원과 레크리에이션국이 잔디 씨앗과 비료에 1,750달러를 쓰겠다고 제안한 것을 보여 주지만 이것이 세금을 효율적으로 쓰는 것인지에 대해선 알려 주지 않는다. 1,750달러로 얻는 것은 무엇인가? 운동장 유지보수 비용이 운동장을 쓰는 인원수에 비례하는가? 품목별 예산이 다루지 못하는 이와 같은 질문들로 인해 *성과주의 예산*이 나타났다. 성과주의 예산은 구매하는 품목이 아니라 정부가 하는 *활동*을 중심으로 수립되기 때문에, 예산을 검토하는 이는 공공업무의 상대적 효율을 이해할 수 있다. 이러한 이유로 성과주의 예산은 *활동예산*으로도 불린다.

성과주의 예산의 기반은 태프트 미국 대통령의 '절약과 능률에 대한 위원회'(1912) 보고서에서 수립된 바 있지만, 뉴딜(New Deal)에 이르러서야 성과주의 예산이 본격적으로 나타났다. 정부의 규모가 커지고 정부 프로그램이 복잡해지고 확대되자, 지출에 대한 통제를 더 제공하는 예산 제도의 필요성이 제기되었다. 예산 절차는 통제뿐 아니라 *관리*도 도와야 했다. 즉, 예산은 우리가 돈을 주고받는 어떠한 서비스를 받는지 알려 주어야 하며 비효율적인 부분이 어디인지 지적해야 한다. 이와 같은 형식이 1930년대에서 1950년대에 걸쳐 다양한 층위의 정부에서 널리 주목받았다. 도입한 여러 개념이 현대 예산방식의 일부로 남아 있으며, 실습문제 18에서 보듯 활동이나 성과의 단위당 비용 산출은 전반적인 예산을 삭감할 때 우선순위를 수립하는 예산의 중요한 기반이 되었다.

활동 분류

어떻게 성과주의 예산이 작동하는 것일까? 핵심은 지출이 분류되는 방식이다. 품목별로 조직이 구매한 각 항목을 목록화하는 대신에, 지출은 조직의 기능이나 과업에 따라 묶인다. 따라서, 성과주의 예산준비의 첫째 단계는 '조직의 활동이나 기능은 정확히 무엇인가'라는 질문을 하여 답하는 것이다. 예를 들어, 도시위생국에 이 질문을 한다면, 이에 대한 답은 '쓰레기 수거', '거리청소', '제설' 등이 될 것이다. 주의 농무부라면 '농장 점검', '유기농 인증', '채소 생산 장려', '수출 활성화', '농지 보전' 등이 될 것이다. *수거, 청소, 제거, 발부, 인증, 장려, 활성화, 보전* 등 활동 동사가 답변에 들어 있다는 점을 주목할 필요가 있다. 이러한 활동이 전문 용어를 사용하자면 정부의 *산출물*인 것이다.

예산을 배정할 활동 단위를 결정하면, 성과주의 예산의 다음 단계는 여러 활동에 필요한 지출을 파악하는 것이다. 품목별 예산에서는 '항목'이라 하는 데, '산출물'에 대응하는 '투입물'인 것이다. 조직이 구매하는 모든 품목은 전체나 부분적으로 성과주의 예산의 활동에 할당되어야 한다. 명백히 이는 무작위로 할당하지 않는다. 성과주의 예산을 수립하면서, 활동 수행에 실제로 들어간 비용만 할당해야 한다. 성과주의 예산의 핵심 산출 내역은 시민 한 명에게 서비스를 제공하거나 1마일의 도로를 내거나 허가 하나를 발부하는 등에 대한 평균 비용인 *단위비용*을 결정하는 것이다. 특정 단위비용을 비교함으로써 단위비용, 기관이 자금을 잘 사용하고 있는지 아닌지를 알 수 있게 된다. 즉, 효율성이 높은지, 낮은지, 크게 차이가 없는지 알 수 있다.

이와 같은 절차를 설명하기 위해, 실습문제 16의 공원과 레크리에이션국의 예산을 다시 살펴보자. 공원과 레크리에이션국이 운동장 유지보수, 성인 소프트볼 프로그램 운영, 아이들 대상 하계 예술공예 프로그램 조율, 공

공골프장 1개 및 테니스장 4개 관리, 야외 수영장 운영 등의 활동을 한다고
가정하자. 물론 일반적인 관리나 행정기능도 수행하고 있다. 이와 같은 프
로그램이나 활동을 파악하는 것은 절차의 첫 단계를 나타낸다. 둘째 단계에
서 프로그램의 비용을 표 17.1과 같이 조사하고 알게 되었다.

표 17.1은 공원과 레크리에이션국의 성과주의 예산을 보여 준다. 모든
비용 자료는 기존 품목별 예산(표 16.1)에서 가져왔으며, 여러 활동분류로 재
지정되었다. 어떻게 재구성된 것일까? 이 예시의 목적상 계산과정이 여기에
제시되어 있지는 않지만, 여기서는 단순히 각 활동을 완료하는 데 필요한
지출을 결정하였다. 예를 들어, 운동장 유지보수에 필요한 36,200달러는 품
목별 예산에 유지보수 16,000달러, 계절별 유지보수 14,300달러, 장비 유지
보수 4,600달러, 잔디 씨앗과 비료 1,300달러 등 4가지 품목으로 나뉘었다
(표 16.1). 이러한 예산은 구매할 항목에 대해 알려 줄 뿐만 아니라 지출을
통해 어떠한 활동이 달성될 것인지 알려준다.

표 17.1 프로그램 비용: 공원과 레크리에이션국

	활동	FY 2017~2018	FY 2018~2019(요청)
01.	행정	$54,000	$62,000
02.	운동장 유지보수	33,500	36,200
03.	성인 소프트볼	11,000	11,500
04.	예술 및 공예	21,300	23,000
05.	골프장 유지보수	37,675	38,700
06.	테니스장 관리	15,800	21,400
07.	수영장 운영	66,125	69,700
	총합	**$239,400**	**$262,500**

성과주의 예산을 작성하기 위해선 한 가지 단계가 더 필요하다. 셋째
단계는 예산 작성자가 조직의 각 활동의 성과에 대한 구체적인 측정치를 만
들어 각 단위비용을 산출하는 것이다. 공원과 레크리에이션국에서 테니스
프로그램의 성과로 테니스장이 실제 사용된 시간을 추정할 수 있다. 이 수
치를 프로그램 총 비용(FY 2017~2018의 $15,800)으로 나누면, 시간당 테니스
장에 대한 단위비용을 알 수 있다. 아니면 테니스 강습 프로그램의 수강생

당 단위비용으로 이를 산출할 수 있다.

위의 절차를 각 활동에 반복한다. 관리자가 조직의 운영효율을 판단하는 데 사용할 수 있는 의미 있는 측정치를 파악하는 것이다. 기관의 프로그램 중심 목표와 관련하지 않는 통계를 작성하는 것은 별 도움이 되지 않는다. 표 17.2는 단위비용 정보를 포함한 공원과 레크리에이션국 성과주의 예산의 완전한 버전을 보여 준다.

성과주의 예산 기법은 예산요청의 자료를 보여 주기 위해 사용될 뿐만 아니라 입안자와 선출직 지도자로 하여금 기관의 성과를 평가할 수 있게 한다. 표 17.2에서처럼 예술 및 공예 프로그램의 아이 한 명당 비용이 다음해에 급증한 것을 알게 되면, 왜 단위비용이 급격히 증가하는지 조사하고 싶을 것이다. 반대로 단위비용의 패턴이 안정적이라면 예산요청을 종합할 때 수요에 대한 추정치로 활용할 수 있을 것이다. 소프트볼 프로그램에 성인당 25달러가 들고 460명이 내년에 가입할 것으로 예측한다면, 예산요청은 11,500달러가 되어야 한다.[1]

표 17.2 프로그램 및 단위비용: 공원과 레크리에이션국

	활동	FY 2017~2018	FY 2018~2019(요청)
01.	행정	$54,000	$62,000
	시민당 비용	1.08	1.23
02.	운동장 유지보수	33,500	36,200
	에이커당 비용	42.66	46.12
03.	성인 소프트볼	11,000	11,500
	선수당 비용	25.04	25.00
04.	예술 및 공예	21,300	23,000
	아이당 비용	87.22	106.18
05.	골프장 유지보수	37,675	38,700
	라운드당 비용	7.35	7.82
06.	테니스장 관리	15,800	21,400
	테니스장 시간당 비용	5.67	6.73
07.	수영장 운영	66,125	69,700
	사용자 시간당 비용	4.21	5.09
	총합	**$239,400**	**$262,500**

목적에 따른 예산

성과주의 예산은 공공서비스의 단위비용을 점검하고 평가함으로써 정부운영의 효율성을 측정한다. 하지만 효율적으로 운영하더라도 방향을 잃을 때가 있다. 정부프로그램을 운영하면서 빨리 간다는 것 외에도 옳은 방향으로 가고 있는지를 알 필요가 있다.

프로그램 예산은 이를 위해 설계된다. 프로그램 예산은 정책입안자로 하여금 공공프로그램의 목표를 파악하고 평가하도록 하고 이와 같은 목표를 달성하기에 최적의 수단을 개발하도록 한다. 성과주의 예산이 입력물과 산출물에 중점을 두는 반면, 프로그램 예산은 입력물, 산출물, *영향 또는 결과*에 중점을 둔다. 프로그램 예산을 통해 공공관리자는 대안을 체계적으로 대조하고 공공목적에 효과적으로 부합하는 정책 전략을 선택한다.

프로그램 예산은 예산요청이 프로그램으로 배정된다는 점에서 구별된다. 즉, 인력 비용과 사무용품 비용을 품목별 예산처럼 한 데 묶거나 성과주의 예산처럼 활동을 분류하기보다는, 프로그램 예산에서 예산담당관은 기관의 미션이나 목표를 생각해 결정한다. 조직의 다양한 목표는 공공지출을 조직하고 평가하는 다양한 분류를 제공한다. 이는 일상 운영비용이나 조직활동 그 자체가 목적이 아니라는 점을 보여 준다. 정부의 목적은 특정한 서비스를 제공하는 것이다. 프로그램 예산은 특정한 서비스가 무엇이며 정부가 이를 제대로 제공하고 있는지 여부를 관리자가 쉽게 결정하도록 한다.

프로그램 예산의 구조와 논리는 공원과 레크리에이션국의 예시를 통해 설명할 수 있다. 앞서 공원과 레크리에이션국의 최종 성과주의 예산(표 17.2)은 운동장 유지보수, 성인 소프트볼, 예술 및 공예 등 7가지 주요 활동으로 분류하였으며, 각 활동에 대해 단위비용이 산출되었다. 공원과 레크리에이션국의 프로그램 예산 작성을 위해서는 우리 사고 방식에 대해 다시 돌아보고 "공원과 레크리에이션과 관련하여 이 정부 단위의 목표나 목적은 무엇인가?"라고 물어야 한다. 각 목표나 목적은 '하위목표'로 간주한다. 하위목표에는 레크리에이션을 성인에게 제공, 아이들에게 보호자하에 레크리에이션 제공, 대중을 위한 공공 공간 유지보수, 여러 스포츠 프로그램 제공 등이 있을 수 있다. 다양한 하위목표가 프로그램 예산의 틀을 제공한다.

각 하위목표는 상세한 목표로 세분할 수 있으며, 이에 대해 특정 프로그램을 기획하고 개발할 수 있다. 이러한 목표와 하위목표의 위계구조를 기술하는 용어에는 *프로그램, 하위프로그램, 요소, 하위요소*가 있는데, 프로그램이 가장 일반적이고 하위요소가 제일 구체적이다. 레크리에이션 프로그램의 예산 요약서는 그림 17.1처럼 작성할 수 있다

그림 17.1의 다양한 하위프로그램은 "다양한 레크리에이션 기회와 서비스를 주민에게 제공"이라는 일반적 목표를 위해 추구해야 할 좀 더 구체적인 목표로 이해할 수 있다. 전반적인 예산은 특정한 조직 단위나 부서 없이 구성할 수 있다는 점에 주목할 필요가 있다. 레크리에이션이 중점이지 특정 기관이 중점은 아니다. 일부 정부에서 프로그램 예산을 부서와 기관에 맞게 1대1 대응으로 구성하지만, 진정한 프로그램 예산은 조직구분을 가로지르며 다양한 단위 부서가 각 프로그램 분류에 기여한다. 이는 예산담당관이 프로그램 자료를 부서의 운영예산으로 변환하는 추가적인 서류('크로스워크'라 칭함)를 반드시 작성해야 함을 의미한다.

프로그램: 5.0 레크리에이션

내용: 본 프로그램은 다양한 레크리에이션 기회와 서비스를 카운티 주민에게 제공한다. 프로그램의 목표는 건강, 신체, 사회적 상호작용을 활성화하는 구조/비구조화한 레저 활동을 가능하게 하는 것이다.

행정단위: 공원과 레크리에이션국

하위프로그램: 5.1 운동 강습

본 하위프로그램은 테니스, 골프, 수영 등 초급/중급 스포츠 강습을 카운티 주민에게 제공한다. 본 하위프로그램의 목표는 스포츠 기본 기술을 가르쳐 주민들이 활발하고 건강한 신체 활동을 추구하도록 하는 것이다.

하위프로그램: 5.2 스포츠 리그

본 하위프로그램은 카운티 운동 리그의 조율과 지지를 제공한다. 본 하위프로그램의 목표는 팀 스포츠에 주민들이 참여할 기회를 만드는 것이다.

하위프로그램: 5.3 오픈 레크리에이션

본 하위프로그램은 카운티 내 공공레크리에이션 공간의 유지보수와 운영에 관한 것이다. 본 하위프로그램의 목표는 운동장, 공원, 운동 시설 등 공공공간을 확보하여 카운티 주민의 레크리에이션 활동을 추구하는 것이다.

그림 17.1 프로그램 예산 요약서 샘플

프로그램 예산의 특징을 누리려면 계획한 지출요약서 그 이상을 보아야 한다. 그림 17.2는 레크리에이션 프로그램의 구체적 하위요소에 초점을 두는 프로그램 예산의 샘플을 보여 준다.

그림 17.2는 하위요소 5.111인 테니스 강습에 대한 예산 정보를 보여준다. 예산 전부에 대한 정보라면, 다른 페이지에 하위요소 5.112(골프 강습), 하위요소 5.113(수영 강습) 등에 대한 정보도 찾아볼 수 있을 것이다. 카운티 내 각 프로그램의 요소별 각 하위요소에 대한 구체적인 정보가 있을 것이다. 기입란에는 하위요소, 목표, 목표달성을 담당하는 행정단위가 기재되어 있음을 주목해야 한다. 5년 동안의 비용과 서비스 자료를 나타내고 있다. 이와 같은 여러 해에 걸친 비용전망은 프로그램 예산의 중요한 부분이다. 프로그램 예산의 목표는 정책입안자가 프로그램 대안을 생각할 때 장기비용을 비교하게 하는 것이다.

그림 17.2의 가장 중요한 부분은 '요약분석(summary analysis)'이다. 여기에 프로그램 예산의 핵심이 있다. 초급/중급 테니스 강습을 관심 있는 주민 모두에게 제공한다는 목표와 관련하여, 예산공무원은 여러 대안적 전략을 체계적으로 분석했다. 학생들에게 무료로 현재 서비스 수준을 유지하자는 첫 번째 대안은 목표를 가장 효과적으로 충족할 수 있기 때문에 재정지원을 권고하였다. 낮은 사용료, 강습그룹 크기 증가, 중급강습 제거 등 다른 세 가지 대안은 각각의 이유로 필요하다.

여기서는 수행한 분석을 간략히 나타내지만, 이슈의 상대적 중요성과 관할권의 규정에 따라 더 자세한 분석이 예산요청에 동반될 수 있다. 그래도 본 요약서는 프로그램 예산의 특징을 잘 나타내고 있다. 프로그램 예산은 정책결정자가 정부의 목표나 목적과 가용한 수단과의 관계에 관심을 갖도록 하기 위해 설계된 것이다. 공공관리자는 목표를 평가하고, 대안적 프로그램을 효과적으로 대조하고, 공공목적을 제일 잘 만족하는 정책전략을 선택하게 된다. 여기서 강조해야 할 점은 프로그램 예산의 대안을 정리하는데 단 하나의 방법론이나 분석도구가 있지는 않다는 것이다. 일부 예산 문제는 비용-편익 또는 비용-효과성 분석 등 정량적 의사결정 수단에 부합한다(실습문제 1). 다른 경우에는 예산담당관이 '더 부드러운' 정성적 분석을 사용한다. 어떠한 도구를 사용할지는 특정 프로그램의 영향이나 혜택(비용

은 '딱딱한' 달러 수치로 산출하거나 추정 가능)을 정량화하는 것이 얼마나 쉬운
지에 따라 달라진다. 프로그램 예산의 지지자는 정량화에 너무 애착을 보이
는 점에서 비판을 받지만, 프로그램 예산 자체는 정량화가 지나치게 필요하
진 않다.

프로그램	5.0	레크리에이션
하위프로그램:	5.1	운동 강습
요소:	5.11	평생 스포츠(성인)
하위요소:	5.111	테니스 강습

내용: 본 하위요소는 건강과 사회 상호작용을 높이는 활기찬 평생활동 참여를 장려하기 위해
카운티의 성인 주민에게 테니스 강습을 제공한다.

목표: 초급/중급 그룹 테니스 강습을 관심 있는 성인 주민 모두에게 제공한다.

행정단위: 공원과 레크리에이션국, 레크리에이션부서

5개년 계획				
	2017~2018	2018~2019	2019~2020	2020~2021	2021~2022
주민 수	700	750	790	825	850
강습 시간	1,400	1,500	1,580	1,650	1,700
비용	$9,800	$11,200	$11,950	$12,560	$13,230

요약분석: 향후 5년간 테니스 강습의 증가가 예상되는 수요에 부응하고자, 공원과 레크리에이션
국은 (1) 학생들에게 무료로 현재 서비스 수준을 유지, (2) 적은 사용료를 받으며 현재 서비스
수준 유지, (3) 같은 시간 내에 더 많은 학생들을 가르치기 위해 강습 그룹 크기 증가, (4) 중급
강습 모두 제거 등 4개의 대안적 전략을 고려하였다.

　　공원과 레크리에이션국은 학생들에게 무료로 현재 서비스 수준을 유지하자는 대안 1에
5개년 계획과 같이 완전한 재정지원을 권고하였다. 여기에는 2명의 계절적 일자리가 추가로
필요하다.

　　대안 2는 기각되었는데 사용자요금제도 운영을 위해 산출한 비용을 고려하여 산정한 요금
으로는 많은 관심 있는 주민들이 이용하지 않을 것이기 때문이다.

　　대안 3도 기각되었는데 공공 및 민간 강습프로그램의 비교 결과 5명 이상의 학생들로 된
그룹에게는 적절한 강습이 이루어지지 않기 때문이다.

　　대안 4도 기각되었는데 하위요소 목표와 일치하지 않고 지역 주민의 조사결과 중급 이상에
대한 관심이 증가하고 있었기 때문이다.

그림 17.2 프로그램 예산 페이지 샘플

　　여타 예산 형식처럼, 프로그램 예산제도의 변형본 또한 무수히 많다. 일반적으로 여기에 기술한 유형을 따르는 프로그램 예산제도를 정부가 많이 활용한다. 즉, 모든 예산요청은 기관 목표달성에 있어서 합당해야 한다. 프로그램 예산을 처음 사용하면 기관 관리자가 할 일이 많으며 정보를 수집하고 분석하는 데 상당한 시간과 노력이 필요하다. 몇 년이 지나면, 프로그램 예산제도에 드는 노력이 현저히 줄어든다. 사용한 시간과 에너지는 이후 커다란 도움이 된다. 어찌되었든, 성과나 효율성 측정치를 활용하는 공원과 레크리에이션국은 테니스 강습 프로그램의 적합성에 대해 다시 생각하지 않아도 될지 모른다. 효율성 측면에서는, 더 많은 사람이 테니스장에 있으면 더 좋은 것이기 때문이다!

　　프로그램 예산제도는 케네디정부하에서 로버트 맥나마라(Robert McNamara)가 국방부 관리를 위해 활용한 이후 1960년대에 공공분야에서 인기를 끌었다. McNamara의 예산제도는 공식명칭이 PPBS(계획예산제도)이며 1965년 존슨 대통령에 의해 모든 연방기관에 확대되었다. PPBS는 너무 복잡하고 버겁다는 이유로 여러 기관 공무원들의 거센 저항에 부딪히고, 닉슨의 예산국장인 조지 슐츠(George Shultz)에 의해 PPBS 활용이 1971년 중단되었지만, 프로그램 예산의 논리와 기법은 미국 전역에 걸쳐 정부와 비영리단체 예산제도에 완전히 퍼지게 되었다.

추가 참고문헌

　　PPBS를 잘 다룬 도서는 제4부에 제시된 도서 모두이며 Janet M. Kelly 및 William C. Rivenbank의 *주정부 및 지역 정부를 위한 성과주의 예산* (Performance Budgeting for State and Local Government) (New York: Routledge, 2010) 등이 있다.

• 실습문제 개요

본 실습문제에서는 새롭게 통합된 애덤스 카운티 도서관의 성과주의 예산 지표를 먼저 파악한다. 핵심사항은 다양한 도서관 활동에 대해 기본 산출물 *단위*를 정의하는 것이다. 이후 애덤스 카운티 도서관의 전반적인 프로그램 구조를 설계한다. 이를 위해, 예산의 틀로 활용하고자 도서관이 달성하려는 프로그램들의 목표를 개략적으로 나타내야 한다. 이동식 도서관을 구매하고 관련 운영비 충당에 관한 도서관 직원의 요청을 검토한다. 이에 대한 답변으로 당신은 프로그램 예산 측면에서 해당 요청이 어떠한 내용을 담고 있어야 하는지 설명하는 보고서를 작성한다.

지시사항

1단계

양식 82의 도서관 행정사무직원이 작성한 사전활동분류를 검토한다. 필요하다고 생각하는 수정사항을 모두 언급하라(힌트: '개인 서비스'가 활동인가?)

2단계

양식 83의 자료를 활용하여 실습문제 16에서 종합한 예산자료와 함께 FY 1 예산을 성과주의 예산 형식으로 양식 84에 작성하라. 이는 품목별 비용을 어떻게 성과분류에 할당하는지에 대한 절차이다. 적절한 성과측정치와 단위비용을 포함하도록 한다(실습문제 16에서 작성한 품목별 예산이 다를 수 있기 때문에, 교수자가 공통 예산을 만들어 나눠 주지 않는 한 본 실습문제에서 각 학생이 다루는 수치는 각기 다를 수 있다).

3단계

FY 2의 예산 예측을 채워 넣어 양식 84를 작성하라. 양식 83에서 제공한 자료를 추정치 작성에 사용하라. 직원 급여 및 사무용품, 공공요금, 유지보수 비용에 3% 증가를 가정하라. 평균 도서가격의 증가는 없다고 가정하라.

4단계

당신이 애덤스 카운티의 예산 부국장인 A. C. 앤드루스라고 가정하라. 예산 국장 존슨(양식 85)이 당신에게 준 보고서를 읽고, 양식 86을 사용하여 프로그램 예산의 틀로 사용할 수 있는 애덤스 카운티 도서관에 대한 하위프로그램을 작성하라. 본 실습문제의 목적은 당신이 프로그램 예산 측면에서 사고하도록 하는 것이며, 당신이 도서관 행정에 대한 지식이 있을 것이라곤 기대하지 않는다. 일반적인 공공(또는 대학) 도서관에 대한 경험을 활용하여 도서관 직원들이 무엇을 하는가, 어떠한 서비스를 제공하는가 등을 자문해 보라(주: 본 실습문제에 이 정보가 필요하지는 않지만, 실습문제 16과의 연속성을 위해 당신이 이제 FY 2에 있다고 가정하라. 보고서에 적절한 일자를 적어 넣어도 좋다.)

5단계

양식 87을 검토하고 예산담당관 톰에 대한 답변을 양식 88에 작성하라. 톰에게 '이와 같은 요청은 프로그램 예산 양식으로 제출해야 한다는 점'을 설명하고, 작성하는 법에 대해 알려 주어라(힌트: 서비스 목표를 달성하기 위한 대안적 방법은 없는가?)

6단계

양식 89의 질문에 답하라.

양식 82

예산요청서

행정단위: 애덤스 카운티 도서관

활동	FY 1	FY 2(요청)
01. 일반행정		
02. 자료입수		
03. 목록작성		
04. 대출반납		
05. 참고(정보제공)		
06. 특별 프로그램		
07. 개인 서비스		

양식 83

애덤스 카운티 도서관 자료 시트

- 통합 당시, 애덤스 카운티 도서관 시스템에는 1,652,000권이 기록되어 있었다. FY 1에 18,000권을 추가로 입수하였다. 21,500권이 FY 2에 입수될 것으로 예측된다.

- 새로운 도서를 목록 작성하는 것 외에도, 미의회도서관 시스템에 변환하기 위해 매년 10%의 기존 도서를 다시 목록 작성하는 목표를 충족해야 한다.

- 시스템 내 모든 도서관 지부의 총 대출반납 도서 수(권)는 FY 1에 752,000권, FY 2에 776,000권(예측)이다.

- FY 1에 421,000명(반복 방문 포함)이 도서관 시스템을 이용하였다. FY 2에는 423,400번의 방문이 예상된다.

- FY 1에 모든 도서관 지부의 참고 부서는 67,800개의 질문에 답하였다. FY 2에는 71,500개의 질문을 다룰 것으로 예상된다.

- 24개의 특별 방과 후 프로그램이 FY 1에 수행되었고 1,200명의 초등/중학교 학생들이 참여했다. FY 2에도 같은 수의 학생이 참여할 것으로 예상된다. 그리고 FY 1에 10주의 기간 동안 127명의 성인이 위대한 책 논의에 참여하였고, 해당 프로그램은 FY 2에 중단될 것이다. 외국 영화 시리즈는 4,500명의 관람객을 FY 1에 모집하였고 FY 2에는 6,000명이 예상된다.

- 통합 이후 도서관 시스템 내 직원 수는 업무 분류 분포의 차이 없이 일정한 수준으로 유지되었다(즉, 양식 80의 수치가 여전히 정확하다고 가정해도 좋다).

- 도서관 직원에 대한 최근 연구에 따르면 지부에 근무하는 도서관 직원은 35%의 시간을 일반행정, 25%를 참고, 20%를 특별 프로그램, 15%를 자료입수, 5%를 대출반납에 사용한다. 도서관 보조원은 30%의 시간을

목록 작성, 25%를 참고, 25%를 대출반납, 20%를 특별 프로그램에 사용한다. 카운티 도서관장은 모든 시간을 일반행정에 사용하며, 이들의 비서 및 행정보조직원도 마찬가지이다. 견습생 및 대출반납 직원은 100%의 시간을 대출반납에 쓰며, 참고 직원은 100%를 참고에 쓴다.

• 유지보수, 사무용품, 공공요금 비용은 인력비용 비율(급여로 측정)과 비례하여 도서관 활동에서 균등하게 부담한다.

양식 84

예산요청서

행정단위: 애덤스 카운티 도서관

활동	FY 1	FY 2(요청)

양식 85

20○○년 ○○월 ○○일

수신자: A. C. 앤드루스
          예산부국장

발송자: Sarah T. 존슨
          예산국장

답변: 도서관예산 양식 수정

　새로운 형식의 프로그램 분류에 모두 동의한 것 같으니, 이제 절차대로 진행하여 적절한 하위프로그램, 요소, 하위요소를 수정해야 합니다. 각 운영단위의 직원이 이에 대한 업무 대부분을 수행하지만, 이 단계에서 우리가 기술적 지원을 제공하는 것이 중요합니다. 훈련시간을 제공했음에도 불구하고, 부서장들 대부분은 여전히 프로그램 예산을 이해하지 못하고 있습니다.

　당신이 기술연락책으로서 도서관 직원들과 협업하기를 바랍니다. 성과주의 예산 분류에 대해 도와주면서 도서관에서 어떠한 일이 일어나는지 통찰할 수 있을 것입니다.

　당신이 다음을 했으면 합니다. 도서관 직원이 도서관 서비스를 프로그램별, 목표별로 분류하도록 해야 합니다. '목록 작성'이 공공서비스라는 생각을 바로잡아 주기를 바랍니다! 다만 전체 예산구조를 다 만들어 주어서는 안 됩니다. 하위프로그램 수준에만 국한하십시오. 여러 하위프로그램을 파악하고 정의와 목표에 대해 간략히 제공하십시오.

　도서관은 프로그램 범주인 '도서관 및 정보 서비스'를 담당하는 단일의 행정 단위로 지정되었습니다. 도서관의 전체 운영 예산이 여기에 제시되어야 합니다.

양식 86

프로그램 예산 요약서 초안

프로그램: 도서관 및 정보 서비스

행정 단위: 애덤스 카운티 도서관

하위프로그램:

하위프로그램:

하위프로그램:

하위프로그램:

하위프로그램:

양식 87

20○○년 ○○월 ○○일

수신자: L. C. 톰, 예산담당관
            애덤스 카운티 도서관

발송자: J. 스택스, 책임사서
            본점

답변: 신규 이동식 도서관 재원 조달

　북웨인스필드의 주민들로부터 새로운 도서관 지부를 열어 달라는 요청을 끊임없이 받고 있습니다. 이들은 가장 가까운 도서관 시설이 6마일 이상 떨어져 있고 북웨인스필드의 인구가 꾸준히 증가하여 더 낫고 편리한 도서관 서비스가 필요하다고 지적합니다.

　이들을 위해 올해 어떠한 조치를 취할 필요가 있습니다. 따라서 새로운 이동형 도서관 단위에 대한 보완 예산요청서를 제출합니다. 추정 비용은 다음과 같습니다.

이동형 도서관 트럭	$63,000
운전수-도서관 직원 연봉	$37,000
도서 및 정기 간행물	$11,000
유지보수 비용	$8,000

　첫해의 총 비용이 꽤 높긴 하지만($120,000), 일단 트럭이 생기면 이후 연도에는 비용이 높지는 않을 것입니다. 또한, 이 트럭을 북웨인스필드에서 전체 중 절반의 시간만 이용해야 한다고 생각합니다. 트럭이 북웨인스필드에 없을 때에는 카운티의 다른 지역에 이와 같은 서비스를 제공할 수 있을 것입니다.

양식 88

2000년 ○○월 ○○일

수신자: L. C. 톰, 예산담당관
             애덤스 카운티 도서관

발송자: A. C. 앤드루스, 예산부국장
             애덤스 카운티

답변: 이동형 도서관 요청

양식 89

질문

1. 당신의 단위비용 산출에 따르면 애덤스 카운티 도서관의 효율성이 증가
   하는가 아니면 감소하는가? 이는 모든 프로그램에 해당되는가? 이와 같
   은 유형의 이유는 무엇인가?

2. 어떠한 추가 측정치나 통계가 애덤스 카운티 도서관의 성과평가에 유용
   할까?

3. 스택스가 톰에게 제출한 예산요청서의 문제는 무엇이었는가? 프로그램
   예산 형식이 톰에게 더 나은 결정을 내리게 도울 수 있었다고 생각하는가?

4. 프로그램 예산의 분석 난이도를 생각했을 때, 매년 모든 예산요청을 프
   로그램 예산으로 하는 것이 가치가 있다고 생각하는가? 자세한 프로그램
   분석은 '고가' 또는 비용이 많이 드는 항목에 국한하고 다른 사항은 더
   간단한 방식으로 제시하는 것이 낫다고 생각하는가?

주

1 이러한 산출은 설명을 위해 단순화하였다. 성과주의 예산 대부분은 고정비와 변동비를 구분한다. 고정비는 수행 활동수준에 상관없이 일정하며, 변동비는 활동수준에 따라 변화한다. 예를 들어, 사람들이 별로 없어도 공공수영장 운영의 비용 중 일부는 고정비이다. 보험과 공공요금 비용을 내야 하며, 기본 수영장 유지보수를 해야 하고, 안전 요원 비용이 든다. 기타 비용은 이용자 수에 따라 변동한다. 예를 들어, 추가 안전 요원을 고용하거나 염소 소독제를 더 구매해야 한다.

EXERCISE 18
결과기반 예산제도

우선순위에 따라 예산편성하기

지출이나 프로그램에 초점을 맞추어 예산을 편성하는 대신 예상되는 결과에 대한 대안 투자의 순위를 정할 수 있을 것이다. 실습문제 18에서의 핵심활동은 지출 대안 패키지들을 서로 비교하고 우선순위를 정하는 것이다. 이러한 접근방식은 관리자들이 예산요청을 할 때 우선순위를 정하게 하여 서로 다른 여러 프로그램의 상대적 가치에 주목할 수 있게 한다.

처음에 이 접근방식은 '영기준 예산제도(zero−base budgeting: ZBB)'라고 불렸다. 그러나 이는 부적절한 명칭이며 혼란을 불러일으켰다. 사실 ZBB를 사용할 때 관리자가 0에서 시작하여 예산에 편성되는 모든 액수에 관해 설명해야 하는 것은 아니다. 이는 매우 복잡하고 번거로운 일일 것이다! 사실, 이 접근방식이 인기를 끄는 이유 중 하나는 이 접근방식이 상대적으로 간단하다는 점, 특히 프로그램 예산제도를 구성하는 복잡한 계산, 예측, 서술과 대조적으로 간단하다는 점이다. ZBB라는 명칭이 초래하는 혼란을 피하고자 이 실습문제에서는 좀 더 서술적인 명칭인 '결과기반 예산제도'라는 명칭을 사용하도록 하겠다.

1969년, 텍사스 인스트루먼트 기업(Texas Instrument Corporation)에서 개발된 ZBB는 1970년대 후반, 지미 카터 대통령이 연방기관에서는 ZBB를 의무적으로 사용하도록 하게 함으로써 많은 주목을 받았다. 카터 대통령 이후의 행정부는 ZBB 사용을 의무화하지 않았지만, 아직 많은 연방기관이 예산요청을 준비할 때 대안 지출 패키지의 순위를 보여 주고 있다. 이러한 형식의 결과기반 예산제도 또한 널리 사용되고 있다. 이는 지출을 줄여야 할 때 특히 많이 사용되는 예산편성 접근방식이다.

결정단위 및 결정패키지

다른 모든 예산형식과 마찬가지로, 결과기반 시스템을 실행하는 데도 다양한 방식이 있다. 특정 관할구역의 필요에 따라 구체적인 접근방식이 달라질 것이다. 그러나 핵심적으로, 이 접근방식은 4가지 기본적인 단계를 따른다.

1. 결정단위를 정한다.
2. 프로그램과 대안을 분석한다.
3. 결정패키지를 마련한다.
4. 결정패키지의 순위를 정한다.

결정단위(decision unit)란 예산을 편성하는 조직 주체를 말한다. 예산편성 목적상 한 정부기관 전체가 결정단위로 정해질 수도 있고, 한 정부기관이 여러 가지 서로 다른 단위로 다시 나뉠 수도 있다. 그런데 무엇이 적절한 결정단위를 구성하는가? 안타깝게도, 이에 대한 명확한 답은 없다. 중요한 점은 예산편성 과정에 프로그램에 대해 주된 책임이 있는 공무원을 개입시킨다는 점이다. 공원 및 레크리에이션국에서 아마도 구역 및 유지보수과가 하나의 타당한 결정단위가 되고, 레크리에이션과가 또 하나의 결정단위가 되고, 중앙 행정사무실이 세 번째 결정단위가 된다고 정할 수 있을 것이다. 또는 레크리에이션과 내에서 성인 레크리에이션 결정단위와 어린이 레크리에이션 결정단위를 따로 지정하는 것과 같은 방식으로 각 과를 좀 더 작은 결정단위로 나눌 수도 있다. 결정은 조직의 구조와 책임관계가 어떻게 배치되어 있는지에 따라 달라진다. 모든 것을 고려했을 때, 결과기반 접근방식은 예산편성 설계를 분권화하는 경향이 있다. 이와 반대로 프로그램 예산제도는 설계를 중앙집권화하는 경향이 있다.

결정단위가 지정된 후, 결과기반 예산제도의 둘째 단계에서는 각 결정단위의 프로그램이 식별되고 분석되어 이들 프로그램에 대한 대안이 연구되어야 한다. 사실상 관리자들은 이렇게 자문한다. "이 프로그램을 왜 운영하는가? 프로그램은 어떤 목적을 달성하기 위함인가? 목표를 달성할 수 있는 더 좋은 방식이 있는가?" 예산 삭감의 경우 던져야 할 중요한 질문은 "어떻게 운영할 것인가? 가진 돈이 적어진다면 우리의 우선순위는 어떻게 될 것인가?"이다. 사용할 수 있는 돈이 더 많아지는 경우에도 이 양식을 사용하여 "더 많은 자원을 어떻게 하면 가장 잘 활용할 수 있는가? 더 많은 목표를 달성하기 위해 재정비를 할 기회가 있는가?"와 같은 질문을 할 수 있다.

결정단위의 프로그램과 목적을 식별한 후, 관리자는 결정패키지(decision packages) 세트를 준비해야 한다. 결정패키지는 특정수준의 자금을 지원받는다고 했을 때 달성되어야 할 서비스 수준을 명시한다. 또한 결정패키지는 프로그램 목표들을 요약하고 프로그램 목적을 달성하기 위한 결정단위에서 고려되는 대안적인 방식을 보여 준다. 공원과 레크리에이션국 레크리에이션과에서 테니스 교실 프로그램을 위해 작성한 결정패키지 샘플이 그림 18.1에 제시되어 있다.

---

(1) 결정단위: 레크리에이션   (2) 패키지명: 테니스 강습 (3) 번호: 3 중 1   (4) 순위: 1

(5) 목적선언문: 이 프로그램은 카운티 성인 주민들에게 기초 테니스 강습을 제공하기 위한 프로그램이다.

(6) 결과: 이 정도 수준의 자금지원으로 30명의 주민이 초급 테니스 강습을 이용하게 될 것이다.

(7) 필요 인력: 시즌제 강사 1명

(8) 비용 (FY 2010~2011):

$4,500

(9) 승인되지 않을 경우 결과: 테니스 프로그램이 중단되고 이에 따라 주민들을 위한 레크리에이션 기회가 충분하지 않게 된다.

(10) 고려된 대안: 자원봉사 강사–강사 경력이 프로그램 신뢰성에 문제를 일으켜 거부됨

그림 18.1 결정패키지 샘플

이 결정패키지는 30명의 주민이 기초수준 테니스 기술을 배울 수 있다는 결과를 정해 두고 있다. 또한 자금지원 요청이 승인되지 않을 경우의 결과와 고려되었던 테니스 교실에 대한 대안을 보여 주고 있다.

일반적으로 결정단위 관리자는 자신이 속한 결정단위의 각 프로그램에 대해 결정패키지를 여러 가지로 작성한다. 관할지역마다 관행이 다르기는 하지만 세 가지 종류의 패키지가 주로 작성된다.

1. *최소수준, 혹은 낮아진 수준 결정패키지*는 그 이하의 서비스 수준으로는 프로그램 운영이 실행 가능하지 못하게 되는 서비스의 수준을 규정한다.
2. *현 수준 결정패키지*는 현재 회계연도의 자금지원에 변화가 없다고 가정했을 때 실현되는 서비스의 수준을 명시한다.
3. *강화된 수준 결정패키지*는 명시된 자금증가를 고려했을 때 실현될 수 있는 서비스 수준을 예측한다.

예산 삭감 실습문제를 하면서 결정단위의 관리자는 현재 수준의 자금지원 수준에서 시작하여 두 가지 단계의 예산 삭감 수준을 가정하는 패키지들을 작성해야 할 수도 있다. 마찬가지로, 자금이 풍부한 시기에는 관리자들이 현재 자금지원 수준에서 시작하여 두 가지 단계의 예산 인상을 가정하여 패키지를 작성해야 할 수도 있다.

어떤 의미에서는 이는 관리자들이 자신이 감독하는 프로그램마다 지출계획을 세 건 작성해야 한다는 말이다. 각 지출계획, 혹은 결정패키지는 사실상 "나에게 x 달러를 주면 나는 y 수준의 서비스를 제공할 수 있다"고 말하는 것과 마찬가지다. 이것이 그림 18.1에서 항목 3("3 중 1")이 의미하는 바다. 즉 이것이 프로그램에 대한 세 가지 결정패키지 중 첫째(가장 낮은 수준) 패키지라는 뜻이다. 다시 말해, 테니스 강습 프로그램에 대해 작성된 결정패키지 2건이 더 있으며, 이 2건은 각각 좀 더 비용이 많이 들고 좀 더 높은 수준의 서비스를 제공한다는 의미가 된다. 그림 18.2는 이 세 가지 패키지의 요약내용을 보여 주고 있다.

결정단위: 레크리에이션

결정패키지: 테니스 강습

단위비용: 초급 $150, 초중급 $100, 중고급 $150

패키지 3 중 1 $4,500 (기본비용)

결과: 주민 30명이 초급 강습을 받음

패키지 3 중 2 $3,200 (증분비용)

결과: 주민 10명이 추가로 초급 강습을 받고, 17명이 중급 강습을 받음

패키지 3 중 3 $2,100 (증분비용)

결과: 주민 6명이 추가로 중급 강습을 받고, 10명이 고급 강습을 받음

그림 18.2 결정패키지 요약

결정패키지 우선순위 정하기

예산요청이 왜 별도의 결정패키지들로 나뉘는지를 이해하려면 이 과정의 마지막 단계로 가야 하는 데, 이 마지막 단계란 '우선순위 정하기'이다. 이 단계에서 모든 결정패키지는 우선순위에 따라 서로 비교되어 순위가 매겨진다. 레크리에이션 결정단위는 테니스 강습(TI), 수영 강습(SI), 소프트볼(SB), 미술 및 공예(AC) 등의 네 가지 프로그램에 책임이 있다고 가정해 보자. 이 프로그램들을 각각 TI, SI, SB, AC라고 부르기로 한다. 프로그램마다 그림 18.2에서 보는 것처럼 결정패키지가 세 건씩 작성되어 총 12건의 결정패키지가 작성되었다. 결정패키지는 TI-1, TI-2, TI-3 등으로 나타내기로 한다. 레크리에이션 결정단위의 관리자는 자신의 우선순위에 따라 결정패키지 12건의 모든 순위를 결정해야 한다. 표 18.1은 이렇게 우선순위가

결정된 리스트가 어떻게 작성될 수 있는지를 보여 준다.

물론 이 순위는 예를 들기 위해 만들어진 것이다. 결정단위의 관리자는 무엇이 가장 적절한 지출유형을 구성하는지에 대한 자기 생각을 반영하는 순위를 제출할 것이다. 결정패키지의 순위를 정하는 데 있어서 반드시 지켜야 할 단 한 가지의 규칙은 좀 더 기본적인 패키지가 추가적인 자금 증분 패키지보다 순위가 높아야 한다는 점이다. 즉, TI−1은 항상 TI−2보다 순위가 높아야 하고, TI−2는 TI−3보다 항상 순위가 높아야 한다는 뜻이다. 이 규칙은 당연한 상식일 뿐이다. 증분(2와 3으로 표시)이 발생하기 전에 최소 패키지(1로 표시)가 존재해야만 한다. 그러나 한 패키지의 증분 패키지를 다른 패키지의 최소 단계 패키지보다 높게 순위를 정하는 것은 지극히 적절하다. 다시 말해, 우리는 TI−1과 TI−2, 심지어 TI−3에도 SI−1이나 SB−1보다 높은 순위를 부여할 수 있다. 단순히 보면 이는 두 가지 덜 중요한 프로그램(수영 강습 및 소프트볼)보다는 한 프로그램(테니스 강습)을 여러 가지로 운영하고 싶다는 점을 나타내는 방식일 뿐이다.

표 18.1 결정패키지의 순위 샘플

결정단위(들):		레크리에이션 과	관리자: J.T. 스미스
		우선순위	
순위	패키지	증분비용	누적비용
1	TI–1	$4,500	$4,500
2	SI–1	16,000	20,500
3	TI–2	3,200	23,700
4	AC–1	7,500	31,200
5	TI–3	2,100	33,300
6	SB–1	6,000	39,300
7	SI–2	4,000	43,300
8	SI–3	3,250	46,550
9	AC–2	5,100	51,650
10	SB–2	2,800	54,450
11	SB–3	2,700	57,150
12	AC–3	1,750	58,900

결정패키지의 순위를 정하는 이 과정은 조직의 계층구조를 따라 올라가며 반복된다. 상급 관리자는 하급 결정단위들이 제출한 결정패키지의 순위를 받아 이들을 '통합 결정패키지'로 합치고 또 다른 순위 리스트를 작성한다. 상급 관리자는 부하 관리자가 정한 우선순위를 자유롭게 변경할 수 있으나 일반적으로 하급 단계에서의 결정을 존중하는 편이다.

이제 결과기반 예산제도의 핵심은 각각의 결정패키지의 순위를 정하는 과정임을 명백하게 알 수 있을 것이다. 이 접근방식이 예산편성 과정에서 정치나 관료제에서의 눈치 게임을 제거할 수는 없지만, 모든 프로그램이 동일하게 중요하다고 주장하는 일반적인 예산편성 전략을 확실히 약화하기는 한다. 관리자는 자신들의 카드를 테이블 위에 올려놓아야만 하고, 자신들의 프로그램 중에서 명확하게 기술된 우선순위를 정해야 한다. 그리고 관리자는 자신이 속한 기관에 어느 정도의 예산이 책정되었는지를 일단 알게 되면 자신들이 순위를 정한 패키지 리스트에 의지할 수 있어야 하고, 책정된 예산에 해당되는 누적 금액 아래로는 구분선을 그을 수 있어야 하며, 그 구분선 아래에 속하는 프로그램이라면 어떤 프로그램이라도 중단할 준비가 되어 있어야 한다. 예를 들어, 레크리에이션 과에 47,000달러가 예산으로 책정된다고 하면, 패키지 AC-2, SB-2, SB-3, AC-3(표 18.1)은 폐지되어야 한다.

입법부 세출은 많은 경우 특정 프로그램에 대해서는 전액 자금지원을 하도록 요구하고 있기 때문에 대부분의 공공기관 관리자들은 실제로는 많은 재량권을 가질 수 없지만, 결과기반 예산제도 과정은 정부기관의 주의를 환기하거나 정부기관이 초점을 다시 맞출 수 있도록 하는 데 유용한 방법이다. 일례로, 1982년에 미 환경보호청은 여기서 설명한 결과기반 예산제도 검토를 마친 후 소음공해 프로그램은 비용을 들여 운영해야 할 가치가 없다고 결정했다. 소음공해 프로그램에 들어가는 돈을 더욱 강화된 공기, 물, 고형 폐기물 공해 절감 프로젝트에 사용함으로써 낮은 수준의 프로그램을 다수 운영하는 것보다 높은 수준의 프로그램을 소수 운영하는 것이 나은 것으로 판단되었다. 이와 비슷하게, 우리의 공원과 레크리에이션국도 전액 자금지원을 받는 수영 프로그램이 반액 지원을 받는 수영 프로그램과 반액 지원을 받는 테니스 프로그램보다 더 중요하다고 결정할 수 있을 것이다. 결과

기반 예산제도는 자원 배정의 문제에 대해 '옳은' 해결책을 제공하지는 않지만, 의사결정자가 문제를 책임감 있는 방식으로 생각해 볼 수 있도록 권장하는 기능을 한다.

결과기반 예산제도

공공예산편성 과정 및 분석에 가장 최근에 추가된 내용은 자금의 배정을 측정 가능한 결과와 연관시킨다. 이 접근방식은 성과주의 예산제도의 핵심이었던 단위비용에 집중하는 것을 넘어서 정부 프로그램 및 활동의 장기 영향을 명시한다. 이는 기관이 하는 행위의 정량적 결과를 인식함으로써 이루어진다. 이러한 방식은 입법자들과 최고 책임자들이 다른 결정패키지를 버리고 한 가지 결정패키지를 선택하는 것의 영향을 알 수 있도록 종종 사용된다. 몇몇 주와 여러 도시, 카운티, 그리고 연방기관이 최소한 부분적으로라도 결과기반 예산제도에 의존하고 있다.

다시 예를 들기 위해 공원과 레크리에이션국으로 돌아가 보자. 결과기반 모델을 응용하는 한 가지 방법은 부서 관리자와 직원에 의존하여 우선순위를 정하는 일일 것이다. 또 다른 접근방식으로는 우선순위를 정하기 위해 주민들을 대상으로 설문조사를 실시하거나, 공개 청문회를 열거나, 다른 방식의 시민참여 방식을 이용하는 것이 있을 수 있다. 아니면 주민들의 대표자, 즉 시장 및 시의회가 우선순위를 정하게 할 수도 있다.

테니스 강습과 수영 강습이 우선순위에서 가장 위에 있다고 가정한다면, 공원 및 레크리에이션국의 관리자는 이 프로그램들에 자금지원이 이루어질 때 부서가 달성할 수 있는 어떠한 측정 가능한 결과를 제시할 것이다. 테니스와 수영 강습의 결과는 테니스 치는 법이나 수영하는 법을 배우게 된 사람들의 특정한 인원수가 될 것이다. 또한 결과에는 중급이나 고급 단계에 이르게 된 사람들의 수, 혹은 평영, 접영, 배영처럼 특정한 수영 기술을 배우게 된 사람들의 수 등이 포함될 수 있다. 아마도 시민들이 초급 수준의 테니스와 수영을 배우는 데 만족하게 되는 상태보다, 이보다 더 높은 수준의 결과를 달성하기 위해 더 많은, 그리고 더 실력이 좋은 강사를 채용하는 데 비용이 더 들 것이다. 공원과 레크리에이션국은 실습문제 17의 성과주의 예산제도에 있는 과정과 비슷한 과정을 통해 부서의 결과를 달성하는 데 필요한 단위비용을 반드시 계산해야 한다. 예를 들어 초급 테니스에 대한 단위비용은 1인당 150달러이다. 중급 단계에 대해서는 1인당 100달러가 추가로 들고, 고급단계에 대해서는 1인당 150달러가 추가로 소요된다.

그러면 시장과 시의회는 특정 결과와 연계된 수준으로 공원과 레크리에이션국에 자금지원을 할 것이다. 그러면 공원과 레크리에이션국에게는 결과 달성에 실패하면 단위비용에 기반하여, 혹은 인력에 변화를 줌으로써 자금지원이 줄어들 것이라는 생각으로 결과를 달성할 의무가 생긴다. 즉, 앞서 언급한 예시에서 만약 초급 테니스 강습을 받는 사람이 3명이 부족하게 되면 자금지원은 450달러 줄어들 것이고, 고급 테니스 강습을 받는 사람이 5명 부족하면 자금 지원 750달러가 추가로 줄어들게 될 것이다. 그리고 물론, 공원과 레크리에이션국의 관리자는 목표한 결과를 달성하지 못했다는 이유로 직위를 잃게 될지도 모른다(이곳은 테니스를 아주 중요하게 여기는 지역사회이다!).

예산편성과 책무성을 위해 결과를 사용하자면 공공기관이 시행하는 중요한 일을 측정하는 것이 가능한가에 대한 질문을 하게 된다. 우리는 정책평가에 대한 실습문제 2에서 측정과 관련한 문제를 다루었지만, 이는 여기서도 다루어야 할 중요한 문제이다. 테니스 치는 법과 수영하는 법을 배운 사람의 수를 세는 것은 상대적으로 생각하기 쉬운 문제이다. 그러나 레크리에이션 프로그램의 중요한 목표가 어린이들이 비행행위에 가담하는 것을 막는 것이라거나, 커뮤니티에서의 삶의 질을 향상하는 것이라고 하면, 결과를 정밀하게 측정하는 것이 불가능하지는 않더라도 매우 어려울 것이다. 일반적으로 어떤 일을 성취하는 것보다 무엇인가를 예방하는 것을 측정하기가 더 어렵다. 기껏해야 범죄율 하락을 사용하는 것이 범죄예방을 간접적으로라도 측정할 수 있는 방법이다. 이는 특히 범죄율 하락을 특정한 프로그램이나 요소와 연관시키려고 할 때 그러하다. 어떤 사람이 테니스 강습을 받지 않았더라면 재산을 파손했을 것이라거나 물건을 훔쳤을 것인지를 도대체 어떻게 알 수 있다는 말인가? 그리고 '삶의 질'과 같은 목표가 일반적으로 의미하는 바가 존재하기는 하지만, 우리는 그것을 어떻게 정의하고 측정할지에 대해 동의를 해야만 할 것이다.

측정의 문제를 인식하는 것은 중요하다. 그럼에도 불구하고 일부 중요한 결과는 상대적으로 쉽게 측정할 수 있으며, 결과기반 예산제도가 가지는 직관적이고 정치적인 매력이 분석가들과 행정가들에게 다른 이들이 사용할 수 있는 의미 있는 측정기준을 개발하도록 요구한다.

추가 참고문헌

결과기반 관리에 대한 논의가 궁금하면 Carolyn J. Heinrich의 "공공부문에서의 결과기반 성과관리: 정부 책무에 대한 함의(Outcomes−Based Performance Management in the Public Sector: Implications for Government Accountability)", Public Administration Review 66(November−December 2002)를 참고하라. 결과기반 예산제도에 대해 가장 널리 사용되고 인용되는 책은 David Osborne과 Peter Hutchinson의 *정부의 값어치*(The Price of Government) (New York: ICMA Press, 2013)이다. 결과와 같은 지표사용에 대한 일반적인 리뷰나 비판과 관련해서는 William T. Gormly Jr.와 David L. Weimer의 *조직의 리포트 카드*(Organizational Report Cards) (Cambridge, MA: Harvard University Press, 1999)를 읽어 보라.

• 실습문제 개요

이번 실습문제에서는 당신이 애덤스 카운티 도서관에 대해 편성한 성과주의 예산의 일부를 결과 기반 양식으로 바꾸어야 한다. 그렇게 하는 과정에서, 당신은 먼저 명시된 5개 결정단위 각각에 대해 3건의 약식 결정패키지를 작성해야 한다. 그 후 15개의 결정패키지를 서로 비교하여 주어진 정보를 고려했을 때 합리적이라고 생각하는 순서대로 패키지의 순위를 정한다. 이 실습문제는 현실세계에서의 예산편성과 비교해 두 가지 점이 크게 다르다는 점에 주목해야 한다. 첫째, 여기서는 각 결정단위에서 결정패키지를 한 세트만 작성한다고 가정하고 있다. 일반적으로, 물론 결정단위는 한 가지 이상의 프로그램을 책임지고 있기 때문에 여러 세트의 패키지를 작성한다. 둘째, 당신은 각 결정단위와 그 단위의 활동에 대해 제한된 정보만을 가지고 있기 때문에, 종합적이고 상세한 결정패키지를 작성할 필요는 없다(그림 18.1에 제시된 것과 같은 패키지). 대신, 서비스 수준과 비용에 대한 최소한의 정보를 제공하고 있는 지시내용을 읽고 약식 결정패키지를 작성해야 한다. 이 기관에 대한 실제 결과기반 예산제도를 해야 한다면, 분석을 훨씬 더 많이 해야 하고 프로그램 목표와 대안에 대해 상당히 더 상세한 내용을 제공해야 할 것이다.

지시사항

1단계

당신이 애덤스 카운티의 예산부국장인 A. C. 앤드루스라고 다시 가정해 보자. 예산국장 존슨이 당신에게 쓴 보고서(양식 90)를 읽어 보라.

2단계

당신이 실습문제 17에서 작성한 FY 2 예산요청액(양식 84)이 승인되었다고 가정하라. 이 액수를 양식 91의 적절한 열에 옮겨 적는다. 실습문제를 단순화하기 위해 '일반행정' 범주는 결정단위에서 제외되었다. 결정패키지를 작성하는 데 있어 해당 비용은 무시하길 바란다. 어떠한 이유에서든 실습문제

17을 끝마치지 않은 경우, 교수자가 당신이 사용할 수 있는 액수 자료를 제공할 것이다.

3단계

FY 3에서는 예산이 전체적으로 3% 인상됨을 가정한다. 적절히 계산하여 양식 91의 두 번째 열을 작성하라. 이렇게 계산된 FY 3에 대한 금액은 이 실습문제에서 ZBB 결정패키지를 작성하는 기초가 될 것이다.

4단계

다섯 개의 각 결정단위에 대한 약식 결정패키지를 작성하기 위해 양식 92a~92e를 사용한다. 이들 결정패키지를 작성하는 데 필요한 모든 정보는 존슨 국장의 보고서나 당신이 양식 91에 작성한 데이터에 나와 있다. 다시 말하지만, 당신은 결정패키지 비용 계산의 기초로 양식 91의 FY 3 수치를 사용해야 한다. 또한, 실습문제 17에서 단위비용으로 계산한 성과 및 단위비용 수치를 이 실습문제에서의 단위비용으로 사용해야 하고 또한 서로 다른 결정패키지에서 제시되는 서비스의 수준을 알아내기 위해 사용해야 한다. 이 실습문제의 목적상, 기본적인 단위비용 비율은 FY 2 이후로 변하지 않았다고 가정한다. (90% 수준의 자금지원은 90% 수준의 서비스를 산출하고, 110% 수준의 자금지원은 110% 수준의 서비스를 산출한다는 가정이 존슨 국장의 보고서에 추가로 함축되어 있음에 주목하라. 이는 고정비용과 변동비용을 구별하지 못한다는 점에서 비현실적이지만 이 실습문제에서 계산을 간단하게 만들기 위해 가정되었다. 실제로 결과기반 예산을 편성해야 하는 경우, 당신은 예측되는 서비스의 수준을 계산하기 위해 이러한 비용을 구분해야 한다는 점을 고려해야 할 것이다 – 고정 비용과 변동비용에 대한 더 상세한 내용과 관련하여 실습문제 17의 각주를 참고하라.)

5단계

결정패키지의 순위를 정하기 위해 양식 93을 사용하라. 요구되는 대로 증분 비용과 누적 비용을 제공한다. 우선순위에 '올바른' 순서는 없지만, 각 패키지의 중요성에 대한 당신의 생각을 반영하는 방식으로 패키지의 순위를 정하도록 한다.

6단계

당신의 교수자가 당신이 얼마만큼의 자금지원을 받게 될지를 알려 줄지도
모른다. 알려 주지 않는 경우, 양식 93에 나와 있는 대로, 도서관은 이 다섯
개의 결정단위가 망라하는 활동에 대한 총 FY 4 예산요청액의 95%만을 받
게 된다고 가정하라(계산할 때 '일반행정'에 대한 금액은 제외). 양식 93에 이러
한 상황에서 자금지원을 받게 될 마지막 결정패키지 아래에 선을 긋는다.

7단계

양식 94의 질문에 답한다.

양식 90

20○○년 ○○월 ○○일

수신자: A. C. 앤드루스
              예산부국장

발신자: 새라 T. 존슨
              예산국장

답변: 도서관에 대한 결과기반 양식

    이미 알고 있겠지만 감리위원회(board of supervisors)는 지난주 우리의
프로그램 예산 양식을 더이상 사용하지 않기로 투표했습니다. 저는 이 접근
방식이 주는 혜택이 비용보다 크다는 점에 여전히 동의하지만, 위원회는 프
로그램 예산제도를 수행하는 데 행정적으로 어려움이 있다고들 하는 부서
장들의 불만에 민감하게 반응했습니다. 다행히, 우리가 일반적인 품목별 예
산제도로 되돌아가서는 안 된다고 위원회를 설득할 수 있었습니다. 위원회
는 최소한 시험적으로라도 이번 회계연도에는 결과기반 예산양식을 사용할
수 있도록 허락했습니다.
    카운티 정부에서 사실상 당신이 그 누구보다도 이 접근방식을 잘 알고
있고 과거에 도서관 직원들과 예산 관련 질문에 대해 긴밀하게 협업하였기
때문에, 이번 회계연도의 실험적 도서관 예산편성에 대한 감독을 당신이 맡
았으면 합니다. 자료입수, 목록작성, 도서대출반납, 참고, 특별 프로그램 예
산범주(성과 주의 예산제도를 위해 우리가 사용했던 주요 범주)를 결정단위의 기
본으로 사용하세요. 하지만 일반행정 범주는 무시하기 바랍니다. 이 범주는
추후에 다루어야 할 특별한 케이스입니다. 이들 결정단위에 대해 최소수준
패키지, 현재 수준 패키지, 강화된 패키지 등 세 개의 결정패키지로 이루어

진 한 세트의 결정패키지를 작성하면 됩니다(총 15건의 결정패키지). 반드시 각 결정패키지마다 결과를 명시하기 바랍니다.

수월한 실행을 위해, 최소수준 패키지를 계산하는 데 현재 지출의 90%를 사용하고, 강화된 수준의 패키지를 계산하는 데 현재 지출의 110%를 사용하기를 추천합니다. 다시 말해, 사례별로 '기본' 결정패키지는 현재 지출의 90%이어야 하고, 첫째 증분 패키지(3 중 2)는 기본지출과 현재지출 간의 달러 차액을 나타내야 하며, 마지막 증분 패키지(3 중 3)는 현재 지출과 현재 지출의 110% 간의 달러 차액을 나타내야 합니다. 지난번 도서관 예산 제출자료에서 서비스 수준 수치를 구할 수 있을 겁니다. 물론, 당신이 정한 이 15개의 결정패키지의 최종 순위도 보고하기 바랍니다.

양식 91

예산 워크시트

	FY 2 (양식 83에서 가져옴)	**FY 3**

예산범주

자료입수

목록작성

대출반납

참고

특별 프로그램

양식 92a

결정단위: 입수부서

결정패키지: 도서입수(BA)

단위비용:

패키지 3 중 1 결과: (기본 비용)

패키지 3 중 2 결과: (증분 비용)

패키지 3 중 3 결과: (증분 비용)

양식 92b

결정단위: 목록작성부서

결정패키지: 목록작성(CA)

단위비용:

패키지 3 중 1   <u>결과:</u>   <u>(기본 비용)</u>

패키지 3 중 2   <u>결과:</u>   <u>(증분 비용)</u>

패키지 3 중 3   <u>결과:</u>   <u>(증분 비용)</u>

양식 92c

결정단위: 대출반납부서

결정패키지: 대출반납(CR)

단위비용:

패키지 3 중 1 결과: (기본 비용)

패키지 3 중 2 결과: (증분 비용)

패키지 3 중 3 결과: (증분 비용)

양식 92d

결정단위:　　참고(정보제공)부서

결정패키지:　일반참고(RE)

단위비용:

패키지 3 중 1　결과:　　　　　　　　(기본 비용)

패키지 3 중 2　결과:　　　　　　　　(증분 비용)

패키지 3 중 3　결과:　　　　　　　　(증분 비용)

양식 92e

결정단위: 특별 프로그램실

결정패키지: 특별 프로그램(SP)

단위비용:

패키지 3 중 1 결과: (기본 비용)

패키지 3 중 2 결과: (증분 비용)

패키지 3 중 3 결과: (증분 비용)

양식 93

애덤스 카운티 도서관 결정패키지 순위 시트

순위	패키지	누적 비용
1		$ –
2		
	증분 비용	$_____ –
		$ –
3		
	증분 비용	$_____ –
		$ –
4		
	증분 비용	$_____ –
		$ –
5		
	증분 비용	$_____ –
		$ –
6		
	증분 비용	$_____ –
		$ –
7		
	증분 비용	$_____ –
		$ –
8		
	증분 비용	$_____ –
		$ –
9		
	증분 비용	$_____ –
		$ –

10

증분 비용 $\underline{\hspace{6cm}}$ –

$\quad$ $ _____$ –

11

증분 비용 $\underline{\hspace{6cm}}$ –

$\quad$ $ _____$ –

12

증분 비용 $\underline{\hspace{6cm}}$ –

$\quad$ $ _____$ –

13

증분 비용 $\underline{\hspace{6cm}}$ –

$\quad$ $ _____$ –

14

증분 비용 $\underline{\hspace{6cm}}$ –

$\quad$ $ _____$ –

15

증분 비용 $\underline{\hspace{6cm}}$ –

$\quad$ $ _____$ –

양식 94

질문

1. 당신의 예산 권고가 채택되는 경우 어떤 프로그램이 폐지될 것 같은가?

2. 중앙 예산담당관과 마주하는 일선관리자의 입장에서 결과기반 방식의 장점과 단점은 무엇인가?

3. 프로그램 예산제도와 비교하여 결과기반 예산제도 방식의 상대적인 이점은 무엇인가?

4. 당신이 감리위원회의 일원이라고 가정해 보자. 품목별 예산, 성과주의 예산, 프로그램 예산, 혹은 ZBB/결과기반 예산 형식 중 카운티의 행정기관이 어떤 형식을 사용하기를 선호하는가?

색인

ㄱ

개별경력계획 253
개인정보보호법(The Privacy Act) 161
게이트웨이 93
결과기반 예산제도 312, 357, 364
결정단위(decision unit) 358
결정패키지(decision packages) 359, 361
경력계획 255
경쟁 이론 37
계급제 198
계약협상 237
과학적 관리법 199
관료주의 모형 46
관료주의적 47
교섭단위 275
교섭대리인 275
교육법 176
교차해칭 48
교착상태 276
규제관리 84, 159
기계적 조직 52
기본급 234, 235
기준직무(benchmark jobs) 235

ㄴ

내부고발자 보호법 65
네트워크 분석 122
노동조합 274

ㄷ

단위비용 336
단체교섭 236, 273
데밍 관리법 105
데이빗 오스본 86
도상훈련 184

ㄹ

런 차트 90, 97
루서 귤릭 83
린들 어윅 83
린식스시그마 87

ㅁ

막스 웨버 46
매트릭스 모형 48
면접 219, 263
모집 263
목표관리제(Management by Objectives: MBO) 86, 223
민간위탁 83, 139
민간위탁 관리 139
민권법 199
민영화 139

ㅂ

반관료주의 51
보상 219, 234
복지혜택 235, 236

브로드밴딩(broadbanding) 234
비용편익분석 13
비용효과성분석 14
비인간화 47
빈 100

ㅅ

산점도 90, 102
상황적응이론 52
선발 263
성과주의 예산 335
성과주의 예산제도 312
성과평가 219
성명서 159
수평 모형 50
순서도 90, 92
슬랙(slack) 126
승계계획 251
시보 268
실적제도 199

ㅇ

아웃소싱 139
애덤 스미스 47
애드호크라시 48
양자주의(Bilaterism) 273
연방관보 162
연방행정절차법(APA) 161
영기준 예산제도(zero-base budgeting: ZBB) 357
예산 311
요소 340
운영관리 83, 85
유린타운 140
윤리 62
의사결정규칙 48
이력서 219, 265
인적자원관리 197

인증(certification) 267
인증선거 275
일반적 구속중재 277
임계경로법(critical path method: CPM) 121, 122
임금범위 234, 235
임시조직 182

ㅈ

작업표본평가 266
재난관리 84, 181
재량소득 234
쟁의행위 276
전위 18
정보공개법 161
정책입안자 339
정책평가 33
정책평가기법 36
제안요청서(request for proposals: RFP) 145
조정(mediation) 277
조직체계 50
중재(arbitration) 277
지휘본부 185
지휘통제 45
직무기술서 204
직무분류 233
직무분석 203
직무차원 221
직위분류제 197
진상조사(fact-finding) 277
집단사고 12

ㅊ

차별 47
채용 197
책무성 141, 142
총체적 품질 관리(TQM) 87

최소만족 13
최종제안 중재 277, 278
최종후보자 명단 266

ㅋ

카운티 69

ㅌ

탈사인적 46
태업 220
테드 게블러 86
특성요인도 90
팀 모형 50

ㅍ

파레토 차트 90, 96
펜들턴법 199
평가센터(assessment center) 266
포기서류(waivers) 159
품목별 예산제도 312, 315
프레드릭 테일러 87
프로그램 340
프로그램 예산 339
프로그램 예산제도 312
프로그램평가검토기법 122
프로젝트 관리 83, 121

ㅎ

하위요소 340
하위프로그램 340
합리적인 의사결정 11
행정규칙 159
행정명령 159
행정법 159
행정윤리 61
행정재량 7
행태기준평정척도법(Behaviorally
    Anchored Rating Scales, BARS) 221
허버트 사이먼 13
헨리 민츠버그 48
현장지휘관 183, 185
현직자 203
형식주의 47
호봉(steps) 234, 235
활동 예산 335
회계연도(fiscal year: FY) 311
히스토그램 90, 99

기타

CPM 네트워크 123
PDCA 사이클 87, 88
POSDCoRB 83
W. 에드워드 데밍(W. Edwards Deming)
    87

저자 소개

Dennis Dresang

Dennis Dresang은 위스콘신대학교(University of Wisconsin-Madison)의 공공분야 및 정치학 명예교수이다. 그는 동 대학 행정대학원(La Follette School of Public Affairs)의 초대학장, 정치학과 학과장, 주, 지방 및 부족 거버넌스 센터(the Center on State, Local, and Tribal Governance)의 센터장을 역임하였다.

공공인사관리, 공공행정, 주정치와 연방정치, 지역사회 문제에 연구 중점을 두고 있으며 다양한 방법으로 공공봉사에 기여해 왔다. La Follette School 학생들과 함께 지역사회 건강문제 및 청소년 폭력문제 연구와 세미나 개최, 주지사 대책위원회 책임, 인적자원관리 문제에 대한 수많은 부족 및 지방정부위원회에 참여했다. 또한 잠비아, 케냐, 탄자니아, 한국 및 동유럽에서 연구 및 세미나를 주재했다. 그는 여성지위향상을 위한 위스콘신 부지사의 정책구상담당 연구책임자였으며, 그러한 업적으로 인해 여성정치간부회(Women's Political Caucus)와 위스콘신평등권평의회(Wisconsin Equal Rights Council)로부터 수훈상을 받았다.

Dresang 교수는 행정학 실무 워크북(제7판), 정부기관 및 비영리단체 인사관리(제5판), 잠비아 행정업무, 미국의 주와 지역사회에서의 정치와 정책(제7판)의 공저자이다. 그의 논문은 American Political Science Review, International Organization, Public Personnel Management 및 Journal of Public Personnel Administration 등에 출판되었다.

역자 소개

김철우

현재 가천대학교 행정학과 부교수로 재직하고 있다. 럿거스대학교(Rutgers, the State University of New Jersey)에서 행정학 박사를, 뉴욕대학교(New York University)에서 행정학 석사를, 홍익대학교에서 산업공학사와 경영학사를 취득하였다. 한국행정연구원에서 부연구위원을 역임하였고, 현재 국무조정실 산하 공직인사혁신위원회, 인사혁신처 산하 정책자문위원회와 시험관리위원회 등에서 위원으로 활동하고 있다. 인사행정과 조직행태 분야에 주된 관심을 갖고 연구를 하고 있다.

행정학 실무 워크북

초판발행	2019년 8월 30일
지은이	Dennis L. Dresang
옮긴이	김철우
펴낸이	안종만·안상준
편 집	박송이
기획/마케팅	김한유
표지디자인	벤스토리
제 작	우인도·고철민
펴낸곳	(주)**박영사**
	서울특별시 종로구 새문안로3길 36, 1601
	등록 1959. 3. 11. 제300-1959-1호(倫)
전 화	02)733-6771
f a x	02)736-4818
e-mail	pys@pybook.co.kr
homepage	www.pybook.co.kr
ISBN	979-11-303-0782-4 93350

* 잘못된 책은 바꿔드립니다. 본서의 무단복제행위를 금합니다.
* 역자와 협의하여 인지첩부를 생략합니다.
* 본 역서는 2018년도 가천대학교 교내연구비 지원에 의한 결과임. (GCU-2018-0272)

정 가	20,000원